应用文写作新编

主　编　杨丽萍　姜政伟
副主编　张　洁　侯伟玲　张翠丽

北京交通大学出版社
·北京·

内 容 简 介

本书由三大模块共九个项目组成。三大模块分别是就学期间文书、从业期间文书、专业领域文书。其中，就学期间文书包括的项目是校园活动、实习实践、求职应聘；从业期间文书包括的项目有公务活动、事务活动、社交礼仪；专业领域文书包括调研策划、经贸合作、法律事务。

本书语言简练，可以作为高职高专职业院校公共课和相关专业的教材，也可作为相关部门、机构的培训教材，还可作为相关从业人员的参考用书。

图书在版编目（CIP）数据

应用文写作新编 / 杨丽萍，姜政伟主编. — 北京：北京交通大学出版社，2024.7

ISBN 978-7-5121-5310-3

Ⅰ. H152.3

中国国家版本馆 CIP 数据核字第 2024GR7226 号

应用文写作新编

YINGYONGWEN XIEZUO XINBIAN

责任编辑：吴嫦娥

出版发行：北京交通大学出版社　　电话：010-51686414　http：//www.bjtup.com.cn

地　　址：北京市海淀区高梁桥斜街 44 号　　邮编：100044

印 刷 者：北京虎彩文化传播有限公司

经　　销：全国新华书店

开　　本：185 mm×260 mm　　印张：12.5　　字数：320 千字

版 印 次：2024 年 7 月第 1 版　　2024 年 7 月第 1 次印刷

定　　价：49.00 元

本书如有质量问题，请向北京交通大学出版社质监组反映。对您的意见和批评，我们表示欢迎和感谢。

投诉电话：010-51686043，51686008；传真：010-62225406；E-mail：press@bjtu.edu.cn。

前　　言

应用文写作是高职高专院校一门专业的基础课。应用文写作课程的开设，对提高大学生的写作水平是大有裨益的。目前应用文写作方面的教材有很多，但很多教材要么是面向本科学生而写的，理论多，内容深，一般高职高专院校的学生很难适应；要么文种特别多，难以适应目前教学课时少的需要。因此，高职高专应用文写作的教材，编写时要兼顾职业教育、专科层次的学院性质和学生的接受能力。

基于此，本书按照项目化教学来设计，并按三大模块来组织编写：就学期间文书、从业期间文书、专业领域文书。其中就学期间文书包括校园活动、实习实践、求职应聘这三个项目；从业期间文书包括公务活动、事务活动、社交礼仪这三个项目；专业领域文书包括调研策划、经贸合作、法律事务这三个项目。每个项目里面又包括若干文书。

本书的编写目的在于提高高职高专院校学生的写作能力，让学生一看就明白，会用、会写。每个文种都以任务的形式出现，编排方式是：例文借鉴、必备知识、实训拓展。书中附有大量范文，有些文书还以病文评析的方式，侧重对学生进行写作实践的训练。

本书在编写过程中参考借鉴了许多论著、教材和报刊，也引用了国家相关部门的资料和文件，在此表示衷心感谢。在本书编写过程中提供帮助的领导和教师，在此一并表示诚挚的谢意。

编者

2024 年 7 月

目　　录

模块一　就学期间文书

项目一　校园活动 …… 3

任务一　条据 …… 3

任务二　申请书 …… 7

任务三　竞聘词 …… 10

项目二　实习实践 …… 14

任务一　实习报告 …… 14

任务二　工科类专业毕业设计 …… 18

任务三　文科类专业毕业论文 …… 22

项目三　求职应聘 …… 29

任务一　求职函 …… 29

任务二　简历 …… 32

模块二　从业期间文书

公文文书写作知识概述 …… 37

任务一　公务文书的性质、特点、作用及用语要求 …… 37

任务二　公务文书的格式 …… 40

项目一　公务活动 …… 44

任务一　通告 …… 44

任务二　通知 …… 47

任务三　通报 …… 56

任务四　报告 …… 60

任务五　请示 …… 70

任务六　批复 …… 75

任务七　函 …… 77

项目二　事务活动 …… 85

任务一　计划 …… 87

任务二　总结 …… 92

任务三　述职报告 …… 98

任务四　启事 …… 104

任务五　备忘录 …… 107

任务六　传真 …… 110

任务七　产品说明书 …… 111

项目三　社交礼仪 …… 117
任务一　感谢信 …… 117
任务二　邀请书　请柬 …… 118
任务三　贺信(电) …… 121

模块三　专业领域文书

项目一　调研策划 …… 127
任务一　调查报告 …… 127
任务二　可行性研究报告 …… 135
项目二　经贸合作 …… 142
任务一　意向书 …… 142
任务二　招标书 …… 145
任务三　投标书 …… 146
任务四　合同 …… 149
项目三　法律事务 …… 156
任务一　民事案件诉状 …… 156
任务二　刑事案件诉状 …… 169
任务三　行政案件诉状 …… 180
参考文献 …… 191

模块一
就学期间文书

项目一　校园活动

项目二　实习实践

项目三　求职应聘

项目一　校园活动

任务一　条　　据

例文借鉴

你所在的班级将要举行文艺晚会，假如你是组织者：①需要到生活委员处领取班费，购买所需物品，请你写一张领条。②购物回校后，在生活委员处清点物品，请你代生活委员写一张收条。③需要到团委借一套音响设备，请你写一张借条。④去借音响时，刚好那位负责人不在，你需要下午再来，请你写一张留言条给对方。⑤需要向校工会租借场地（100 元/晚），但班费不够，请你写一张欠条。⑥班上张××同学因病不能参加晚会，请你代写一张请假条。

实训例析

例文 1	评析
领条 今领到生活委员交给的人民币肆佰捌拾元整（480 元），用于班会文艺活动的购物预支款。 经手人：李×× 2023 年 11 月 9 日	标题　居中 正文　具体写明钱物名称、数额（大写）与用途 署名　写在右下角 时间　写在署名下方

例文 2	评析
收条 今收到李××关班会活动的购物单据壹张（肆佰伍拾柒元整），购物余款人民币贰拾叁元整（23.00 元），班会活动物品的矿泉水壹箱，麦克风贰个，气球叁袋（每袋拾只），彩带肆条，笔记本伍本。 此据 经手人：张×× 2023 年 11 月 10 日	标题　居中 正文　具体写明收到的单据、钱物名称、具体活动的物品数额（大写） 署名　写在右下角 时间　写在署名下方

例文 3	评析
借条 今借到校团委的音响设备供放机壹台，音箱贰个，影碟机壹台，用于今晚文艺活动，会后第二天（11 月 11 日）归还。 经手人：王×× 2023 年 11 月 10 日	标题 居中 正文 写清跟谁借的、借什么东西、借多少、用于什么、什么时候归还 署名 写在右下角 时间 写在署名下方

例文 4	评析
留言条 李老师： 今来您办公室向您借音响设备，不巧您出去办事了。下午三点我再来，如果您没空可否交由其他老师代办理？以便我们今天晚会所用。谢谢。 09 机电 1 班：陈×× 2023 年 11 月 10 日	标题 居中 称谓 在标题下面第一项顶格写 正文 写明留言原因、相关事情、简单明确 署名 写在右下角 时间 写在署名下方

例文 5	评析
欠条 今因班会活动所带钱款不足，尚欠学校工会租借场地费人民币壹佰元整（100 元）。定于十一月十三日还清。 22 机电 1 班：李×× 2023 年 11 月 10 日	标题 居中 正文 写明所欠款项原因、数额（大写），归还日期 署名 写在右下角 时间 写在署名下方

例文 6	评析
请假条 黄老师： 我因感冒发热，需在宿舍休息，今晚的班会活动我不能来参加了，特向您请假，请老师批准。 学生：张×× 2023 年 11 月 10 日	标题 居中 称谓 顶格写 正文 写明请假原因、时间，语言简洁，用“请……批准”，用语礼貌，符合身份 署名 写在右下角 时间 写在署名下方

必备知识

条据文书是人们在日常工作、学习、生活中或用作凭据，或起说明作用的篇幅短小、格式固定的应用文书。

条据文书一般可分为两大类，即说明类条据与凭证类条据。

一、条据的格式写法

1. 凭证类条据

凭证类条据一般涉及借、欠、收、还、领、个人或单位现金、财物，它往往起到凭证作用。

其写作基本结构是：标题+性质关系语+正文+尾语+落款+日期。

（1）标题。在条据正文的上方，写明条据的名称。如“借条”“收条”“欠条”“领条”等。

（2）正文。正文开头惯用语为“今借到”“今领到”“今收到”等，涉及钱物数量时数字要大写，写明钱物名称、数量、归还日期。

（3）落款。写明当事人的姓名、日期。如果是单位名称，除写明单位名称外、还应写明经办人姓名。

2. 说明类条据

说明类条据主要是向有关人员说明情况、托付事情、传递信息用的条子。

其写作的基本结构是：标题+称谓+正文+落款+日期。

（1）标题。在条据正文上方，写明条据名称。如留言条、请假条。

（2）正文。在条据标题下第一行顶格写受文者称谓；另起空两格，交代清楚原因、时间、具体事情或者有关要求等。行文要注意语言简洁、礼貌。

（3）落款。落款与日期写在正文的右下角。

二、条据写作十大忌讳

一忌空白留得过大。条据的内容部分与签章署名之间的空白留得太大，容易被持据人增添补写其他内容，或将原内容裁去，在空白处重新添加内容。

二忌大写、小写分不清楚。写条据时，如果只有小写，没有大写；或者小数点位置不准确，数字前头有空格；或大写、小写不相符，都容易被持据人添加数字或修改，甚至由此而引发民事纠纷。

三忌用褪色墨水书写。用圆珠笔或其他易褪色的墨水书写条据，若保存不当、受潮或水浸时，字迹会变得模糊不清，并为某些别有用心的人用化学制剂涂抹留下可乘之机。

四忌不写条据日期。不写明日期的条据，一旦发生了纠纷，事实真相常常难以查清，对诉讼时效的确定也容易造成困难。

五忌条据内容表述不清。有的条据将“买”写成“卖”，“收”写成“付”，“借给”写成“借”等，都极易颠倒是非。

六忌名字不写齐全。条据上有姓无名或有名无姓，都会给对方留下行骗的口实和赖账的把柄。

七忌不认真核对。请别人或由对方写的字据，应字字斟酌，认真审核，不能稀里糊涂地签字盖章。

八忌使用同音同义字。姓名不要用同音同义字、多义字代替，否则也容易发生责任不清的纠纷。以身份证上面的名字为准，就具有法定的效力。

九忌印鉴不规范。由他人代笔书写或者代笔签名，而本人只在上面按一个手印，发生纠纷时，很难认定责任。

十忌还款时不索回条据。还款还物时，对方若称一时找不到借条，应该让其写一张收据留存，这样才不至于给日后留下隐患。

总之，条据一经签订，一般对签约的各方就有了约束力，特别是经济性质的条据。因此，条据写得是否准确，权利与义务规定得是否严密、完备，关系到当事人的切身利益，影响到发生纠纷时，是非曲直的判断和鉴别。所以，写条据时，必须认真慎重，熟悉各类条据的格式及写法，决不可掉以轻心。

实训拓展

1. 代替别人写条据可以吗？别人给你出具单据时你要注意什么？
2. 赵某因买房子向李某借三万元人民币，已还一万七千元，请你帮赵某写一欠条。
3. 分组讨论设计生活条据情景，个人撰写凭证条据与说明条据。
4. 案例研讨（正反案例）。

两年前，张××向高×借了 14 000 元。今年 7 月，高×急需用钱，要求张××返还借款，张××因资金短缺只还高×10 000 元。为避免出现纠纷，张××给高×写了一张欠条：张××借高×人民币 14 000 元，今还欠 4 000 元。

请你分析，张××的欠条有什么不妥？

5. 阅读下述材料，讨论分析该事件中将用到哪些条据，并尝试进行写作练习。

2024 年 3 月 6 日（星期三）早晨，××医疗器械公司财务部助理小陈于早上 8：30 准时到公司上班。他先到行政部领取了 10 本 18 栏明细账本和两个印台。刚回到财务部接收完下属营业部的年度财务报表，他就接到妈妈的电话，说他“爸爸突然中风入院了，妈妈正在医院等他拿钱去办入院手续。”

于是，小陈把去××审计师事务所取审计报告的事委托给同事曾某，然后经领导同意向公司出纳借了 10 000 元钱，并写了请假条给财务部张经理后，到银行取出了自己仅有的 15 000 存款就直奔省人民医院。

到了医院才知道要交 30 000 元钱，于是他想到了离医院不远的表哥。等他赶到表哥家时已经是 11 点了，不巧的是表哥已经外出了。他匆匆地写下一张请表哥帮忙筹钱的纸条后又回到医院。

陈小刚在城里没有什么亲戚，表哥又一时联系不上，他急出了一身汗。这时他突然想起该医院主管财务的陈副院长和他曾经开过一次研讨会，而且与他是同乡。在陈副院长的帮助下，小陈终于为父亲办理好了入院手续，不足的那 5 000 元钱则由陈副院长担保，由小陈向医院签下字据。

任务二　申　请　书

例文借鉴

困难补助申请书

尊敬的院领导

我是××专业××班级的学生，我叫李雨。我是一名来自安徽农村的学生，靠种地维持生活的父母，不仅要支付我昂贵的学费，还要常年支付年迈爷爷昂贵的医药费。随着父母年龄的增加，看着他们日益因辛劳而变坏的身体，我大一就考取了代理人、经纪人、公估人等证书，大二更考取了国家理财规划师，已连续两年获院奖学金。除了继续保持优良的学习成绩，还努力利用学期的业余时间及假期打工来挣自己的生活费。

可是今年，我母亲因常年的劳累一病不起，母亲的病倒不仅让我们全家精神上遭受了一次巨大的打击，而且也为这个困难的家庭增添了一笔新的难以支付的费用，我父亲真的已无力支付我的学费。我很想依靠自己的能力为父亲多分担一份，但是，作为一名在校学生，我的能力与时间都是有限的。因此，我很希望能获得学校的帮助，希望能得到一份困难补助，减轻父亲的负担。

我保证：我会珍视每一次学习的机会，把困境当成人生的磨炼，勇敢面对，也会继续以优良的成绩来回报帮助我度过困难的学校。

此致

敬礼

申请人：李雨

××××年×月×日

【简析】

困难补助申请必须写清楚申请的理由，也就是要写清目前申请人所面临的困难。该申请明确而清楚地写出了家庭的一贯困难、自己作为一名大学生学习上的优异、母亲的病倒给家庭带来的新的负担、自己为减轻家庭负担而打工挣钱的努力以及因能力与时间的有限而无法真正解决问题的现状。短短的二段话，将一名在校生的学习、生活、努力与困难道的一清二楚。

写困难补助时一定要注意一个问题，那就是实事求是，不能夸张、虚假，而且用语要真诚实在。该申请用真挚的语言清楚地写出了一个雪上加霜的家庭、困境中执着拼搏的青年以及真实渴求学校伸出援助之手的必要。从困难补助申请的写作角度来看，这是一个较为成功的申请书。

必备知识

人是社会的人，总是与一定的国家、组织、团体相关联，没有单独存在的个体。在我们日常工作生活中总会有许多时候需要向单位、组织、领导书面申请一些工作或事情，因而申请书应运而生。

一、申请书的含义

所谓申请书，是个人或集体向有关部门、组织表达某种愿望或提出某种要求时，所使用的专用文体。个人向组织和其他群众团体表述志愿、理想和希望时要使用申请书、加入党申请书、勤工俭学申请书、困难补助申请书、国家助学贷款申请书、实习申请书、西部支教申请书等。下级在工作、生产、学习、生活等方面对上级有所请求时也可使用这一文体，把个人或单位的愿望要求向组织和领导表述出来，让组织和领导加深对自己的了解，争取组织和领导的帮助，加强上下级之间、集体和个人之间的联系。申请书是一种专用书信，有着明确的接受者，因此，在写清自己的情况、申请的理由以及愿望理想时需严格按照书信体的格式，并要注意语气的请求性和严肃性。

二、申请书的分类和特点

申请书的种类很多，可从用途的角度划分如下。

1. 政治抱负方面的申请书

这种申请书一般指加入某些进步的党派团体时所写的文体。例如：申请加入中国共产党、共青团、工会、参军等。

2. 工作、学习方面的申请书

为了求学或实际工作中的进修、调动、辞职等而写的申请书。例如：入学申请书、带职进修申请书、工作调动申请书及辞职申请书等。

3. 日常生活方面的申请书

在日常生活中，我们经常会有一些事情或困难需要单位组织的同意或帮助。例如：如申请福利性住房、个人开业申请或申请困难补助等。

申请书作为一种专用书信，有其自己的文体特点。

（1）书信体格式：申请书是一种专用书信，因此必须依照书信格式行文。申请书的内容会因要求不同而有所不同，但形式上基本保持不变。

（2）请求性：申请书是申述自己的情况理由，请求上级单位或组织予以考虑、批准或帮助，无论是政治思想上要求进步而写的入党申请书，还是个人生活中的其他申请，都是请求上级组织同意自己的希望并给予帮助解决的，因此请求性是申请书的一个基本特点。

（3）严肃性：由于申请书均是个人向组织、下级向上级的行文，所以在语言语气上，必须严格依照下对上的行文标准来规范写作，必须具有严肃性、认真性，不能随意，更不能“嬉皮笑脸”。

三、申请书的格式和写作要求

申请书有着严格的结构，分为标题、称谓、正文、结语和落款五个部分。

（一）标题

申请书的标题有两种形式：一种是在第一行正中写上“申请书”字样；另一种是性质加上文种构成，即在“申请书”前加上申请书的具体名称，如“入党申请书”。

（二）称谓

在标题下空一两行顶格写清接受申请书的组织团体单位等，后加冒号，一般会加上“尊敬的”，如“尊敬的党组织”。

（三）正文

1. 申请内容

开篇就向领导、组织提出申请什么。要开门见山，直截了当，不含糊其词，应让受文者了解申请的事项。

2. 申请原因

说明了申请内容之后，就应讲明申请的理由。为什么申请即申请的目的意义，以及自己对申请事项的认识。这一部分一定要诚恳真挚，理由充分，条理清楚。具体而言，体现在“三性”。

（1）真诚性。内容表述的真实与否和申请人态度的诚恳与否，是主旨诉诸视觉从而引起领导重视的关键，也是申请成功的前提。

（2）充分性。以请求批准为动机的申述类文书，其诉求是一种理性诉求，实际上是在设法说服上级。因此，申请人通过语言文字传递的理由必须使受文者心悦诚服，这样上级才能对申请人的理由形成心理上的完全认同。

（3）情感性。情感性心理诉求，是指在陈述理由的过程中通过再现事实本身的情境，使领导由视觉触动转化为感觉体验，从而激发出强烈的关怀心理，形成对申请人诉求的认同。

3. 决心和要求

最后，要进一步表明自己的决心、态度和要求，以便领导、组织了解写申请者对其申请事项的认识和情况。应写得具体详细，真诚而有分寸，语言要朴实准确，简洁明了。

（四）结语

申请书可有结语，也可没有。结语一般都是表示敬意的话，如“此致，敬礼”等，也可表达感谢和希望的话，如“请组织考验我”“请审查”“以上申请，请批准”“望领导批准”“请接受我的申请”等。

（五）落款

在结尾后一两行的偏右处，写上申请人的姓名或单位的名称，并在下面注明年月日。

实训拓展

阅读下述材料进行写作。

张强的父母因工作调动，举家迁入南方某市。张强现为山东××学院20××级新生，学制3年。与父母分隔两地，有诸多不便。近日，通过家人联系，张强新居所在城市的××学院同意接收他入学。张强要转学，校方要求他提交转学申请。请你代张强写一封转学申请书，注意将转学理由一一陈述清楚。

任务三　竞　聘　词

例文借鉴

【例文 1】

竞聘院学生会主席的演讲词

各位老师、同学：

大家好！

参加竞聘之前，我一直在想：我应不应该参加这次竞聘？我靠什么来参加这次竞聘？思索再三，我想，我愿意把这次竞聘当成争取尽自己一份责任的机遇，更愿意把这个竞聘过程当作我向各位同学学习、接受各位评判的一个难得的机会。因为我是鼓着十二分的勇气，来参加竞聘的。

我知道，成为一名合格的院学生会主席很不容易。我之所以鼓起勇气参加院学生会主席的竞聘，缘于我对同学们的热爱和对学生工作的执着。我相信，一个人，只要他执着地热爱自己的事业，他就一定能把他的事业做好。当然，我也有过一些学生工作的经历，我曾经在高中时当过班长，对组织管理工作并不陌生。有人说，经历是一笔财富，而我更愿意把自己的经历当作一种资源，一种在我今后工作中可以利用、可以共享、可以整合的资源。

当然，我更清楚，成绩也好，经验也罢，它只能说明过去，并不能证明未来。

假如我能竞聘成功，我将做好自己应该做的工作。说到这里，我想起了阿基米德的一句名言："给我一个支点，我可以撬起整个地球。"但在这里，我不敢高喊这类豪言壮语，我只想表达一个愿望，请投我一票，我会尽自己有限的能力给大家于回报！

谢谢大家！

××××年×月×日

【例文 2】

×××竞选班长演讲词

同学们：

你们好！

今天，我走上演讲台的唯一目的就是竞选"班级元首"——班长。我坚信，凭着我的勇气和才干，凭着我与大家同舟共济的深厚友情，这次竞选演讲给我带来的必定是下次的就职演说。

我从没有担任过班干部，缺少经验。这是劣势，但正因为从未在"官场"混过，一身干净，没有"官相官态""官腔官气"，更不可能是"官痞官油子"；少的是畏首畏尾的私虑，多的是敢作敢为的闯劲。正因为我一向生活在底层，从未有过"高高在上"的体验，对摆"官架子"看不惯，弄不来也不想弄，就特别推崇并实行民主作风。因此，我的口号是"做一个彻底的平民班长"。

班长应该是老师与同学之间的一座桥梁，是一个班级的领头羊。能向老师提出同学们的合理建议，向同学们传达老师的想法和苦衷。我保证做到在任何时候、任何情况下，都首先是“想同学们之所想，急同学们之所急”，积极地为同学们谋求正当的权益。

班长应该具有统御全局的大德大能。我相信自己竞选一班之长是够条件的。首先在以情联谊的同时以“法”治班，最广泛地征求全体同学的意见，在此基础上制定出班委会工作的整体规划；然后严格按计划行事，推选代表对每个实施过程进行全程监督，责任到人。

我准备在任期内与全体班委一道为大家办八件好事：

①借助科学的编排方法，减轻个人劳动卫生值日的总长度和强度，提高效率；

②联系有关商家定期送纯净水，解决饮水难的问题；

③建立班级互助图书室，并强化管理，提高其利用率；

④组织双休日城乡同学“互访”，沟通情感，加深相互了解；

⑤在得到学校和班主任同意的前提下，组织旨在了解社区的参观考察活动；

⑥利用勤工俭学收入买三台处理计算机，建立计算机兴趣小组；

⑦在班级报廊开辟“新视野”栏目，及时追踪国内改革动态和变幻的国际形势；

⑧设一个班长意见箱，定时开箱，加速信息反馈，有问必答。

我会是一个最民主的班长，常规性的工作要由班委会集体讨论决定，而不是由我一个人说了算。班级的重大决策必须经由“全民”表决。如果同学们对我不信任，随时可以提出“不信任案”，对我进行弹劾。

同学们，请信任我，投我一票，给我一个舞台，我会为我们班的服务和发展尽一份责任！我会经得住考验，相信在我们的共同努力下，充分发挥每个人的聪明才智，我们的班务工作一定会搞得十分出色，我们的班级一定能跻身先进班级的行列，步入新的辉煌！

谢谢大家！

【简析】

这篇竞选班长的竞选词，竞聘者客观地分析了自己的优劣势所在，不回避问题，并机智地变劣势为优势。提出以情联谊的同时以“法”治班，民主制定班委会工作规划并责任到人，以及任期内将为大家办八件好事等一系列“施政方略”，还提出了希望大家支持的请求。

文章对竞选的职位，认识到位，见解独到，语言简洁，力求口语化，竞选态度鲜明，信心十足，对得到听众的认同并拉到选票，有较好的感染力和说服力。

由于听众是同班同学，彼此熟悉，因而文章不必介绍自己的政治面貌、学历、职务等。

必备知识

一、竞聘词的含义和特点

1. 竞聘词的含义

竞聘词也叫竞选词或竞聘演讲词，是竞聘者为了竞争某岗位或职位向领导、评委和听众展示自己优势条件，介绍自己假如受聘之施政方略的演讲稿。

2. 竞聘词的特点

1）目标的明确性

讲清自己的应聘条件，突出自己足以完成某一职务或工作的优势；要回答“若在其位，如何谋其政”。语不离宗。

2）内容的竞争性

除要具备担任某一职位应有的基本素质外，演讲中所谈的工作目标要明确、先进，工作措施要切实可行，工作构想或工作方案要有创造性。

3）演讲的技巧性

充分考虑竞争对手、听众的心态、临场状况等多种因素，据理力争，巧妙地说明“他不行，我行”或“他行，我更行”，自我推销要有艺术性，不可为了竞争而贬低别人，要遵循“唯真唯实，具体可信”。

二、竞聘词的结构和内容

竞聘词的写作格式一般由三部分组成，即标题、正文和结尾。

1. 标题

文种标题法，如“竞聘演讲稿”。

公文标题法，文种或竞聘职务+文种，如“关于竞聘××公司经理的演讲”。

2. 正文

开头自然真切，干净利落。

以“感谢给我这样的机会让我参加答辩”“恳请评委及与会同志指教”等礼节性致谢词导入正题，营造出友善、和谐的气氛，使竞聘者与听众心理相融；阐明自己发表竞聘演讲的理由。

主体是正文重点和核心。

（1）介绍竞聘者简历：竞聘者的基本条件；介绍竞聘者与竞聘岗位有联系的工作经历和岗位认识。

（2）摆出竞聘条件：竞聘素质、政策水平、管理能力、业务能力及才、学、胆、识等条件。“让事实说话”。

（3）鲜明突出地提出工作目标、工作构想、工作方案。目标要有客观性、明确性、先进性；围绕人们关注的焦点、难点、重点提出目标；保证措施要明确具体，切实可行。

3. 结尾

写出竞聘的决心和信心，表明对竞聘成败的态度。

三、注意事项

（1）了解听众的心态。作为演讲者不能只想着自己的讲稿，要注意听别人是怎么讲的，看听众有什么心态。只有随时把握场上气氛，及时修改开场白，与前一位竞聘者做好衔接，才会给听众留下深刻印象。

（2）了解听众的精神状态。当你的演讲排序排在后面甚至最后时，要特别注意听众的精神状态。如果听众已经有倦意，就要及时调整演讲的内容，以吸引听众的注意力。

（3）了解听众的构成。听众的构成包括学历、职位、性别、信仰等，了解了这些情况，在演讲中适时地投其所好，能有效地帮助你拉到选票，助你成功。

实训拓展

（一）病例诊断

试比较下列三和结尾，哪一种最好？为什么？

1. “我的演讲完了，谢谢。”

2. “最后，让我再次感谢领导给我这个难得的竞聘机会，感谢各位评委和在座的所有听众对我的支持与鼓励。”

3. “今天，天气这么冷，大家还都来捧场，这使我非常感动。无论我竞聘是否成功，我都要向各位领导、评委和在座的朋友们表示深深的谢意！”

以上是三名演讲者在同一次竞聘演讲会上的结束语，虽都是言“谢”，但第一个人有“客套话”之嫌，掌声一般；第二个人的“再次感谢”比第一个人要显得真诚，因此获得的掌声较热烈。反响最强烈、给听众印象最深的还是第三个人的结尾，他字字含真情，句句发肺腑。所以在他下场之后，人们还在为他鼓掌。由此看来，“谢”字里面也大有文章。

（二）写作训练

1. 假设学校将进行学生会改选，请你作为候选人之一发表你的竞聘演讲。

2. 根据个人意愿，拟写一则竞聘词。

项目二 实习实践

任务一 实习报告

例文借鉴

会计电算化专业实习报告

一、引言

实习是每一个学生必须拥有的一段经历，它使我们在实践中了解社会，让我们学到很多在课堂上根本就学不到的知识，也打开视野，增长见识，为我们进一步走向社会打下坚实的基础。做好会计工作不仅要学好书本里的各种会计知识，而且也要认真积极地参加各种会计实习，让理论和实践有机地结合在一起，只有这样才能成为一名高质量的会计专业人才。因此，根据学习计划安排，我于今年 12 月份专门到一家已实施会计电算化的单位——××××实业有限公司进行了为期一个月的实习。

××××实业有限公司主要从事电线电缆的生产和销售业务，公司的规模较大，关于财务的分工也比较细。在此次实习中，我的指导老师是一位姓赵的师傅，实习岗位是财务会计，有些时候还会做些杂物，比如打扫卫生和撕贴纸，这些并没有谁要求我去做，但是必须自觉地去做，并且要尽自己的努力做到最好。

此次实习的主要目的是初步掌握会计的各项基本工作，尝试把学校里学习的会计电算化专业的相关理论运用到实习过程中，熟悉会计工作的方法和程序步骤，培养人际交往与社交能力，为成为财务会计做准备。

二、实习内容

（一）根据经济业务填制原始凭证和记账凭证

（1）原始凭证：直接记录经济业务，明确经济责任，具有法律效力并作为记账原始依据的证明文件，其主要的作用是证明经济业务的发生和完成的情况。填写原始凭证的内容有：原始凭证的名称、填制凭证的日期、编号、经济业务的基本内容、填制单位及有关人员的签章。

（2）记账凭证：这是登记账簿的直接依据，在实行计算机处理账务后，电子账簿的准确和完整性完全依赖于记账凭证，操作中根据无误的原始凭证填制记账凭证。填制记账凭证的内容有：凭证类别、凭证编号、制单日期、科目内容等。

（二）根据会计凭证登记日记账

日记账一般分为现金日记账和银行存款日记账，它们都由凭证文件生成。计算机账务处理中，日记账由计算机自动登记，日记账的主要作用是用于输出现金与银行存款，日记账供出纳员核对现金收支和结存使用。要输出现金日记账和银行存款日记账，要求系统初始化时，现金会计科目和银行存款会计科目必须选择“日记账”标称，即表明该科目要登记日记账。

（三）根据记账凭证及所附的原始凭证登记明细账

明细分类账簿也称明细账，它是根据明细分类账户开设账页进行明细分类登记的一种账簿。输入记账凭证后操作计算机则自动登记明细账。

（四）根据记账凭证编科目汇总表

科目汇总表也由凭证文件生成，其编制方法为用户输入需汇总的起止日期则计算机自动生成相应时间段的科目汇总表。

（五）根据科目汇总表登记总账

根据得出的科目汇总表操作计算机，计算机产生对应的总账。

（六）对账（编试算平衡表）

对账是对账簿数据进行核对，以检查记账是否正确，以及账簿是否平衡。它主要是通过核对总账与明细账、总账与辅助账数据来完成账账核对。一般来说，计算机记账后，只要记账凭证录入正确，计算机自动记账后各种账簿应该是正确的、平衡的，但由于非法操作，计算机病毒或者其他原因有可能会造成某些数据被破坏，因此引发账账不符。为保证账账相符，应该常进行对账，每月至少一次，一般在月末结账前进行。

三、实习结果

通过此次实习，不仅培养了我的实际动手能力，增加了实际的操作经验，缩短了抽象的课本知识与实际工作的距离，对实际的财务工作有了一个新的开始；同时也让我认识到了传统手工会计和会计电算化的共同之处和不同之处。

（一）共同点

（1）无论是传统手工会计还是电算化会计，其最终目标仍是为了加强经营管理，提供会计信息，参与经济决策，提高经济效益。

（2）传统手工会计和电算化会计都要遵守会计法规，会计法规是会计工作的重要依据。

（3）传统手工会计和电算化会计都要遵循基本的会计理论与会计方法及会计准则。

（4）传统手工会计和电算化会计基本功能相同。基本功能为：信息的采集与记录、信息的存储、信息的加工处理、信息的传输、信息的输出。

（5）保存会计档案。

（6）编制会计报表。

（二）不同点

（1）运算工具不同。传统手工艺会计运算工具是算盘或电子计算器等，计算过程每运算一次要重复一次，由于不能存储运算结果，人要边算边记录，工作量大，速度慢。电算化会计的运算工具是电子计算机，数据处理由计算机完成，能自动及时地存储运算结果，人只要输入原始数据便能得到所希望的信息。

（2）信息载体不同。在传统手工会计下，所有信息都以纸张为载体，占用空间大，不易保管，查找困难。电算化会计除必要的会计凭证之外，均可用磁盘、磁带做信息载体，它占用空间小，保管容易，查找方便。

（3）信息规则不同。传统手工会计规定日记账、总账要用订本或账册，明细账要用活页式账册；账簿记录的错误要用画线法和红字法更正；账页中的空行、空页要用红线画消。电算化会计不能采用传统手工会计中的一套改错方案，凡是登记过账的数据，不得更改（当然还是要辅以技术控制），即使有错，只能采用输入“更改凭证”加以改正，以留下改动痕迹。对需要打印的账页的空行、空页可以由手工处理。

(4) 账务的处理程序（会计核算形式）不同。传统手工会计处理账务的程序有4种，但都避免不了重复转抄与计算的根本弱点，伴之而来的是人员与环节的增多和差错的增多。成熟的电算化会计的账务处理程序用同一模式来处理不同企业的会计业务，成本核算程序以软件固化形式在计算机里，从会计凭证到会计报表的过程都由计算机处理完成后，而任何要求的输出都能得到满足。

(5) 会计工作组织体制不同。传统手工会计的会计组织工作以会计事物的不同性质作为制定的主要依据，电算化会计组织体制以数据的不同形态作为制定的主要依据。

(6) 人员结构不同。传统手工会计中的人员均是会计专业人员，其中的权威应是会计师；电算化会计中的人员由会计专业人员、电子计算机软件、硬件及操作人员组成，其中权威应为掌握电算化会计中级的会计师。

(7) 内部控制不同。传统手工会计对会计凭证的正确性，一般从摘要内容、数量、单价、金额、会计科目等项目来审核；对账户的正确性一般从三套账的相互核对来验证；还通过账证相符、账账相符、账实相符内部控制方式部分被计算机技术替代，由手工控制转为人机控制。

以上种种区别，集于一点，就是由于电算化会计数据处理方式的改变，引起了传统手工会计各方面的变化，这一变化将使得系统功能更为加强，系统结构更为合理，系统管理更为完善。

四、实习体会

首先，对会计人员的误解。以前，我总以为自己的会计理论知识较扎实，正如所有工作一样，掌握了规律，照葫芦画瓢准没错，那么，当一名出色的会计人员，应该没有问题了。现在才发现，会计工作其实更讲究的是实际操作和实践。离开操作和实践，其他一切都为零！

其次，就是会计的连通性、逻辑性和规范性。每一笔业务的发生，都要根据其原始凭证，一一登记入记账凭证、明细账、日记账、三栏式账、多栏式账、总账等可能联通起来的账户。这为其一。会计的每一笔账务都有依有据，而且是逐一按时间顺序登记下来的，极具逻辑性。这为其二。在会计的实践中，漏账、借账的更正，都不允许随意添改，不容弄虚作假。每一个程序、步骤都得以会计制度为前提、为基础，体现了会计的规范性。这为其三。

会计本来就是项烦琐的工作。在实习期间，我曾因整天要对着那枯燥无味的账目和数字而心生烦闷、厌倦，以至于登账登得错漏百出。越错越烦，越烦越错，这只会导致“雪上加霜”；反之，只要你用心地去做，反而会左右逢源，越做越有乐趣，越做越起劲。梁启超说过：“凡职业都具有趣味的，只要你肯干下去，趣味自然会发生。”因此，做账切忌粗心大意，马虎了事，心浮气躁。做任何事都一样，需要有恒心、细心和毅力，就会到达成功的彼岸

在这次会计实习中，我可谓受益匪浅。仅仅一个月的实习，我将受益终身。

【简析】

这是一篇专业实习报告。介绍实习目的、实习内容时，条理清楚，能根据实习情况对所学专业的知识和技能进行总结和思考，正视自己的不足，提出努力方向。由于实习内容比较充实、具体，因而实习收获与体会能够令人信服，文章还能体现实习报告的专业性和检视性特点，是一篇比较好的实习报告。

需要指出的是，引言（前言）部分，“实习是每一个学生必须拥有的一段经历，……

只有这样才能成为一名高质量的会计专业人才。”“有些时候还会做些杂务，比如……做到最好’这些文字可删去。如果实习报告在封面中未介绍实习生个人情况，则应在引言部分做出简介，“实习结果”应改为“实习收获”。

必备知识

一、实习报告的含义和用途

实习报告是学生接受专业教育后，到实习单位进行实践锻炼，对专业实习情况、收获体会和有关专业问题进行分析总结而向学校提交的专业文书。

通过撰写实习报告，学生可以理性地检视自己专业学习的水准；学校可以通过实习报告，了解专业设置和建设的相关情况。

二、实习报告的特点

（1）专业性。实习报告反映了学生在自己所学的专业领域实习的实际情况，是对所学过的专业知识的运用及检视。

（2）检视性。实习报告必须对学生自己的真实的实习情况进行总结检视，梳理收获，找出不足。

三、实习报告的类型

实习报告按照内容划分，有生产实习报告、课程实习报告和毕业实习报告等。

四、实习报告的结构写法和写作模版

（一）实习报告的结构写法

1. 标题

实习报告的标题一般有三种写法。

（1）由实习地点和文种构成，如“花园宾馆实习报告”。

（2）直接写，如“毕业实习报告”。

（3）正副标题式：正标题概括实习报告的主题，副标题标明实习的单位和文种，如“质量是企业的命根子——海大集团股份有限公司实习报告”。

2. 正文

一般来说，尽管因实习的内容和过程的不同，实习报告的正文写法会有些差异，但基本内容结构和写法都包括以下几个方面。

（1）前言。一般写实习的缘由、实习单位和时间、背景，交代实习目的，也可顺便介绍实习生本人的情况。

（2）主体。主体内容包括三方面。一是实习内容、实习过程。实习内容要求写得具体而明确，因为这部分内容既是整个实习报告的重要组成部分，也是产生实习收获和体会的基础。对实习过程作简要交代即可。二是实习收获。具体内容包括：完成了哪些实习任务，实习结果如何，取得了什么成绩，专业知识与技能是否能与实习的内容相结合，抑或是否适应实习等。三是实习体会。自己的专业技能存在什么问题，今后的努力方向，对所学专业有何思考和认识，对专业课程设计和知识结构方面的建议等。

（3）结尾。一般是对实习指导老师和实习单位的鸣谢。

（二）实习报告的写作模版（见表 2-1）

表 2-1　实习报告的写作模版

框图模式	文字模版
↓ 个人简介、缘由、时间 实习单位情况 ↓ 文种承启语 ↓ 实习内容和过程 ↓ 专业收获 ↓ 体会 ↓ 其他	实习报告 我是××××××学院××××专业××××级××班的学生。根据学校的学习计划安排，我于今年×月至×月到×××××××公司进行了实习。（实习生情况实习缘由，时间） ×××××××公司主要从事××××××××××××（实习单位基本情况） 此次实习的主要目的是××××××××××××（实习目的） 现将实习的收获及有关内容报告如下：（文种承启语） 一、实习内容和过程 1. ×××××××××××××（做法，专业知识与技能） 2. ×××××××××××××（做法，专业知识与技能） 二、专业收获 1. ×××××××××××××（专业知识与技能应用方面的收获） 2. ×××××××××××××（专业知识与技能应用方面的收获） 三、体会 ×××××××××××× （包括存在问题、努力方向及与专业有关的思考和建议） 四、对实习作出总体性结论评价 五、鸣谢

五、注意事项

（1）写作实习报告，必须在实习过程中注重收集有关材料，比如收集实习地点的基本情况、专业或行业的基本情况等。

（2）注重专业知识和技能在实习中的运用情况。

（3）实习报告是写实性文书，要注重对材料的概括总结，体现综合性和真实性，文章内容须依托自己的真实经历、切忌凭空杜撰。

实训拓展

写作训练

假如你参加过相关课程实习或专业实习，请根据自己的实习经历，依照实习报告的结构写法和写作模式撰写一份实习报告。

任务二　工科类专业毕业设计

例文借鉴

回转型蓄热式换热器的设计

化工机械专业××级：刘云达

指导老师：吴雪

一、概述

回转型蓄热式换热器是7021厂为综合利用能源，从生产实际中提出的课题。以本换热器作该厂加热炉空气预热器，回收400 ℃烟道气中的余热，预热进入加热炉供燃烧用的空气至350 ℃以上。经试用，每年可节约天然气80万立方米，价值17.6万元。总投资可在两年半收回。

二、设计原理

回转型蓄热式换热器是用内置蓄热体的转子在低温和高温气体通道中连续旋转，使蓄热体在高温气体通道内吸收高温气体的热量，而在低温气体通道内再把热量放出，传给低温气体，从而达到换热的目的。如图1所示。（从略。）

三、工作性能和使用范围

本换热器具有热回收率高、结构紧凑、处理气量大等优点，可以满足防堵塞、防腐蚀的要求。虽然存在着换热气体间的交错污染，但是对于加热炉空气预热而言，可以允许空气烟气之间有一定的交错污染，而且通过密封结构的完善和改进，可以把交错污染控制在10%以下。

以本换热器作为各种加热炉的空气预热器是可行的、有效的和经济的。

四、主要设计要求（从略。）

五、结构设计主要参数（从略。）

六、主要计算公式

由于本换热器的传热原理不同于传统换热设备，采用NTU法，与转子的蓄热能力匹配，并计入修正系数来进行传热计算。由于因素复杂，需要调整的数据多，可用计算机寻求最优化数据。（以下略去原文附有的七个公式。）

七、本换热器采用卧式设计

本设计从实用的角度出发，借鉴吸取了国内同类设备行之有效的结构。例如：前后墙板的烟道接头，端板及支承梁的“三合一”结构，转子轴端的迷宫封等。此外，针对本换热器操作温度高、温度效率高、流道较长等特点，将有关部件做了如下改进；

（一）改进后的蓄热体类型和几何尺寸对换热器的性能有决定性影响

本设计先对“强化型”“引进日本型”“波带型”“开孔波带型”四种蓄热体进行传热及充填面积的计算，在计算的基础上提出“改进强化型”作为本设计的蓄热体方案。改进后的蓄热体具有传热量大、引力小、不易积灰、有较好的防腐防堵性能的特点。

为保证蓄热体各传热板的装填质量，把蓄热板的散装改为框装，在转子外筒上用螺钉固紧，以防径向、周向移动。这种框式结构构造简单，可靠，便于安装检修。

（二）完善的三向密封结构

密封结构对换热器的交错污染起控制性作用。本设计蓄热体流道长、气体流动阻力势必增加，烟气侧与空气侧的压力差就会增大，而泄漏量与压力差的平方根成正比。有鉴于此，本设计采用完善的三向密封结构，以减少泄漏。

轴向密封。（内容及3个图从略。）

径向密封。（内容从略。）

周向密封。（内容及2个图从略。）

（三）冷端抽屉门的改进。（内容从略。）

（四）设置隔热减阻板。（内容从略。）

（五）合并吹灰管与清洗管。（内容从略。）

（六）传动系统的改进。（内容从略。）

八、结束语

本设计从计算公式、数据选取、结构设计都以可靠性为首要原则。本换热器在技术上安全、可靠。

由于资料收集尚不完整，加上毕业设计时间有限，所以改进设计的效果有待实践验证。

（资料来源：李振辉．应用文写作．北京：清华大学出版社，2005.）

【简析】

这是一篇工科毕业设计报告。标题由设计项目和“设计”构成，标题下写设计者和指导教师姓名。正文由八个部分组成。第一部分概述为前言部分，说明设计项目的来源、目的和作用。第二至七部分为主体部分，分别对设计原理、工作性能和使用范围、主要设计要求、结构设计主要参数、主要计算公式及本项目所采用的设计形式等内容进行具体的解释和说明。结尾部分即结束语部分，强调本设计项目所遵循的原则——安全、可靠，重申其安全性。然后，补充说明本设计项目的效果有待实际验证，表现出严谨的科学态度。

本毕业设计报告以小标题的方式展开内容，利用图文结合的方式进行解释和说明，重点突出，条理清楚，语言准确、简洁，是一篇写得较好的工科毕业生的科技论文。

必备知识

一、工科毕业设计报告的含义和用途

工科毕业设计报告，又叫工科毕业设计说明书，是工科大学生综合运用所学知识对其工程设计进行解释和说明的科技文书。工科毕业设计报告主要考核学生是否具有工程设计的初步能力。

工科毕业设计报告在本质上是工科毕业生的科技论文。

二、工科毕业设计报告的特点

1. 应用科技性

工科毕业设计报告是学生融会贯通所学过的科技知识，进行工程设计或解决工程难题的成果，具有明显的应用科技性。

2. 解释说明性

工科毕业设计成果的原理、应用范围、技术参数、工作流程等，只有通过文字和必要的图纸进行解释、说明，才容易被人了解，乃至认同。对设计成果的解释和说明，是工科毕业设计的有机组成部分。

3. 体现设计者的设计能力及综合素质

工科院校毕业生对基本理论、专业知识和技能的掌握和运用情况，以及思维能力、创新能力乃至文字表述水平，在工科毕业设计报告中将得到综合的体现。

三、工科毕业设计报告的类型

工科专业类型多，相应工科毕业设计报告的类型也多。比较常见的类型有下列两种。

（1）发明型毕业设计报告。即毕业设计的产品或成果乃现实生活中的首创。

（2）改革（造）型毕业设计报告。即毕业设计产品的类型或成果的类型在现实中已经存在。

四、工科毕业设计报告的结构和写法

由于工科毕业设计报告类型多，与其他文种相比，较难有比较统一的结构和写作模式。以下是多数工科毕业设计报告涉及的写作内容。

1. 标题

标题通常由设计项目加“设计”或“毕业设计说明书”构成。如“回转型蓄热式换热器的设计”，“××商业大厦空调系统毕业设计说明书”。标题下一行写毕业设计学生的专业、班别和姓名，再下一行写指导老师及姓名。

2. 前言（导言）

前言主要涉及四个方面的内容。①本设计项目的性质。一般需写明毕业设计是专业学习中的一门最重要的课程，是将所学专业理论和技能应用于实际项目设计的实践，是对自己专业能力的一项实际考核。②本设计项目的目的、效益。即简述本毕业设计解决什么实际问题，具有什么作用。③本设计项目的原理。简述本设计项目运用了什么设计原理。④设计过程。简述本设计项目经历的时间，以及遇到什么重大困难等。

前言属概括叙述或简要说明部分，不要求详细展开。

3. 主体

主体内容主要涉及以下五个方面。

（1）设计原理与设计方案的论证。表述利用什么原理进行工程或产品设计，或者所设计的工程或产品遵循什么样的工作原理。同时，具体的设计方案是怎样的，是否可行。具体表述时，常利用图示和文字解释相结合的方式。

（2）主要技术参数。表述选择了何种技术参数及有关技术参数的计算公式与结果。如大厦空调系统设计，应表述年均气温、相对湿度、太阳辐射负荷强度等技术参数及其计算数据等。在具体表述时，常用公式、表格和文字解释方式。质量标准参数属于技术参数之一。

（3）工作流程及技术性能。工作流程即工作过程。技术性能包括设计的工程或产品的型号、容量、生产率、动力等。这部分内容多用图纸说明、模型展示或实验结果的验证加以说明。图纸是产品制造的蓝图。

（4）适用范围。一般以文字作出说明。若涉及安装等问题时，则需以图文结合的方式说明。

（5）资金预算。即实施本毕业设计项目所需的资金数额。

需着重说明的是：对于以上主体5个方面的内容，不同专业、不同类型的工科毕业设计报告将有所取舍，或各有侧重，内容结构顺序也不尽相同。有的工科毕业设计报告还采用分章式结构。

4. 结尾

结尾通常综述上述设计报告的内容，或对有关技术问题作出补充。有些前言部分内容较完备的工科毕业设计报告，可不写结尾。

5. 致谢

即对指导和帮助过自己的老师和有关单位及个人表示感谢。

6. 注释及参考文献

列出主要的参考资料、文献及作者和出版社、出版年度等。

五、注意事项

(1) 写作重点应放在技术性强的部分或设计的关键部分，切忌平均用力。

(2) 注重解释、说明的技巧。充分利用图形说明和图文结合式说明。

(3) 工科毕业设计报告应加上封面，装订成册。注意装帧设计的质量。

任务三　文科类专业毕业论文

例文借鉴

浅论企业核心竞争力

吴××　杨××

【提要】企业核心竞争力是企业经营的根本依托，是企业竞争优势的决定力量，同时核心竞争力又是一个复杂和多元的系统。企业核心竞争力的形成和培育必是一个长期的战略过程。

【关键词】企业核心竞争力；学习型组织；企业文化

中图分类号：F270 文献标识码：A 文章编号：1008—2751（2002）04— 0040——0[illegible]

随着市场经济的发展，企业核心竞争力已经成为企业竞争优势的决定性力量。从短期看，企业产品质量、性能和服务质量决定了企业的竞争能力；从长期看，以企业资源为基础的核心能力则是企业保持竞争优势的决定性源泉。在本文中，笔者仅就企业核心竞争力谈一点浅见。

一、核心竞争力的含义

1991年，普拉汉拉德和哈默在《哈佛商业评论》上发表“The Core Compe tence of the Corporation”一文，标志着企业核心竞争力理论的正式提出，他们认为，核心竞争力是企业组织中的集合性知识（collective learning），特别是如何协调多样化生产经营技术和有机结合多种技术流的知识。随着产品生命周期的日益缩短和企业经营的日益国际化，一个企业的差异化竞争优势，来源于企业管理层如何比竞争对手既快速又低成本地将遍布于企业内的各种技术和生产技巧有机结合起来形成核心竞争力的能力。企业的核心竞争力是指企业以开发独特产品、发展独特技术能力为基础，通过企业战略决策、生产制造、市场营销、内部组织协调管理的交互作用而获得使企业保持持续竞争优势的能力，是企业在其发展过程中建立与发展起来的一种资产与知识的互补体系，同时企业核心竞争力的强弱在很大程度上受企业所面临的产业技术与市场动态性的影响。

通俗地讲，企业的核心竞争力就是企业在那些关系到自身生存和发展的关键环节上所独有的、比竞争对手更强的、持久的某种优势、能力或知识体系。“企业文化”是企业生存和发展的“元气”，是企业核心竞争力活力主根和动力之源。“创新”是一个企业生存、发展的内在要求和基本形式，也是一个企业不断适应环境、实现自我超越的必然过程。“人才”是企业的核心战略资源，企业之间的较量归根结底是人才及其综合素质的较量，“能力”作为企业核心竞争力的转换要素，特指企业动员、协调和开发企业内外资源的生产力。这种组合提供了企业潜在的竞争优势。一般来说，核心能力存在于企业中人的身上，而不是存在于企业资产负债本身，核心能力深深地植根于技巧、知识和人的能力之中。

二、核心竞争力的构成

核心竞争力是一个复杂和多元的系统，包含多个层面。归纳起来主要包括以下几个方面。

(1) 创新能力。一个企业要保持发展和竞争优势，就必须善于总结和提高，永远追求卓越，不断超越自我，不断进取和创新。创新就是根据市场和社会的不断变化，在原基础上重新整合人才、资本等资源，进行新产品开发和更有效组织生产，不断创造和适应市场，实现企业的更大发展，它包括技术创新、产品和工艺创新、管理创新。在以技术快速更新和产品周期不断缩短为主要特征的现代企业竞争中，创新是保持长久竞争优势的动力源泉。创新能力是一个企业具有核心能力和旺盛生命力的体现。

(2) 形象力。这是通过塑造和传播优秀企业形象而形成的一种对企业内外公众的凝聚力、吸引力、感召力和竞争力，是隐含在企业生产经营活动背后的一种巨大的潜在力，是企业新的生产力资源，它包括产品形象、服务形象、品牌形象和管理形象。我们知道，塑造企业形象不是一朝一夕的事，形象力资源要求企业从长远发展角度来审视和制定企业的战略规划，它从企业的发展趋势和运行的前景着眼，能对企业的发展产生长远的、战略性的推动力，带有战略性思考与制度安排的特征。

(3) 服务增值能力。现代市场发展的一个重要趋势，就是服务竞争在现代市场竞争中的地位和作用越来越突出。质量概念，不仅包括产品质量，也包括服务质量。国外企业文化研究中首先使用的“服务增值”的概念，值得重视。因为同样质量的产品，可以因服务好而“增值”，也可以因服务差而“减值”。企业形象从根本上说是表现为产品质量和服务质量。服务的永恒主题是企业同客户、用户、消费者的关系问题。这里包括如何使抱怨用户转变成满意用户、忠诚用户进而成为传代用户，包括如何开发忠诚的顾客群，包括不丢失一个老客户而不断开发新客户的问题，包括如何使营销服务成为情感式劳动，真正让用户、顾客引导决策，进而引导产品开发的问题。

(4) 管理能力。据统计，生产中有50%的效益来自管理，技术管理中的80%来自管理，可见管理能力的重要性。企业的管理也是生产力，它涉及企业结构组合、信息传递、沟通协调、激励奖惩及各种生产要素的优化组合，通过高效优势的动作，保障了技术优势的发挥，也保障了将生产优势转化为市场优势。

三、核心能力的培育

企业核心竞争力的形成不是一种短期行为，而在于要把企业建设成为一种创新型的学习性组织，在不断学习和积累中形成特有的竞争力，并通过机制来保障这种竞争力的发展。因此，形成并保持企业核心竞争力是一项长期的根本性战略。为此，必须做好以下工作。

(1) 建立学习型组织。企业核心竞争力的出现是系统整合的结果，尤其面对日益复杂多变的环境，企业需要比以往任何时候应更重视持续地、更快地获取信息和知识。而且这种学习必须是全体的、主动的、积极的和创造性的。彼得·圣吉认为，企业是一个系统，可以通过不断学习来提高发展的能力，《第五项修炼》即在组织中实行共同愿景、自我超越、团队学习、改善心智模式和系统思考，在企业中建立一个相互关照、彼此通融的"学习型组织"。使组织形成"学习___持续改进___建立持续性竞争优势"的良性循环。

（2）建立良好的企业文化。从企业文化力的功能来说，它有五个方面。第一，凝聚力。企业文化搞好了是一种"黏合剂"。可以把上下左右、广大员工紧紧地黏合、团结在一起，这是一种凝聚功能和向心功能。第二，导向力。包括价值导向与行为导向。在企业行为中该怎么想，怎么做，企业价值观与企业精神，发挥着无形的导向功能。第三，激励力。企业文化所形成的文化氛围和价值导向是一种精神激励，能够调动与激发职工的积极性、主动性和创造性，把人们的潜在智慧诱发出来。第四，约束力。在企业行为中哪些不该做、不能做，企业文化、企业精神常常发挥着一种"软"约束的作用，是一种免疫功能。第五，纽带力。企业特别是大企业集团，维系发展要有两种纽带：一个是产权、物质利益的纽带；另一个是文化、精神道德的纽带。这两种纽带相辅相成，缺一不可。

（3）建立良好的管理队伍。企业核心竞争力是企业综合实力的表现，是人的主观能动性得以发挥的成果。要产生这样的效果，必须使企业有良好的领导者和良好的运行体系。拿破仑说过："世界上没有无用的士兵，只有无用的将军。"没有良好的领导者和运行体系，就难以建立起人力资源的集群和激励人力资源发挥的力量，而没有知识结构合理、能力结构互补、规模相当、人才队伍稳定的集群，是很难发挥出主观能动性的，也很难保持持久的核心竞争力的优势。

（4）坚持技术创新与技术领先。技术能力是企业赖以生存的关键。小平同志说，科学技术是第一生产力。产品与服务的领先其支柱是科技。像英特尔不断推出高性能的微处理器的能力，微软不断推出新的计算机软件的能力等都是保持领先、形成垄断的基础能力

综上所述，企业核心竞争力是企业综合实力的象征，是决定企业生死存亡的关键。企业应把核心能力的管理放到战略的高度来考虑，在企业的发展过程中逐渐积累、培育领先于对手的核心能力。

（资料来源：刘杰，付胜．经济文书写作范例．北京：人民出版社，2005.）

【简析】

这是一篇具有时代感的学术论文。论文导言直陈核心竞争力的重要性，作为选题的缘由、背景，提出本文的题旨是对企业核心竞争力"谈一点浅见"。本论文分三大部分：第一部分阐述何谓核心竞争力。论文在探究了"企业核心竞争力"之说的渊源和他人对之含义的界定后，对企业核心竞争力的含义作出了自己的界定，继而阐述了企业核心竞争力与企业文化、人才等因素的关系。第二部分进而提出核心竞争力是一个复杂而多元的系统，它包括了创新能力、形象力、服务增值能力和管理能力这"四力"，并分别对"四力"的作用和内涵进行了论述。第三部分提出企业核心竞争力的培育不是一种短期行为，其培育需依靠机制来保障，需依靠做好建立学习型组织、建立良好的企业文化、建立良好的管理队伍和坚持做好技术创新与技术领先等方面的工作。

论文的末段对本论中的论点进行了综述，并对企业应注重核心竞争力的培育作了强调。

本论文语言简洁、明晰、流畅。本论文以递进法安排三大部分的结构，环环相扣，层层深入；而在其中的第二、第三大部分内则均采用并列法、以展开段旨句的方式而发展段落，显得思路清晰，行文有序。

如果论文在论证过程中，能适当地注意运用比较法和例证法，做到更有理（讲道理），又有据（摆事实），可能会使论点得到更有力的支撑，使论力显得更厚实。此外，论力论证的是“企业核心竞争力”，但多处却出现“核心竞争力”“核心能力”的提法，前后不统一。

必备知识

一、毕业论文、学术论文的含义

学术论文是对自然科学和社会科学某一专业领域中具有学术价值或亟待解决的问题进行探讨和研究，并提出有独创性见解的一种议论文。

毕业论文，实际上也属于学术论文。如果说高水平的学术论文是论文的“高级阶段”，那么，本、专科毕业论文则大抵可视作是学术论文的“初级阶段”。

二、学术论文的特点

1. 学术性

学术性其实就是科学性，是指学术论文所体现的专门的、系统的学问，是建立在深厚的学理和实践的基础上的理论。学术论文的学术性，要求作者必须从客观实际出发，对客体进行认真、仔细、周密的观察、分析，以获取大量的材料作为立论的依据，从中找出规律，揭示其本质或得出符合客观实际的结论。学术论文的学术性，还要求凡论证都必须具有严密的逻辑性，既不违背生活的常理，又不违反科学，且能经受实践的检验。

2. 独创性

独创性是衡量学术论文学术价值的基本尺度，是学术论文的生命。所谓独创性，简言之，就是论文能够提出新理论、新见解或新假说，自成一家之言。

3. 体现作者的专业水平及综合素质

一篇专业论文，不但能反映作者的专业水平，还综合反映了作者的思维能力、创造能力、研究作风、研究方法和文字表达水平，总之，是一个作者专业水平和综合素质的体现。

对于毕业论文来说，同样具有以上特点。只是毕业论文的独创性、学术性，多数达不到狭义的学术论文的程度而已。

三、学术论文的类型

学术论文涉及的范畴很广。按照不同的标准，可分出不同的类型。从作者的身份看，学术论文可以分出两大类型。

1. 专业论文

专业论文是各专业领域里的从事专业科研的人员所撰写的学术论文。这类论文多数在学术刊物上发表，或在学术会议上宣读。

2. 学业论文

学业论文是高等学校在校学生撰写的学术论文。学年论文、学位论文和毕业论文等都属于学业论文。

四、学术论文写作的一般过程和方法

学术论文的写作，一般需经由选题、编制写作提纲和撰写三个步骤。

（一）选题

学术论文价值的大小首先与作者选择什么样的研究课题有关，如果所选课题价值不大，即使写成论文，其水平和质量都是不可能高的。

一般来说，学术论文的选题，必须选以下三种类型之一。

（1）开创性类型。即前人没研究过、没解决过的课题。

（2）延伸性类型。即前人虽已做过研究，但还有发展、补充或修正余地的课题。

（3）综合归纳性类型。即把别人的研究成果，加以综合归纳的课题。

选题离不开资料的搜集和整理。资料的搜集通常通过以下四种方式。

（1）利用图书馆。到图书馆查阅图书资料。一般说来，搜集资料可采用先宽后窄、由粗到细的方法。

（2）上网搜索。即利用互联网搜集有关资料。

（3）实地调查。调查的方法有普遍调查、典型调查、抽样调查等。还可以利用座谈会调查、访问调查、问卷调查等。

（4）科学实验和科学观察。即通过实验和观察，以求获得第一手的事实资料。实验方法有定量法、定性法、对照法、模拟法等。

有了资料以后，则以真实、新颖、典型的标准，做好分类和优选工作。

（二）编制写作提纲

编制写作提纲是论文起草前不可缺少的一项重要工作。

通过拟写作提纲，实现下列目的：

（1）初步确定论文的标题；

（2）确定论文的中心思想，写出主题句子；

（3）确定论文的总体框架，安排有关论点的次序；

（4）确定大的层次段落，确定每个段落的段旨句；

（5）确定每段选用的材料，标示材料名称、页码、顺序。

拟写提纲一般可用标题法、句子法。

（1）标题法。即以标题形式把论文所要阐述的内容概括出来。用标题法写出的提纲简洁、扼要，但它只是一个粗略的提纲。

（2）句子法。即以句子形式概括各部分的内容。一个句子概括一个部分的内容。句子法具体、明确，能够勾勒出论文的大体结构。

（三）撰写

1. 标题

要求以最恰当、最简明概括的语词反映论文的内容。如《论企业的核心竞争力》

《"写作思维场"论》等。

2. 内容提要

内容提要即精当提示论文的基本观点、成果及意义等内容的文字，一般不超过300字。

3. 关键词

关键词即提示论文主题和内容的词汇或术语。

4. 绪论

绪论又称前言、引言、引论等，这是论文的开头部分，写作内容一般包括提出问题，说明选题的缘由、意义，研究方法或论证方法等。

5. 本论

本论是论文的主体部分，是对问题展开分析，对观点加以证明，全面、详尽、集中地表述研究成果的部分。它在层次段落之前，或使用小标题，或使用数码标示。采用的结构形式通常有以下三种。

(1) 并列式：也称横式结构。即围绕总论点并列排出几个分论点，从不同角度、不同侧面对总论点进行阐释、论证。

(2) 递进式：也称纵式结构。即由浅入深、一层一层地对总论点进行阐释、论证，后一个层次是前一个层次的深化，后一部分是前一部分的发展。

(3) 混合式：也称纵横式或综合式结构，即并列式与递进式同时使用；或者大层次为并列式，而一些层次中又采用递进式结构；或者大层次为递进式，而一些层次中又采用并列式结构；或者并列式和递进式分散用在本论的不同部分。

作为议论文的学术论文，不管采用何种结构形式，都是为了展开论证过程，即运用论据以说明观点、证明观点，通俗地说，就是摆事实、讲道理。

学术论文的论证需要讲究方法。学术论文的论证方法通常有下列几种。

(1) 例证法。又叫举例法。它是运用归纳推理进行论证的一种方法，即用典型的事例作论据来证明论点的方法。

(2) 引证法。又叫引用法，即用一些权威性的理论作论据来证明论点的方法。

(3) 比较法。它是通过事物之间的比较来证明论点的方法。

(4) 比喻法。即用容易理解的浅显的具体的事物、道理作比喻，来说明不易理解的深奥的抽象事物或道理的方法。

(5) 因果法。通过分析，揭示论点和论据之间的因果关系以证明论点正确的方法。

(6) 归谬法。先假定对方的论点是正确的，接着以此为前提，进行推理，却只能引出荒谬的结论，从而证明对方论点错误的方法。

6. 结论

结论又叫结尾。结论一般需对本论中的观点作一个归纳，表明总的看法和意见，或者强调某些要点等。结论应写得简明扼要。

7. 致谢

对帮助过自己的有关单位和个人表示感谢。

8. 注释或参考文献

在文后列出引文出处和有关参考文献。

五、撰写学术论文的注意事项

(1) 正确选题。选题是否合适将决定学术论文写作的成败。要选择有价值的、难易适中，而自己又比较有兴趣的论题来做。

(2) 充分使用自己选题范围内的资料。做好材料的分类、鉴别和扬弃工作。

(3) 编制好写作提纲后，要趁热打铁，集中精力和时间投入写作，初稿尽可能一气呵成。对初稿不要求精美。

(4) 初稿写成后最好马上查查有无遗漏什么材料，最好趁记忆尚清晰，马上修改或重写一遍。在修改时，主要斟酌论点新不新，论证是否合乎逻辑，结构是否需要调整；同时，对文字和标点符号进行仔细的推敲。

实训拓展

一、写作训练

1. 从网上或报刊上选择一篇工科毕业设计报告，根据本节所学过的知识，写一篇短评，并在学习小组上交流。

2. 在老师指导下，自选一难度适中的毕业设计项目（课题），在项目完成之后写出一篇毕业设计报告。

3. 试确定一个自己感兴趣的课题，按照学术论文的结构和写法，写一篇简短的学业论文。

项目三　求职应聘

任务一　求　职　函

例文借鉴

【例文1】

求　职　信

尊敬的××公司总经理先生：

首先，为我的冒昧打扰向您表示真诚的歉意。在即将毕业之际，我怀着对贵公司的无比信任与仰慕，斗胆投石问路，希望能成为贵公司的一员，为贵公司服务。

我是××职业技术学院计算机软件专业××级学生，将于今年7月毕业。在大学学习期间，我努力学习各门基础课及专业课，并取得了良好的成绩（见附表），英语已通过六级考试（见附件）。我不仅能熟练掌握学校所教课程的有关知识（VB程序设计、AUTOCAD R14、FRONTPAGE 98、FOXPRO 2.5、C语言等），而且还自学了PHOTOSHOP 5.0、DMAX 2.5、VISUAL FOXPRO等，专业能力强，曾获学校计算机软件设计比赛一等奖。

作为新世纪的大学生，我非常注意各方面能力的培养，积极参加社会实践，曾在平安保险做过业务员，在肯德基做过星级训练员，还在龙腾信息有限公司做过网络技师，爱好广泛，有责任感，能吃苦耐劳。

我期盼能成为贵公司的一员，从事计算机服务等工作。诚然，我尚缺乏丰富的工作经验，如果贵公司能给我机会，我会用我的热情、勤奋来弥补，用我的知识、能力来回报贵公司的赏识。

盼望您能给我一次面试的机会。随信附上简历、成绩单、英语等级证书、获奖证书等。

附件：1. 个人简介
　　　2. 成绩单
　　　3. 英语等级证书
　　　4. 获奖证书

此致

敬礼！

××　敬上

××××年×月×日

联系地址：××职业技术学院计算机系软件专业02级1班

电　　话：××××××××

【简析】

这是一封求职信。正文导言谦恭有礼，说明“投石问路”的缘由。主体分为三部分：第一部分介绍自己的学业情况，重点介绍了自己的学习成绩和自学能力；第二部分突出写自己注重参加社会实践，特别自评了自己的爱好、责任感和吃苦耐劳精神；第三部分用恳切的言辞表达了自己的求职愿望和决心。附件为信函提供了旁证。

全文情辞恳切，谦恭得体，不卑不亢。当不知某单位是否有聘人需求时，可借鉴此求职信。

【例文2】

应　聘　函

尊敬的××商场×××总经理：

我从×月×日《××日报》上看到了贵商场招聘员工的启事。我有意应聘其中的财务会计一职。

我叫张××，女，今年24岁，本市人，于20××年毕业于××××学院财务电算化专业。在校学习时各科成绩优良。毕业后在××××厂做销售员，由于专业不对口，所学特长无法发挥，很苦闷。知悉贵商场需要财务会计专业人员一事，我非常高兴，觉得终于盼来了施展自己特长的好机会。

希望贵商场能给我一个面试的机会。经考核，如能录用，我将会竭尽全力搞好本职工作，做一个合格的商场“理财人”。

附件：1. ××大学毕业证

　　　2. 会计人员上岗证

此致

敬礼！

求职人：张××谨上

××××年×月×日

联系地址：本市××路××号

联系电话：××××××

【简析】

这是一封根据招聘启事而写的应聘函。首段引据报上的招聘启事，作为写应聘函之缘起，接着直接提出应聘财务会计一职的要求。第二段写自己的学历、经历和提出应聘的客观原因，以及心态。第三段即结尾部分，表达希望能经面试被录用，以及做好工作的愿望。文章能紧扣该公司提出的应聘条件和要求，理由充分，态度诚恳，语言得体。提供的附件利于证明自己的应聘条件。

必备知识

一、求职函的含义和用途

求职函是指求职者向自己欲谋求职业的单位介绍自己的基本情况，提出供职请求的书信。

二、求职函的特点

（1）针对性。求职函的针对性体现在三个方面：一是针对用人单位的实际情况；二是针对读信人的心理；三是针对自己的实际情况。

（2）自荐性。不论求职者与用人单位的人员是否认识，求职者在信中都必须毛遂自荐，恰当地介绍自己。

（3）竞争性。择人与择业的双向选择机制决定了求职行为本身就是一种竞争。自用人单位收到求职函起，竞争就展开了。

三、求职函的类型

常见的求职函有以下两种。

（1）应聘式求职函。即求职人是根据用人单位招聘人员的条件向用人单位进行自我介绍而求职的书信。

（2）非应聘式求职函。这是不知晓对方单位是否有用人需求而径自投递的求职信。

四、求职函的结构和写法

1. 称谓

求职函若是写给国有企事业单位，通常称谓写单位名称或单位的人事处（组织人事部）；若是写给民营、私营或合资独资企业，称谓则一般写公司老板或人事部负责人。

2. 正文

（1）导言。写求职、应聘的缘由。也有的求职信不写导言。

（2）主体。这是求职函的重点部分。写作内容通常包括：

① 个人的学历、年龄、专长、经历、业绩；

② 个人的志向、兴趣、性格；

③ 求聘的工种、职位；

④ 待遇要求（也可不写）；

⑤ 通联地址、电话、电子邮箱等。

（3）结尾。以诚恳的态度表达自己希望被择优录用的愿望，如“希望领导给我一次面试的机会”“盼望答复”“静候佳音”等。结尾可与主体衔接在一起写，也可另起一段。最后写上附件名称。附件一般是证书和有关材料的复印件等。

3. 敬语

按信函的格式写“此致”“敬礼”一类敬语。

4. 落款

按信函格式写上个人姓名、日期。

五、注意事项

（1）多写自己的优势，展示自己的业绩和能力。

（2）可适当说明自己求职注重的是某个职位更适合发挥个人的才能，为单位的发展作出贡献，而不只是考虑经济上的收入。

（3）如果是应聘式求职函，则应严格依据招聘条件，有针对性地逐条如实地表述。

（4）态度自信、恳切，尊重对方，礼貌，不卑不亢。

任务二　简　　历

例文借鉴

【例文 1】

个人简历

<table>
<tr><td colspan="8">一、基本信息</td></tr>
<tr><td>姓名</td><td>熊××</td><td>性别</td><td>女</td><td>出生年月日</td><td>1988. 12. 19</td><td>政治面貌</td><td>团员</td></tr>
<tr><td>毕业院校</td><td colspan="3">湖北第×师范学院</td><td colspan="2">所学专业</td><td colspan="2">财务会计</td></tr>
<tr><td>联系电话</td><td colspan="3">139××××××××</td><td>E-mail</td><td colspan="3">xiongxc1229@ 163. com</td></tr>
<tr><td colspan="2">考取大学时的生源地</td><td colspan="2">宜昌</td><td>身体状况</td><td>健康</td><td>婚否</td><td>否</td></tr>
<tr><td>联系地址</td><td colspan="3">湖北省枝江市仙女镇××村×组</td><td colspan="3">邮编</td><td>44320</td></tr>
<tr><td colspan="8">二、教育背景/培训经历</td></tr>
<tr><td colspan="8">2017 年 9 月至 2020 年 6 月　枝江市第×高级中学
2020 年 9 月至 2023 年 6 月　湖北第×师范学院
培训起止时间：2022 年 2 月至 5 月　培训机构：湖北省经济管理干部学院 获得证书：助理会计师
培训起止时间：2022 年 8 月至 9 月　培训机构：湖北省第二师范学院　获得证书：全国计算机二级证书（VF）</td></tr>
<tr><td colspan="8">三、外语及计算机能力水平（附证书复印件）</td></tr>
<tr><td colspan="8">2021 年通过国家大学英语四级考试
2022 年 9 月通过全国计算机等级考试（二级 VF）
熟悉 Windows，word 和 Excel；对 Office 办公系统软件、Photoshop 及大部分操作系统能熟练操作</td></tr>
<tr><td colspan="8">四、自我评价</td></tr>
<tr><td colspan="8">美好的三年大学生活让我积累了充足的文化知识，社会实践能力有了提高，也让我在心理上有了质的飞跃。学的是财务会计专业，所以注重专业知识方面，能灵活运用。我具备了扎实的专业基础知识，系统地掌握了金融、税法等有关理论；能熟练操作计算机办公软件。同时，我利用课余时间广泛地涉猎了大量书籍，不但充实了自己，也培养了多方面的技能。更重要的是，严谨的学风和端正的学习态度塑造了我朴实、稳重、创新的性格特点。暑假短暂的社会实践虽然不是真正意义上的工作，但让我对工作有了一个初步的认识。而且对工作我有很好的适应能力，在团体协作中我有很强的集体荣誉感，我能与大家合作默契。在工作中我有很强的责任感，我能认真负责，把工作做到最好。在人际交往中我以诚待人，能够与他人进行良好的沟通。
在竞争中学会从容，在挫折中学会微笑，做最坏的打算，尽最大的努力。</td></tr>
</table>

【例文 2】

刘××的个人简历

刘××，男，1992 年 6 月 14 日出生于江西省南昌市，××街 10 号副 3 号，现年 32 岁，汉族人，已婚，一子四岁；妻在××大学音乐系任教。现住址郑州市管城区××新村××单元×××室。联系电话：(0371) 77×××。

主要经历：2005 年毕业于××第一高级中学，同年考入××大学法律系，2009 年大学毕业后留校任教。2012 年考入××大学研究生院法学系，2016 年毕业获法学硕士学位，同年被学校选送至美国××大学进修，2020 年获法学博士学位。回国后到××大学任教至今。

刘××

××××年×月×日

【简析】

这是两则不同格式的简历。例文 1 为表格式简历，例文 2 为行文式简历。这两种不同格式的简历在写作上略有差异，但内容上都注意到了时间上的衔接。语言简洁明了，介绍自己过去情况时说明得很清楚。表格式简历只要依据表格内容依次填写即可。时间上要依照先后顺序，不可随意颠倒。行文式简历可以稍加详细地介绍个人情况。例文 2，标题为“刘××的个人简历”，正文首先写出籍贯、家庭住址、家庭成员等个人的基本情况，然后依次写出自己的主要经历，最后落款署名及成文时间，简历需要个人依据事实，真实记录自己的主要经历，格式要尽可能规范化。

必备知识

一、简历的概念

简历，是个人向机关单位、部门领导或用人单位介绍自己以往的主要经历时所使用的一种专用文体。

二、简历的特点

（一）简历的附属性

简历不是可以单独向外发送的文书，它一般附属于其他文种，作为可参考材料一同送达对方。它往往构成某些文种的一部分内容而存在。如推荐信中对自己的介绍，入党申请书申请对自我的介绍等。

（二）简历的稳定性

简历是对个人历史的一种真实记录，所以附属的内容是不变的，一个人的简历内容不会因其服务的对象、目的不同而有所变化。

三、简历的分类

简历从其存在的方式上看，可以分为行文式简历和表格式简历两种。

（一）表格式简历

表格式简历是最常见的简历形式，一般存在于各种“登记表”之中，填表人只需依次填写即可。

（二）行文式简历

行文式简历是以文章的形式介绍自己，一般情况下，它作为附页，或在其他行文中存在，相比表格式简历而言，它可以更详细地介绍个人的情况。

四、简历的基本格式和写法

（一）表格式简历

表格式简历没有什么标题。只需在其“个人简历”栏中按设置的具体项目逐项填写即可。人员身份不同，所填写的内容也有所不同，可根据自己的具体内容加以设置。

已有工作经验的求职者的简历起码要包括以下的部分和条目：姓名和联系方式、目标、教育背景、资格证书及荣誉、工作经验（包括公司名字、日期、头衔及职责）、专业资格认证、发表的文章等。

即将毕业的大学生设计的个人简历一般应包括以下几个方面的内容。

(1) 个人资料：姓名、性别、出生年月、家庭住址、政治面貌、身体状况、兴趣、爱好、性格等。

(2) 学业有关内容：就读学校、所学专业、学位、外语及计算机掌握程度等。

(3) 本人经历：入学以来的简单经历，主要是担任社会工作或入党等方面的情况。

(4) 所获荣誉：三好学生、优秀团员、优秀学生干部、专项奖学金等。

(5) 本人特长：如计算机、外语、驾驶、文艺体育等。

个人简历应该浓缩大学生活的精华部分，要写得简洁精辟，切忌拖泥带水。个人简历后面，可以附加个人获奖证明，如三好学生、优秀学生干部证书的复印件。外语四、六级证书的复印件及驾驶执照的复印件，这些复印件能够给用人单位留下深刻的印象。

(二) 行文式简历

由于行文式简历是以文章的形式写成的，所以基本上由标题、正文和落款三部分组成。

1. 标题

标题可以由自己的姓名称呼加上文件名构成，也可以直接由文件名构成。如“××个人简历”或“个人简历”。

2. 正文

简历的正文要分两步来写。

首先，写明自己的一些基本情况，如介绍自己的籍贯、工作单位、家庭住址、家庭成员等。

其次，依次把自己从上学至今的学习和工作经历写出来。

3. 落款

落款一般署上成文的时间即可。若是作为附页的简历，还需在简历上署上个人的姓名。

五、简历的写作注意事项

(1) 首先要突出过去的成就。过去的成就是能力的最有力的证据。详细地把它们写出来，会更有说服力。

(2) 简历表切忌过长。最重要的是要把实质性的东西给用人单位看。

(3) 简历表上的资料必须是客观而实在的，千万不要吹牛，因为谎话一定会被识破。要本着诚实的态度，有多少写多少。

(4) 简历表中的信息资料不要密密麻麻地堆在一起，项目与项目之间应有一定的空位，排列整齐。

(5) 不要写对申请职位无用的东西。

实训拓展

写作训练：

假设你是高校的应届毕业生，请根据你的情况写一份个人简历。

模块二
从业期间文书

☞ 公文文书写作知识概述

☞ 项目一　公务活动

☞ 项目二　事务活动

☞ 项目三　社交礼仪

公文文书写作知识概述

任务一　公务文书的性质、特点、作用及用语要求

一、公文文书的性质

《党政机关公文处理工作条例》指出："党政机关公文是党政机关实施领导、履行职能、处理公务的具有特定效力和规范体式的文书，是传达贯彻党和国家的方针政策，公布法规和规章，指导、布置和商洽工作，请示和答复问题，报告、通报和交流情况等的重要工具。"

2012 年 4 月 16 日，中共中央办公厅、国务院办公厅印发了《党政机关公文处理工作条例》的通知，规定公文种类主要有 15 种：决议、决定、命令（令）、公报、公告、通告、意见、通知、通报、报告、请示、批复、议案、函、纪要。

二、公务文书的特点

应用文写作的特点本身涵盖了公务文书的特点，但在具体使用中，公务文书又有其自身的特点。

（一）法定性

公文不同于一般的应用文。首先，公文由法定作者制发。公文的法定作者，是指依据法律和有关的条例、章程依法成立和经有关机关批准成立，并且能够以自己的名义行使法定的职能权利和担负一定任务、义务的机关与组织。公文必须以这些机关的名义或其法定代表人的名义制发，以便代表法定机关或组织的意图，作为其开展工作的依据。其次，法定的职权范围和规定程序。合法组织均拥有法定的职能和权限范围，它们都只能在行使职权的这个范围内制发公文。在此范围内，公文具有同该合法组织相一致的权威，超越这一范围即越权制发，公文则将失去效力。公文的制发与行文必须履行法定程序才能生效。

（二）权威性

法定公文在法定的时间、空间范围对于受文对象具有强制力和约束力——强制阅读、强制办理或强制复文等执行效力——这就是公文的权威性。这种权威性具体表现为，受文对象如果不接受其强制和约束，就可能是失职、渎职甚至违纪、违法，将受到一定的处治。公文的这种权威性来自发文机关所具有的法定职能和权力，来自公文本身的公务性和规定性。发文机关权限范围的大小、所发公文文种适用范围的不同，决定着公文权威性的高低。

（三）政策性

公文的政策性，是指它直接传达贯彻国家的方针、政策，直接传达政府的法令，担负

着其他任何文体所不能担负的特殊使命。这是由它的政治内容和作用决定的。行政机关的公文，体现着政府的施政方针、管理意图，体现人民的根本利益。政府以公文形式发布政策、法令，直接、明白地告诉人们，该做什么，不该做什么；该支持什么，该反对什么。政府机关通过公文的发布和实施，规范人们的言行，确保对国家的管理。这是公文政策性的突出表现。

（四）规范性

规范性既是公文的特点，也是制发公文的要求，它指的是：公文内容必须符合党和国家的法律、法规、方针、政策及有关规定；公文内容、公文格式、行文程序等均须按照法规的统一规定处理。

（五）时效性

公文是在现实工作中形成和使用的，因此，它的作用有时间的限制，即具有时效性。

公文的时效性与特别注重实效的新闻是不同的。一是在制发时会因社会管理的性质内容不同而有不同时限和生效日期；二是生效之后的时限也有长有短，主要取决于直接应用时间的长短。就每份具体的公文来说，有的长达几十年，如法律性公文、长远规划、结论性决议；有的时效则很短，如某件具体事情的通知，在事情办过之后，其效力也就结束了。

三、公务文书的作用

公文是治理国家、依法行政的重要的实用型工具，从它产生起就成为“经国之枢机”，为进行有效的社会管理和社会稳定有序地发展起着领导、协调、规范、指导、指挥等作用。

（一）领导、指导作用

公文是各级行政和企事业机关传达党和国家的方针、政策，有针对性地解决实际问题的重要工具，因而具有领导作用。有些领导机关下发的公文，根据具体情况比较灵活地提出“参照执行”“请即试行”“供参照”的大体指导或对下级机关的事务、业务具体指导。

（二）规范、准绳作用

公文中有相当部分是应管理的需要以文件形式制发的法令、规定、办法等，在所要求的范围内，它规范着人们的思想和行为，要遵守或贯彻执行，不得违反，否则将会受到有关单位的处治甚至是法律的制裁。它还是考查、衡量和决定奖惩人们在某确定范围内的思想行为的准绳，在没有修订或废止前，始终有效。

（三）沟通、协调作用

各级党政机关、企事业单位和社会团体之间在处理日常事务时，经常要相互沟通、协调，而公文往来就是彼此之间联系和协商工作的一种手段。同时，公文使各种公务活动能正常、有序、有效地开展。离开了公文，各社会组织之间的行政管理就难以实现；只有依靠公文进行上下左右的联系、沟通与协调，才能相互传递和反馈信息，交流经验，商洽工作和解决问题，使上情迅速下达，下情及时上传。

（四）依据、凭证作用

在党政机关、企事业单位、社会团体之间，相互需要交流信息，需要协调、处理许多工作和事务，这些都是由公文来完成的。公文是处理公务的凭证和依据。公文反映了制文机关的意图，具有法定效力，处理公务时一切以文件为准。上级对下级的领导和指示是通过有关文件体现和实现的，是下级处理公务的依据；下级以公文形式反映的问题又成为上级处理公务的凭证。公文还是公务活动的原始记录，并成为研究历史事件和社会活动的凭证，具有参考和借鉴价值。

（五）宣传、教育作用

公文是宣传党和国家的方针政策以及法规条文的主要渠道。一个机关与党和政府以及上下左右机关单位之间，其决策、方案、设想和意图等信息，常常是以公文的形式传递的。特别是一些通知、决定、意见等“红头文件”比一般新闻媒体的宣传教育，更具权威性和强大效力。表彰、批评性的通报，以及奖惩性的决定、遵纪守法性的通告，在宣传先进的同时，对落后者本身就起着教育作用。

四、公务文书的用语要求

公文语言具有明晰、准确、简朴、庄重的特点，为了体现公文语言这特有的特点，在具体用语行文时，必须符合下列要求。

（一）使用书面语，一般不使用口语

文学作品，为了追求特定的表达效果，常用口语（包括方言、歇后语等），而公文一般不能使用口语，只能使用合乎规范的书面词语，以免口语破坏公文的语体风格。

（二）适当使用文言词语和文言句式

公文应当适当使用诸如“业经”“悉”“兹”“兹有”“特”“拟”“者”“为荷”“于”“为”“依”“逾”“其”“亦”“以”“尚”“之”“该”“予”“此”“凡……者”等文字。例如：“鉴于目前出版物在涉及数字（如时间、长度、重量、面积、容积和其他量值）时，使用汉字和阿拉伯数字没有统一的体例，情况比较混乱，根据有关方面的建议，我们会同部分新闻出版单位，经过多次讨论、修订，制定了《出版物上数字用法的规定》，现予公布，要求新闻出版有关单位试行。”这段字中，“鉴于”“予”等便是文言词语。公文中适当使用文言文词语和文言句式，有利于增强公文的庄重性。

（三）恰当使用公文特定专用语

在长期的公务实践中，由于行文和处理程序的需要，公文已逐渐形成了一套常用的专用语，即公文特定用语。

公文特定用语，含义确定，使用频率很高。或在结构上引起开端，导向过渡，收束全文；或在语意上表示郑重、强调；或在意向上提出请示，表示盼望。它在准确、严谨地表达公文内容及格式的同时，还能有效地增强简明、庄重的语体风格。

（四）用好介词结构

为能准确地说明事物的时间、地点、方向、条件、对象、范围、原因、目的、方式、依据等，公文经常使用含介词结构的句式。例如：公文标题中一般都会出现介词“关于”与其宾语组成的介词结构，用以提示和限定公文涉及的内容范围。此外，公文正文使用介词结构的频率也很高。

（五）适当使用模糊词语，以使公文内容得到恰当的表达

公文用语讲求准确精当，恰切无误，但在某些特定的语境中，却需要使用模糊词语。运用得当，能使公文的语言表达周密严谨，简练得体，达到恰当表意的结果。

模糊语言是指外延不确定、作者有意不作详细交代或内涵无确定的弹性语言。模糊语言是适应特定语境的产物，是为了准确、恰当表意的需要。例如："按有关文件规定"，这句话中的"有关文件"本是存在的，但或限于文章篇幅，或有意不写，因而"有关文件"便有了模糊性。"以上意见，要认真贯彻执行"，要贯彻执行，是明确的，但在如何贯彻上，"认真"二字又是模糊的。而且，如何贯彻执行，往往还得结合本单位的具体情况，而各单位的具体情况往往有所差别，不可能限定具体的贯彻办法。

模糊词语在公文中常被用来表示时间、方位、数量、程度、范围等。

(1) 表时间：近来、最近、当今、当前、过去、往日、原先、前不久、不日、不时、将来、届时、今年以来、今冬、明春、长期、最初阶段、晚期、临时、有时、及时、一贯、一度、一段时间、偶尔、许久、限期、如期、一朝一夕等。

(2) 表方位：附近、周围、远方、前方、后方、南方、北方、上边、下边、前面、后面、外地、本地、这里、那里、所在、就地、处处等。

(3) 表数量：多数、少数、一些、许多、不少、不乏、一系列、一伙、多次、屡次、一再、再三、三令五申、三番五次、个别、绝大多数等。

(4) 表程度：稍、较、很、最、极、重大、巨大、特大、莫大、一定、显著、稍微、普遍、差不多、基本上、大抵、大体上、充分、足够、较为、极端、丝毫、十分等。

(5) 表范围：广大、广泛、所有、有的、有些、有关、左右、以上、以下、以内、以外等。

在公文写作中，模糊语言要用得恰当得体，该用才用；如果随意滥用，将有损公文的明晰性和严肃性。

任务二　公务文书的格式

一、党政机关公文的构成要素及排版形式

党政机关公文是党政机关实施领导、履行职能、处理公务的具有特定效力和规范体式的文书，是传达贯彻党和国家方针政策，公布法规和规章，指导、布置和商洽工作，请示和答复问题，报告、通报和交流情况等的重要工具。

(一) 公文的构成要素

公文一般由份号、密级和保密期限、紧急程度、发文机关标志、发文字号、签发人、标题、主送机关、正文、附件说明、发文机关署名、成文日期、印章、附注、附件、抄送机关、印发机关和印发日期、页码等组成。

(二) 公文的排版形式

排版形式指公文各组成要素在文件版面上的标印格式。

1. 公文用纸幅面尺寸

采用国际标准 A4 型纸，210 mm×297 mm

公文页边与版心尺寸为：公文用纸天头 37 mm，公文用纸订口 28 mm，版心尺寸 156 mm×225 mm（不含页码）。

发文机关标识上边缘至版心上边缘为 25 mm。对于上报的公文，发文机关标识上边缘

至版心上边缘为 80 mm。

2. 公文书写形式

从左至右横排、横写。其标识第一层为“一、”，第二层为“（一）”，第三层为“1.”第四层为（1）。

3. 字体字号

发文机关标识使用 2 号小标宋体字，红色标识；秘密等级、保密期限、紧急程度用 3 号黑体字；发文字号、签发人、主送机关、附注、抄送机关、印发机关、印发时间用 3 号仿宋体字；签发人姓名用 3 号楷体字；正文以 3 号仿宋体字，一般每面排 22 行，每行排 28 字，正文中如有小标题可用 3 号小标宋体字或黑体字。

4. 页码

用 4 号半角白体阿拉伯数码标识，置于版心下边缘之下一行，数码左右各放一条 4 号一字线，一字线距版心下边缘 7 mm。单页码居右空 1 字，双页码居左空 1 字。

5. 信函式公文

发文机关名称上边缘距上页边的距离为 30 mm，推荐用小标宋体字，字号由发文机关酌定；发文机关全称下 4 mm 处为一条武文线（上粗下细），距下页边 20 mm 处为一条文武线（上细下粗），两条线长均为 170 mm。每行居中排 28 个字。发文机关名称及双线均印红色。

（三）公文各要素及排版形式

公文的各要素分为眉首、主体、版记三部分。

1. 眉首

置于公文首页红色反线以上的各要素统称公文眉首。眉首包括：公文份数序号、秘密等级和保密期限、紧急程度、发文机关标识、发文字号、签发人。

（1）份号：公文印制份数的顺序号，即将同一文稿印刷若干份时每份公文的顺序编号。涉密公文应当标注份号。置于版心左上角第一行，用阿拉伯数字。

（2）密级和保密期限：密级分为绝密、机密和秘密；保密期限是对公文秘密等级时效规定的说明。置于版心右上角第一行，两字之间空一字。

（3）紧急程度：是对公文送达和办理的时限要求。根据紧急程度，标注“特急”“加急”；紧急电报分为“特提”“特急”“加急”“平急”。置于版心右上角第一行，两字之间空一字。公文同时标识秘密等级与紧急程度，秘密等级顶格标识在版心右上角第一行，紧急程度顶格标识在版心右上角第二行。

（4）发文机关标识：发文机关标识表明公文的作者，是发文机关制作公文时使用的、规范板式的文件版头，通常称“文头”。由发文机关全称或规范化简称后加“文件”组成，也可以使用发文机关全称或者规范化简称，居中红色套印在文件首页上端。联合行文时，发文机关标志可以并用联合发文机关名称，也可以单独用主办机关名称，“文件”二字置于发文机关名称右侧，上下居中排布。

（5）发文字号：发文字号是发文机关按照发文顺序编排的顺序号。由发文机关代字、年份和序号组成。置于发文机关标识下空两行，居中排布。年份、序号用阿拉伯数码标识；年份应标全称，用六角括号“〔 〕”括入；序号不编虚位（即 1 不编为 001），不加“第”字。联合行文使用主办机关的发文字号。

发文字号之下 4 mm 处印一条与版心等宽的红色反线。

（6）签发人：签发人是在上报的公文中批准签发的领导人姓名。只用于上行文，平行排列于发文字号右侧。发文字号居左空 1 字，签发人姓名居右空 1 字；签发人用 3 号仿宋体字，签发人后标全角冒号，冒号后用 3 号楷体字标识签发人姓名。如有多个签发人，主办单位签发人姓名置于第 1 行，其他签发人姓名从第 2 行起在主办单位签发人姓名之下按发文机关顺序依次顺排，下移红色反线，应使发文字号与最后一个签发人姓名处在同一行并使红色反线与之的距离为 4 mm 。

2. 主体

置于公文首页红色反线（不含）以下至抄送机关（不含）之间的各要素统称主体。包括：标题、主送机关、正文、附件说明、发文机关署名、成文日期、印章、附注、附件。

（1）标题：即对公文主要内容准确、简要的概括。由发文机关名称、事由和文种组成。除法规名称加书名号外，一般不用标点符号。位于红色反线下空两行，用 2 号小标宋体字，可分一行或多行居中排布；回行时，要做到词义完整，排列对称，间距恰当，标题排列应当使用梯形或菱形。

（2）主送机关：是指要求公文予以办理或答复的主要受理机关，应当使用机关全称、规范化简称或者同类型机关统称。标识在标题下空一行，左侧顶格 3 号仿宋体字标识，回行时仍顶格。最后一个主送机关名称后标全角冒号。

（3）正文：公文正文表述公文的具体内容。通常分导语、主体和结束语。在主送机关下一行，每自然段左空 2 字，回行顶格，数字、年份不回行。正文以 3 号仿宋体字，一般每面排 22 行，每行排 28 字。文中如有小标题可用 3 号小标宋体字或黑体字。

（4）附件说明：公文附件的顺序号和名称。公文如有附件，在正文下空一行左空 2 字用 3 号仿宋体字标识“附件”，后标全角冒号和名称。附件如有序号使用阿拉伯数码（如“附件：1.×××××”）；附件名称后不加标点符号。

（5）发文机关署名：署发文机关全称或者规范化简称。

（6）成文时间：指公文生效的时间。署会议通过或者发文机关负责人签发的日期。联合行文时署最后签发机关负责人签发的日期。标识在正文之下，空两行右空 4 字。用阿拉伯数字将年、月、日标全，年份应标全称，月、日不编虚位（即 1 不编为 01）。

（7）印章：公文中有发文机关署名的，应当加盖发文机关印章，并与署名机关相符。有特定发文机关标志的普发性公文和电报可以不加盖印章。联合上报的公文，由主办机关加盖印章，联合下发的公文，发文机关都应加盖印章。

单一机关制发的公文在落款处不署发文机关名称，只标识成文时间。加盖印章应上距正文 2～4 mm，端正、居中、下压成文时间，印章用红色。

当印章下弧无文字时，采用下套方式，即仅以下弧压在成文时间上；当印章下弧有文字时，采用中套方式，即印章中心线压在成文时间上。

当联合行文需加盖两个印章时，应将成文时间拉开，左右各空 7 字；主办机关印章在前；两个印章均压成文时间，印章用红色。只能采用同种加盖印章方式，以保证印章排列整齐。两印章间互不相交或相切，相距不超过 3 mm 。

当联合行文需加盖 3 个以上印章时，为防止出现空白印章，应将各发文机关名称（可用简称）排在发文时间和正文之间。主办机关印章在前，每排最多排 3 个印章，两端不得超出版心；最后一排如余一个或两个印章，均居中排布；印章之间互不相交或相切；在最后一排印章之下右空 2 字标识成文时间。

当公文排版后所剩空白处不能容下印章位置时，应采取调整行距、字距的措施加以解决，务必使印章与正文同处一面，不得采取标识“此页无正文”的方法解决。

（8）附注：是需要说明的其他事项，如公文的发放范围、使用时注意的事项、联系人及联系方式等。公文如有附注，用 3 号仿宋体字，居左空 2 字加圆括号标识在成文时间下一行。

（9）附件：公文正文的说明、补充或者参考资料。附件应与公文正文一起装订，并在附件左上角第 1 行顶格标识“附件”，有序号时标识序号；附件的序号和名称前后标识应一致。如附件与公文正文不能一起装订，应在附件左上角第 1 行顶格标识公文的发文字号并在其后标识附件（或带序号）。

3. 版记

置于抄送机关以下的各要素统称为版记，包括抄送机关、印发机关和印发日期。

（1）抄送机关：指除主送机关外需要执行或知晓公文的其他机关。公文如有抄送，在主题词下一行；左空 1 字用 3 号仿宋体字标识“抄送”，后标全角冒号；抄送机关间用逗号隔开，回行时与冒号后的抄送机关对齐；在最后一个抄送机关后标句号。

（2）印发机关和印发时间：印发机关是印制公文主管部门，印发时间是公文的付印时间。位于抄送机关之下（无抄送机关在主题词之下）占 1 行位置；用 3 号仿宋体字。印发机关左空 1 字，印发时间右空 1 字。印发时间以公文付印的日期为准，用阿拉伯数码标识。

项目一　公务活动

任务一　通　　告

例文借鉴

【例文1】

关于电气化铁路安全的通告

为适应国民经济及社会发展的需要，继京沪电气化铁路开通运营后，沪杭、浙赣铁路电气化改造工程业已完工，定于9月11日18时起正式通电并即将开通运营。电气化铁路是指从外部电源和牵引供电系统获得电能，通过电力机车牵引列车运行的铁路，其供电系统的电力接触网导线及其相连部件带有2.75万伏高压电。为了保护人民群众生命财产安全，确保电气化铁路安全畅通，根据《中华人民共和国铁路法》和国务院《铁路运输安全保护条例》等有关规定，并经有关省（市）人民政府同意，现就电气化铁路安全有关事项通告如下。

一、严禁攀爬（登）电气化铁路电力接触网线杆、铁塔和铁路电力机车车辆，或在旁休息，并不得在电力接触网周围2米内直接或间接通过任何导电物体，如棒条、导线、水流等。

二、严禁在电力接触网杆塔、拉线周围20米范围内取土、打桩、钻探或者倾倒有害化学物品，或在电气化铁路线路两侧各1 000米范围内从事爆破作业。

三、在电气化铁路电力接触网上架设电力线路、通信线路、油气水管槽等各类设施的，必须事先经铁路运输企业同意，并采取必要的安全防护措施后，方可施工作业。

四、严禁在电气化铁路线路两侧各300米区域内升放风筝、气球。不得触碰电力接触网，向电力接触网抛掷、挂搭绳索等如何物品，或在电力接触网杆搭上架设、安装、悬挂其他设或物品。

五、严禁各种车辆和行人在未设置铁路道口或人行过道处通过电气化铁路及铁路调车作业区域，或者在电气化铁路线路上行走、逗留或玩耍。各种车辆和行人通过电气化铁路道口或人行过道时，必须遵守下列规定。

（一）汽车、拖拉机和畜力车装载货物高度（从地面算起，下同）不得超过4.5米。如超高触碰道口限界门的活动横板或吊链时，必须倒装或在铁路电部门的指导下停电通过。

（二）严禁在装载货物高度超过2米的车辆上部坐（站）人。

（三）当行人持有竹竿、彩旗、皮鞭等高、长物件时，须使物件保持水平状态通过。

六、铁路运输企业应当加强电气化铁路安全管理和宣传工作，按照标准设置安全警示、保护标志。建立健全各项安全管理制度及事故应急救援预案，落实电气化铁路安全管理责任，及时维护、抢修电气化铁路设施，确保电气化铁路的安全。发现重特大安全隐患应及时通报当地人民政府。

七、电气化铁路沿线地方各级人民政府及其有关部门应当按照各自职责，加强电气化铁路安全宣传教育，及时协调处理解决电气化铁路安全保护有关问题和事项，做好电气化铁路安全保护的有关工作。

八、社会公众发现电气化铁路电力接触网等设施发生偷盗、损毁、拆卸或火灾情形时，应就近报告铁路单位或者公安机关。如发现电力接触网上有悬垂线头、部件等物时，不得接触和接近；发现电力接触网导线断落时，人、物应远离10米以外，并立即就近报告铁路单位。免费安全服务电话：800-720-0110。

上述通告事项，希望社会各单位和公众自觉严格遵守。铁路沿线各级政府机关、企事业单位、居（村）委会和学校应向职工、居（村）民和学生进行广泛宣传教育并督促严格遵守。铁路安全监督管理机关对违反铁路安全保护规定、危及铁路运输安全的行为，将依法予以行政处罚；构成犯罪的，依法移送司法机关，追究相应的刑事责任。

特此通告。

××铁路安全监督管理办公室
××××年9月6日

【简析】

这是一份规定性通告。全文主旨鲜明，结构完整，逻辑严谨，语言质朴。标题简洁明了。正文开头首先写发文目的、法律法规依据，过渡句开启下文。主体部分用分条列项的方法，具体详实地说明规定事项，条理清晰、严肃庄重。结语部分，“特此通告”干脆有力，体现了规定性通告的严肃性。

【例文2】

关于“九一八”之夜鸣响警报的通告

为教育人民勿忘国耻，振兴中华，我市从1995年开始，在每年9月18日夜鸣响防空警报3分钟，取得了良好的效果。今年仍依此惯例，在9月18日9时18分鸣响防空警报3分钟，同时，沈阳市人民广播电台和沈阳电视台中断正常播放节目，转播“勿忘国耻，振兴中华”画面和警报声音；向移动电话发布“勿忘国耻”信息；在市区内行驶的机动车辆要停车鸣笛（交通信号绿灯亮时也照此执行），警报解除后恢复行驶。

特此通告。

中共沈阳市委员会（印章）
沈阳市人民政府（印章）
2023年9月14日

【简析】

这是一篇告晓性通告。全文以目的、背景开篇，虽只一句话，引据却设置得简洁醒目。主体部分以“今年仍依此惯例”领起，自然过渡，承上启下。随即公布“九一八”之夜鸣响警报的时间、方式及要求。最后以“特此通告”作结，庄重利落。这是沈阳市委、市政府于2023年9月14日联合发布的通告，政治意义突出，教育警世作用明显，结构严谨，行文流畅，格式规范，语言简明，文风朴实。

必备知识

一、通告的性质和适用范围

通告是公布社会各有关方面应当遵守或周知的事项的公文。通告内容广泛，使用普遍。它适合国家机关、社会团体和企事业单位在所辖范围内公布有关事项。

通告既可以用来公布比较重大的事项，也可以用来公布一般事项。其内容既有国家大事，也有与人民群众日常生活有关的具体事务。各级行政机关、企事业单位都可以发布通告。一般采用张贴、登报的形式公开发布，也可以用文件的形式下达。

二、通告的特点

1. 内容的业务性

通告发布的内容多是局部性的、业务性的，针对性强。

2. 行文对象的有限性

通告告知事项的范围是辖区内的单位和人们。

3. 发文单位的广泛性

通告的使用范围很广。党政机关、企业事业单位、人民团体都可发布通告。

三、通告的种类

1. 周知性通告

周知性通告适用于公布社会各方面应当周知的具体事项。诸如车辆年审、更换执照、停水停电、交通运输情况等，都可以使用通告告知有关公众。

2. 规定性通告

规定性通告适用于公布社会各有关方面在特定范围内应该严格遵守或执行的规定和要求。例如：打击某些不法犯罪行为，维护或整治社会政治经济文化治安交通秩序等事项。这类通告具有强制性和约束力，能够起到行政法规的作用。

四、通告的结构和写法

通告由标题、正文、落款组成。因是普发性公文，不写主送机关。

1. 标题

标题的写法有四种。

（1）发文机关+事由+文种，如《国务院关于长期保护测量标志的通告》。

（2）发文机关+文种，如《中国人民银行通告》等。

（3）事由+文种，如《关于税收财务大检查实行持证检查的通告》等。

（4）只写文种。这种通告只在组织内部张贴，供内部单位人员阅读、知晓。

2. 正文

通告的正文通常由缘由、事项、结语组成。

（1）缘由，即发此通告的原因、根据、意义。常见模式有“为……根据……特通告如下……”

（2）事项，即通告的具体事项或规定。如果内容比较简单、单一，可不分条写；如果内容比较多，则应分条列项地写，一条一个要点，一条一个规定，各条之间的排列应合乎逻辑，反映出条文之间的内在联系。语言要简洁、有力、明确、通俗。

（3）结语。有的通告在结尾提出希望或要求。有的通告以“特此通告”作结语，以示强调是起注意。有的通告事项写完即结束全文，不再写结语。

3. 落款

标题中若已写发文机关，并在标题下标注了日期的，不必再写落款。如果标题中没有发文机关，也没有日期，则落款处必须署上发文机关名称和日期。

五、通告的写作要求

（1）不要乱用通告。如落成庆典、更名迁址等不能用通告，而应用启事。

（2）语言要通俗简明。通告时公开周知性公文，它的阅读者是人民大众，语言表达上应直截了当、准确简明、通俗易懂。

（3）一份通告只能发布一项专门事项。

六、公告与通告的区别

公告与通告都具有周知性，都用来向公众宣布事项，都是普发性公文，但又有区别。

1. 发布内容属性不同

公告发布的是重大、法定事项；通告发布的是一般事项。

2. 发布范围不同

公告是向“国内外”发布，通告只在国内一定范围发布。

3. 发布机关权限不同

公告只能由中央最高权力机关、管理机关或相当级别的政府机关以及一些特殊部门发布，通告则是各级行政机关、企事业单位、社会团体均可发布。

4. 发布形式不同

公告主要通过大众传媒发布；通告则既可以通过大众传媒发布，也可张贴公布或制成文件下发。

5. 作用性能不同

公告以宣布重大事项为主要目的，一般对告知对象没有直接的强制力或约束力。而有些通告，如规定性通告，不仅告知事项，而且还有强制力和约束力。

任务二　通　　知

例文借鉴

【例文 1】　发布性通知

教育部办公厅关于开展“读经典 我思考”主题读书活动的通知

教基厅函〔2024〕21 号

各省、自治区、直辖市教育厅（教委），新疆生产建设兵团教育局：

为贯彻落实党的二十大关于深化全民阅读活动的重要部署，落实教育部等八部门联合印发的《全国青少年学生读书行动实施方案》（教基〔2023〕1号），持续推动全国青少年学生读书行动广泛开展，引导青少年爱读书、读好书、善读书，教育部决定开展“读经典 我思考”活动（以下简称“读经典活动”）。现将有关事项通知如下。

一、总体要求

各地各校要继续按照《全国青少年学生读书行动实施方案》要求，将青少年学生读书行动有机融入全民阅读活动，丰富学生读书内容，创新读书行动载体，健全读书长效机制，不断完善各学段阅读服务体系，提高“书香校园”建设水平。以读经典活动为重要抓手，不断深化创新青少年学生读书行动的有效路径，提升读书行动的参与广泛度和积极性。

二、活动目标

引导中小学生阅读经典作品，激发阅读兴趣和读书热情，培养阅读能力和思维习惯，传承中华优秀传统文化，弘扬社会主义核心价值观。引导各地中小学师生加强读书分享，促进各地学校和广大师生互启互鉴，营造更加浓厚的校内外阅读氛围。通过打造更加丰富的品牌读书活动，推动读经典活动有效开展，促进全国青少年学生读书行动更加广泛深入实施，助力广大青少年学生阅读量明显增长，阅读兴趣、阅读能力持续提升，终身阅读习惯逐渐养成。

三、活动内容

（一）古今贯通——我接力。开展“学习新思想 做好接班人”“典耀中华”“学科学爱科学”等主题读书活动，中小学校每个班级每学期至少开展其中一类经典主题读书活动。倡导中小学生阅读中华传统经典、红色经典、科普类经典等各类经典著作，加强纸质书阅读，在阅读经典、传承接力中积淀文化底蕴，增强文化自信。

（二）读思结合——我分享。各地各校要积极开展各类读书分享活动，搭建学生展示阅读成果、交流读书心得的阅读分享平台，鼓励学生以撰写感悟、思维导图、绘画作品、课本剧等形式分享读书思考，中小学教师积极分享经典导读资源。

（三）知行合一——我成长。各地各校结合实际，联合博物馆、文化馆、科技馆、爱国主义教育基地和各类研学基地等开展灵活多样的“阅读课”，把书中“小世界”和社会“大课堂”联系起来，引导青少年在读用结合、知行合一中实现自我成长。

（四）心手相连——我奉献。鼓励中小学校开展结对帮扶，向农村地区、民族地区和边远地区中小学校捐赠图书，鼓励不同地区的中小学生通过笔友、书友等方式交流读书心得。中小学校要积极开展“图书漂流”“小小书市”等图书交换活动，提高图书利用率，激发学生读书热情。

四、活动支持

依托国家智慧教育读书平台（reading. smartedu. cn）继续开展中小学读书分享活动，分享内容要符合《全国青少年学生读书行动实施方案》有关要求，鼓励中小学校及师生在国家智慧教育读书平台上分享读经典作品、导读资源和活动案例。

（一）分享内容

1. 读书作品。由中小学生分享在自主阅读或参与各类读书活动后生成的作品，包括所撰写的读书心得，以及所制作的思维导图、绘画、短剧、朗诵、手抄报、手工作品等各种形式的作品。

2. 导读资源。由中小学教师进行分享，重点分享本人针对特定阅读内容开展阅读指导的导读视频。

3. 读书活动案例。由中小学校进行分享，分为学校和班级两类，如师生共读、名家领读、家庭亲子阅读、阅读课、演讲、朗诵、手抄报、读书心得报告会、主题班会、读书征文、读书月、读书周、读书节等读书活动。

（二）具体要求

国家智慧教育读书平台实行“部—省—市—县（区）—校”五级管理，各级管理员可登录平台了解本地本校师生参与情况，中小学师生可登录平台查看活动指南。学校管理员须严格审核把关师生分享内容，精选内容将在读书平台呈现，供广大师生免费学习借鉴。各地读书分享活动参与情况将作为教育部2024年全国青少年学生读书行动区域优秀案例和“书香校园”遴选推荐工作的重要参考。鼓励各校通过评选“读书小达人”等方式激发学生参与读书分享的主动性和积极性。

五、工作安排

（一）强化组织领导。各地要加强读经典活动组织领导，健全“省—市—县—校”工作机制，教育行政部门要成立活动领导小组，加大经费投入和条件保障，优化阅读环境，丰富阅读资源，开展各类活动，建立激励机制；中小学校要把读经典活动列入重点工作，书记、校长亲自抓，“一校一案”制定实施方案。

（二）加大宣传力度。各地要不断探索创新深化青少年学生读书行动的有效路径，及时总结凝练典型经验，依托报刊、广播、电视、网络以及微博、微信等平台载体，广泛宣传读经典活动的特色亮点，大力营造持续深入开展青少年学生读书行动的浓厚氛围。

（三）做好总结报送。请各省级教育行政部门于2024年12月15日前，向教育部报送读经典活动年度工作总结，全面总结读书行动实施情况、本地中小学读书分享活动参与情况等，特别是注重总结提炼生动鲜活、体现阅读促进学校教育教学质量提升、促进师生成长发展的典型案例。

国家智慧教育读书平台：客服电话4001910910，QQ客服4001910910

教育部办公厅

2024年6月12日

【简析】

标题事由鲜明，格式规范。正文分五个部分来说明主题读书活动的总体要求、活动目标、活动内容、活动支持和工作安排，环环相扣，简洁明快，切中主题。

【例文2】　转发性通知

国务院办公厅关于转发教育部等部门《教育部直属师范大学本研衔接师范生公费教育实施办法》的通知

国办发〔2024〕27号

各省、自治区、直辖市人民政府，国务院各部委、各直属机构：

教育部、国家发展改革委、财政部、人力资源社会保障部、中国人民银行《教育部直属师范大学本研衔接师范生公费教育实施办法》已经国务院同意，现转发给你们，请认真贯彻执行。2018 年 7 月 30 日经国务院批准、国务院办公厅转发的《教育部直属师范大学师范生公费教育实施办法》同时废止。

国务院办公厅

2024 年 5 月 28 日

教育部直属师范大学本研衔接师范生

公 费 教 育 实 施 办 法

教育部国家发展改革委财政部

人力资源社会保障部中国人民银行

（略）

【简析】

这是一份转发性通知，由国务院办公厅转发同级的几个部门的公文，使用正确。标题处理规范，原文发文机关较多，这里合并为一个综合概念“教育部等部门”，文字简洁。正文采用惯用写法，一上来交代发文的依据“已经国务院同意”，接着提出“认真贯彻执行”的要求。此文属于转发通知的最常见写法。

【例文 3】 指示性通知

关于做好普通高校学生 2015 年寒假春运工作的通知

各高等学校：

根据教育部学生司《关于普通高校学生 2015 年寒假春运工作的通知》（教学司函〔2014〕41 号）和省经济和信息化委等 6 部门《转发国家发展改革委等 4 部委关于认真做好 2015 年春运工作通知的通知》（鲁经信交〔2015〕4 号）文件精神，为进一步做好我省普通高校学生 2015 年寒假春运工作，现将有关要求通知如下：

一、切实做好寒假春运的组织引导工作

各高校要合理安排寒假放假和学生返校时间，尽量错开同城其他高校的放假和返校报到时间，最大限度地避免形成学生客流高峰。各校学生管理部门要提前部署学生购票工作，及早摸底统计学生乘车需求，组织引导学生错峰返乡；要加强与当地铁路和公路运输部门联系，做好运力调配、客票分配、往返票发售、集体购票、优先办理学生票等准备工作；对学生春运中确属当地无法解决的困难和问题，要及时向上级部门汇报，争取多方协作予以化解。

二、进一步规范输入学生优惠卡信息

近年来，铁路部门在火车票自动售（取）票机上增加了售（取）学生票功能，并在部分普通高校设置了自动售（取）票机，为保证学生利用售票机及时、顺利地购（取）学生票，在填写火车票优惠卡（简称优惠卡）信息时要进一步规范有关内容：优惠卡要写入姓名、二代身份证号码、乘车区间、入学日期等 4 项内容，确保学生优惠卡内信息与在 12306 网站注册时填写的信息一致。优惠卡内写入的乘车区间，起止点正确的写法应为铁路火车站站名。站名前不要带所属省、市名称，站名后不要带县或镇等名称，火车站站名后也不要加“市”“站”或“车站”字样。例如：“济南—青岛”“济南西—青岛北”售票机可识别，而“济南市—青岛市”“泰安西站—安徽省合肥市”则无法识别。优惠卡内有规定的优惠次数，超过优惠次数购票，将不能办理学生票，请提示学生超次购买将不享受学生票优惠待遇。

三、做好优惠卡系统升级工作

为方便学生使用自动售（取）票机进行自助购（取）票，优惠卡系统提供商已升级了“学生购票优惠卡防伪系统”软件（升级后的版本号为3.13），其中包含了全国各火车站的标准命名。该软件既可以准确写入学生的购票信息，也可以判断优惠区间是否准确。新版软件下载地址为 http//www.stcard.cn，或拨打客服电话15198059811、15198059812咨询。

四、进一步加强学生的出行安全教育工作

各高校在放假前，要集中进行一次学生的出行安全教育，让学生了解出行应该掌握的常识性知识，增强学生的遵纪守法意识和安全自救能力。

山东省教育厅

2015年1月12日

【简析】

这是一份指示性通知。这份通知的开头是缘由部分，指示性通知一般要在首段说明发通知的缘由、目的。此分通知就说明了发此通知的背景，目的。主体的结构采用条文式，这是指示性通知主体常用的结构形式。这种形式条理清晰，层次分明，事项部署清楚，便于主送机关贯彻执行。由于是指示性通知，又是下行文，因而语言准确、有分寸。

【例文4】　会议性通知

甘肃省人民政府办公厅
关于召开2009年全省普通高校毕业生就业工作会议的通知

各市人民政府、省政府有关厅委、各有关单位：

省政府定于4月29日8时30分在金城宾馆召开2009年全省普通高校毕业生就业工作会议。会期半天。现将有关事项通知如下：

一、会议内容

贯彻落实2009年全国高校毕业生就业工作电视电话会议精神；总结2008年全省高校毕业生就业工作，部署2009年全省高校毕业生就业工作；交流工作经验，表彰2008年初次就业率达到省政府规定的高校。

二、参加会议人员

各市政府主管高校毕业生就业工作的副市长、市教育局、人事局、劳动局、计委、财政局局长（主任）及相关处室负责同志各1人，团市委书记1人；省政府有关厅委、各有关单位（名单附后）主管高校毕业生就业工作的领导1人；各高校党委书记或校（院）长1人，学校主管毕业就业工作的处长（主任）1人（由省教育厅负责通知）。

邀请省委组织部、团省委、省总工会各1位负责同志出席会议。

三、报名报到

兰州市外参加会议人员于4月28日下午到金城宾馆报到。兰州市内与会人员请于4

月29日8时30分直接到金城宾馆一楼多功能厅参加会议。

请将参加会议人员名单于4月28日12时前报省教育厅。

联系人：王××、李××、宋××

联系电话：　××××××××

甘肃省人民政府办公厅

2009年4月27日

【简析】

这是一份会议通知。会议通知的目的是要求或邀请有关方面参加已定会议，因而相关的要求必须清楚。此文标题为三要素标题，写作规范。作为正式公文，会议通知的标题不能只写“通知”或“会议通知”。主送机关有统称“各市人民政府”，有“省政府有关厅委”，“各有关方面”，需要参加会议的悉数列出，没有遗漏。正文开门见山，交代开会时间、地点及会议名称。主体部分分“会议内容”“参加会议人员”“报名报到”三个层次，把有关的要求、注意事项明白无误地表述出来，使受文者有所依从。

【例文5】　任免性通知

关于任免李××等同志职务的通知

院属各系部、各处室：

根据工作需要，2022年3月11日经院常务会议研究决定：任命李××为行政主任，免去其学生处处长职务；任命于××为学生处处长，免去其总务处副处长职务；任命朱××为财务处处长，免去其财贸系副主任职务。

×××学院

2022年3月12日

【简析】

这是一份任免干部的通知。此类通知篇幅一般比较短小，直述其事，但信息量不小。其标题为二要素标题，强调“任免”“职务”。这是一份内部文件，主送机关写明所属的各部门。正文依据充分：工作需要，院常务会决定；三位同志的调动，先任后免，表述清晰。全文结构完整，语言明确。

【例文6】　一般事务性通知

××移动通信有限公司关于成立客户服务中心的通知

公司各科室：

为增进与客户的联络，进一步做好客户服务工作，适应公司日益发展的新形势，经公司研究决定，在原客户联络室的基础上成立客户服务中心，主任由×××同志兼任。

特此通知。

××××年5月16日

【简析】

这是一篇一般事务性通知。正文依次写了目的、依据和事项，文字简练。

必备知识

一、通知的性质和适用范围

通知是机关、社会团体、企事业单位在转批下级公文、转发上级机关和不相隶属机关的公文、发布法规，传达要求下级机关办理和有关单位需要周知或者共同执行的事项、任免或聘用干部时使用的一种公文。通知大多属于下行文。通知是各级党政机关、企事业单位使用最普遍的一种文种。

二、通知的特点

1. 应用范围广

通知的广泛性，其一是指使用通知的机关单位广泛，不受发文机关的级别高低的限制；其二是指通知的内容很广泛，无论是上级机关的重要决策，还是日常的工作都可以使用通知进行传达、部署或告知。

2. 使用频率高

由于通知的内容很广泛，使用单位不受级别高低的限制，且行文简便，写法多样，因此通知的使用频率很高。据统计，通知的使用是现行公文中最多的一种，有时能占公文总量的一半。因此，通知被称为公文中的“老黄牛”。

3. 时效性强

通知对时效性具有明确的要求，通知事项一般要求立即办理、执行或知晓，不容拖延。有的通知如会议通知等，只在特定的一段时间里有效。

三、通知的种类

按其内容、性质，通知可分为以下几种。

(1) 指示性通知，又称“部署性通知”，是上级机关对下级机关就某项工作交代任务、发出指示、作出安排、提出要求时使用的一种通知。

(2) 印发、批转、转发性通知，是印发本机关、批转下级机关、转发上级机关、同级机关和不相隶属机关的公文以及发布某些行政法规时使用的一种通知。

(3) 会议性通知，用于会议召开之前，把会议的有关事项预先告知与会单位及与会者的一种通知。

(4) 任免性通知，是用于任免或聘用人员职务时使用的一种通知。

(5) 一般事务性通知，用于告知各方面的事项时使用的一种通知。这种通知发送对象广泛，对下级、平级均可发送。

四、通知的结构和写法

通知一般由标题、主送机关、正文、落款四部分构成。

在所有的公文中，通知是类型及写法最为复杂的一种。一般说来，不同类型的通知写作有如下共同特点。

(1) 标题：“发文机关+事由+文种”或“事由+文种”。

(2) 主送机关：属普发性文件，主送机关较多时，应采用抽象概括的写法，并用顿号和逗号区别主送机关的级别，如：“各省、自治区、直辖市人民政府，国务院各部委、各直属机构”。

（3）正文：“发文缘由+通知事项+执行要求”。

（4）落款：发文机关+成文时间

不同类型的通知具有不同的写法，下面就不同类型通知的标题及正文的写法作一具体介绍。

1. 指示性通知

指示性通知是向下级机关部署工作、阐明工作活动的指导原则，要求下级机关办理或共同执行时使用的通知。其标题和正文的写法如下。

1）标题

指示性通知要求使用完全性标题，如遇特殊情况，还可在通知前加“紧急”“联合”“补充”等字样。例如：《中共中央办公厅　国务院办公厅关于切实减轻农民负担的紧急通知》。

2）正文

指示性通知的正文包括两个部分内容。

（1）发文的缘由。主要阐述发文的目的、意义及依据，其目的是提高受文机关或单位对通知事项的重要性和必要性的认识，提高执行的自觉性。这部分内容要简短，要有针对性。

（2）通知的事项。这是指示性通知的主体部分，应写明指示的具体内容，并阐述执行的具体方法和要求。这部分一般采用分条列项的方法，在写作时应注意条与条、项与项之间的逻辑关系。

2. 发布性通知

这类通知主要用于发布行政规章。因为是发布（印发、下达）性通知，所以其发布、印发的多数是条例及办法等行政法规，如《林业部关于发布〈中华人民共和国陆生野生动物保护实施条例〉的通知》。也有部分是应用文书，如《国务院办公厅关于印发全国打击传销专项行动方案的通知》。需说明的是，在印发对象中，凡属法规性文件，标题与行文一般称为“颁布”“颁发”或“发布”，其他文件则称为“印发”。

发布性通知的标题和正文写法如下。

1）标题

一般使用完全性标题，其内容部分是由“关于发布（印发）”和被发布的文件名称构成。如果被发布的公文是法规性文件，应加上书名号。

2）正文

发布性通知的正文比较短，依次写清被发布的行政规章的名称、发布的目的、执行的要求和实施的日期即可。有的通知还需简要地说明被发布规章的适用范围及在执行过程中的有关事宜。

3. 批转、转发性通知

批转、转发性通知是批转下级机关的公文或转发上级机关以及不相隶属机关的公文时使用的一种通知。其写法如下。

1）标题

批转、转发性通知的标题制作比较特殊，通常由转发机关名称加上“批转”或“转发”，然后加上被转发文件全称，再加上“通知”二字组成。如《××市人民政府批转××市经委关于对我市部分工业产品实行控制发展的报告的通知》。

拟写标题时应注意的问题如下。

（1）除发布或转发行政法规、规章性公文加书名号外，标题中一般不用标点符号。

（2）层层转发的通知，其标题往往会形成这样的形式：《××市政府办公室转发××省政府转发省财政厅关于×××××的通知的通知的通知》，重复且不便于理解。可采取省略中转层次直接取原文件标题的方法，即《××市政府办公室转发省财政厅关于×××××的通知的通知》。

2）正文

批转、转发性通知的正文比较简短，有的通知只有一句话，即写明由谁批准或同意，转发了一份什么公文，然后对有关方面提出要求。这类批转性通知叫“经转性”通知。

还有的批转、转发性通知除写清楚上述内容之外，还扼要地阐述被批转或转发公文内容的重要性、必要性及执行过程中的具体要求，或补充完善有关内容。这类批转性通知叫“按语”式通知。

转发性通知和批转性通知的区别：转发性通知一般是在批转上级机关、同级机关或不相隶属机关的公文时使用；批转性通知是批准下级机关公文，再转发给下级机关和有关单位贯彻执行时使用。

4. 任免或聘用性通知

这是行政机关任免、聘用干部时使用的通知，也包括设立和撤销机构的通知。

这类通知的正文很简单，通常只写明任免事项或设立和撤销的事项即可。有的也交代一下原因、依据等。在行文写作时，要遵循先任后免或先设后撤的原则。

5. 会议性通知

这类通知专门用于通知召开会议的有关事项。

会议性通知在写作上具有要素化的特点，即写清会议的名称，召开会议的目的、依据、会议的中心议题，召开会议的具体时间、地点、参加人员、会前准备工作及其他事项等。

6. 一般事务性通知

一般事务性通知是将新近决定的有关事项告知受文单位时使用的通知。这类通知的内容非常广泛，如人事调整、机构的设立和撤销、机关单位隶属关系的变更、单位更名等。两种标题形式均可使用，正文写清告知事项的目的、依据和具体告知内容即可。

五、通知的写作要求

1. 按权限行文

在公文中，通知属于大家族。除去使用角度，仅从内容分类，有6种之多。选取通知的具体种类时，要按本机关的权限使用：一般情况下，指示性通知只能由直接上级机关向下级机关主送；批转性通知只能是具有相关批准权的机关才可制发。

2. 按语有的放矢

在通知中，经转性通知比重不小。无论批转性的，还是转发性的，其正文全部服务于被批转、被转发的文件。对这种经转性通知的正文，称之为按语。其他类型通知的针对性，着眼于事项；而此类通知的针对性，则着眼于经转的文件。从总体来说，有什么样的经转性公文，就有什么样的按语。

3. 要求具体

每份通知要求说明一件事情，布置一项工作。不要试图在一份通知中表明许多事情或多种目的。这就是常说的一事一文，一文一主题。

4. 讲求时效

通知的写作、传递要求要及时、快捷，以免贻误时机。

5. 简明有序

通知不宜长篇大论，应力求精简。内容稍复杂的通知均宜于采用分条列项式结构，以求层次的条理化；短篇通知必须层次分明、眉目清晰。

任务三 通 报

例文借鉴

【例文 1】 情况通报

关于 2024 年上半年环评信用管理对象列入“黑名单”情况的通报

各省、自治区、直辖市生态环境厅（局），新疆生产建设兵团生态环境局：

根据《建设项目环境影响报告书（表）编制监督管理办法》相关规定，现将 2024 年上半年环评信用管理对象受到禁止从事环境影响报告书（表）编制工作处罚、被环境影响评价信用平台（以下简称信用平台）列入环境影响评价失信“黑名单”（以下简称“黑名单”）情况通报如下。

一、由福建鑫威帆环保科技有限公司环评人员贝峰（信用编号 BH041878）作为编制主持人编制的《福州高新区新南再生资源有限公司高新区建筑垃圾资源化项目环境影响报告表》存在严重质量问题。该名人员依法受到五年内禁止从事环境影响报告书（表）编制工作的处罚，被福州市生态环境局予以失信记分 20 分，自 2024 年 1 月 4 日起被信用平台列入“黑名单”。

二、山东锦华环保科技有限公司环评人员靳海燕（信用编号 BH034985）被人民法院判决犯提供虚假证明文件罪，自 2024 年 3 月 27 日起被信用平台列入“黑名单”。

三、江西展航环保科技有限公司环评人员常均平（信用编号 BH023363）、余瑗（信用编号 BH028686）被人民法院判决犯提供虚假证明文件罪，终身禁止从事环境影响评价工作，自 2024 年 4 月 16 日起被信用平台列入“黑名单”。

四、由吉林省博瀚实业有限公司环评人员叶洪义（信用编号 BH021541）作为编制主持人和主要编制人员编制的《长春市福禄筑路材料有限公司沥青搅拌站生产扩建项目环境影响报告表》存在严重质量问题。上述单位依法受到禁止从事环境影响报告书（表）编制工作的处罚，该名人员依法受到五年内禁止从事环境影响报告书（表）编制工作的处罚，被长春市生态环境局予以失信记分 20 分，自 2024 年 6 月 11 日起被信用平台列入“黑名单”。

各级生态环境部门要引导建设单位择优选取环评单位。根据《建设项目环境影响报告书（表）编制监督管理办法》第二十条第二款规定，对列入“黑名单”的信用管理对象编制的环评文件，各级生态环境部门依法不予受理。各级生态环境部门要在审批过程中依法严格把关，强化环评文件编制质量的检查考核，各省级生态环境部门对下级部门审批的环评文件编制质量加大复核力度，切实推动提升环评文件质量。

生态环境部办公厅
2024 年 7 月 11 日

（此件社会公开）
抄送：生态环境部环境工程评估中心。

【简析】

这是一份关于环评信用管理对象列入“黑名单”的情况通报。通过四个“黑名单”的情况通报，各级生态环境部门要引导建设单位择优选取环评单位。本文标题规范，主旨突出。正文逻辑严谨，结构紧凑，主体部分由两层构成：一是“黑名单”概况，二是有针对性地提出要求，高屋建瓴地作出有针对性的指导。

【例文 2】　表彰性通报

关于表彰 2003 年全省“山区建设优秀人才”的通报

各市、县、自治区人民政府，省直属有关单位：

2003 年，我省广大山区干部群众在各级党委和政府的领导下，为进一步建设全面小康社会，在各条战线上艰苦创业，开拓进取，取得了显著的成绩，并涌现出一批山区建设优秀人才。他们热爱山区，扎根山区，全心全意为山区人民服务，深受山区人民的称赞和爱戴。省政府决定对为山区建设作出突出贡献，被评为 2003 年全省“山区建设优秀人才”的××等 100 位同志予以表彰和奖励。

希望获奖的同志戒骄戒躁，再接再厉，为山区建设再立新功。希望全省干部群众学习他们扎根山区、艰苦创业、全心全意为山区人民服务的精神和脚踏实地、奋力拼搏、实事求是的工作作风，为加快我省建设全面小康社会的步伐而作出应有的贡献。

附件：2003 年全省“山区建设优秀人才”名单

广东省人民政府
2003 年 11 月 20 日

【简析】

这是一则表彰性通报，因表扬的是一批优秀人才，所以没有详写先进事迹，而是用高度概括的语言总括了先进事实，然后给予高度评价，并决定予以表彰和奖励，鼓励其作出更大的贡献。采用附件形式将 100 名先进人员的名单列出，使得该通报正文结构紧凑，语言简洁。

【例文 3】　批评性通报

关于女生宿舍发生火的通报

学院各班级：

202×年 12 月 20 日夜 10 时许，无线电专业 202×级二班学生张××违反校规，在 303 宿舍私用电炉取暖，引起火警。烧毁部分设施，幸好被同宿舍的李××同学发现，及时扑灭，方未酿成重大火灾。

事后，经教育，张××写了检查，对错误有深刻的认识。为了严肃校纪，教育本人，经校务会讨论，决定给张××记大过处分。同时希望全校学生从这一事故中吸取教训，增强安全意识，严格纪律，严防类似事件发生。

特此通报。

×××学院

202×年 12 月 25 日

【简析】

这是一篇批判性通报。正文首段概述事件的情况：时间、地点、人物、事件、结果，几个要素交代清楚，为下文的处理决定提供了事实依据。第二段表明发文单位对事件责任人的处理意见，并提出要求、希望，强调了通报这一事件的意义。全文事实清楚，处理意见明确；用语也准确，有分寸，如“部分”“火警”“火灾”等。

必备知识

一、通报的性质及适用范围

通报是用于表彰先进、批评错误、传达重要精神或者情况的公文。通报是宣传教育、通报信息的文种，属于下行文。

通报的作用主要是：奖励先进，起到树立学习榜样、弘扬正气、宣传教育的作用；批评错误，起到惩戒反面典型、遏制歪风、警示教育的作用；沟通消息，起到上情下达、交流经验、推动工作的作用。

二、通报的特点

1. 真实、典型性

通报的内容是具体的人、事或信息，它们不仅要具备严格的真实性，而且要具备足够的典型性。只有通报真实而典型的事例、经验（或教训），才能发挥教育、启示和引导作用。

2. 教育、启示性

通报的教育、启示作用表现在：以先进的典型树立榜样，发挥感召作用；以错误的典型做反面教材，产生警诫作用；及时提供有用的信息，启发思维，起到促进作用。

3. 政策性

无论是表扬还是批评，都必须符合党的方针政策，对具体任务和事件的评价与定性要准确把握政策尺度，表彰不能过度拔高，批评不能乱扣帽子。

三、通报的类型

1. 表彰性通报

表彰先进人物、先进集体，介绍先进经验，达到激励先进、推广经验、指导工作的目的。

2. 批评性通报

用于对工作中出现的影响较大的错误事件、错误的做法进行通报批评借以告诫和教育人们吸取教训，引以为戒。

3. 情况通报

传达重要精神或重要情况，起到交流情况、沟通信息，以促进工作的通报。

四、通报的结构和写法

1. 标题

通报的标题通常由发文机关、事由和文种三个要素构成。也有的通报省略发文机关和事由，只写“通报”二字。

2. 正文

不同的通报类型，其正文的写作内容各不相同。

1）表彰性通报

正文内容包括：

① 叙述先进事迹，包括时间、地点、人物、事迹、怎么做及其结果；

② 对先进事迹进行分析、评议，指出其典型意义，或概括主要经验；

③ 提出表彰决定；

④ 提出希望和学习号召。

2）批评性通报

正文内容包括：

① 叙述事故或错误事实的经过情况、时间、地点、事故及其后果等；

② 对事故进行分析评议，分析事故发生的原因，指出事故的性质及其危害；

③ 提出处分决定；

④ 引申出应当吸取的经验教训，有的放矢地提出希望和要求。

3）情况通报正文内容包括：

① 概括叙述情况；

② 分析情况；

③ 针对情况提出希望和要求。

3. 落款

写上发文机关和发文时间。如果标题中已有发文机关，且时间已标注在发文机关下面，则不再落款。

五、通报写作的要求

1. 通报的内容必须典型

应选择新颖的具有代表性的典型事例，选择与推进当前中心工作密切相关的重要事项、重大情况，以便通报一点带动一片，使广大干部从中受到教育与启示，引起广泛的重视，进而对工作起到引导与促进的作用。撰写通报前一定要做好调查研究，包括文字涉及的事件的每一个细节都必须反复核实，实事求是，以免给发文后造成被动、失信的局面。

2. 通报的内容必须真实

通报的事实和所引用的材料，都必须真实无误。动笔前先要做好调查研究，对有关情况和事例要认真进行核对，并客观、准确地进行分析和评论。叙述典型事实要准确、平实、简明。

3. 语言要简洁、庄重

其中，表彰性通报和批评性通报还应注意用语分寸，要力求文实相符，不讲空话、套话，不讲过头的话。

4. 通报的决定事项不能与事实、政策相抵触

通报的决定事项不能与事实、政策相抵触应与事实及政策相一致，严禁与之抵触。

六、通报与通知的区别

从通报与通知的特点和作用，可以看出它们的主要区别如下。

1. 内容范围不同

通知可以发布行政法规和规章，批转和转发公文，传达需办理和周知的事项等；通报则是表扬先进，批评错误，传达、交流重要的情况、信息。两者虽然都有告知的作用，但通知告知的主要是工作的情况，以及共同遵守执行的事项；通报则是告知正反面典型，或有关重要的精神或情况。

2. 目的要求不同

通知的目的是告知事项，布置工作，部署行动，内容具体，要求受文机关了解要办理什么事，该怎样办理，不能怎样办理，有严格的约束力，要求遵照执行；通报的目的主要是交流、了解情况，或通过正反面的典型去教育人们，宣传先进的思想和事迹，提高人们的认识。

3. 表现方法不同

通知的表现方法主要是叙述，告知人们做什么，怎样做，叙述具体，语言平实；通报的表现方法则常兼用叙述、说明、分析和议论，有较强的感情色彩。

任务四 报 告

例文借鉴

【例文 1】 政府工作报告

各位代表：

现在，我代表国务院，向大会报告政府工作，请予审议，并请全国政协委员提出意见。

一、2023 年工作回顾

过去一年，是全面贯彻党的二十大精神的开局之年，是本届政府依法履职的第一年。面对异常复杂的国际环境和艰巨繁重的改革发展稳定任务，以习近平同志为核心的党中央团结带领全国各族人民，顶住外部压力、克服内部困难，付出艰辛努力，新冠疫情防控实现平稳转段、取得重大决定性胜利，全年经济社会发展主要目标任务圆满完成，高质量发展扎实推进，社会大局保持稳定，全面建设社会主义现代化国家迈出坚实步伐。

——经济总体回升向好。国内生产总值超过 126 万亿元，增长 5.2%，增速居世界主要经济体前列。城镇新增就业 1 244 万人，城镇调查失业率平均为 5.2%。居民消费价格上涨 0.2%。国际收支基本平衡。

——现代化产业体系建设取得重要进展。传统产业加快转型升级，战略性新兴产业蓬勃发展，未来产业有序布局，先进制造业和现代服务业深度融合，一批重大产业创新成果达到国际先进水平。国产大飞机 C919 投入商业运营，国产大型邮轮成功建造，新能源汽车产销量占全球比重超过 60%。

——科技创新实现新的突破。国家实验室体系建设有力推进。关键核心技术攻关成果丰硕，航空发动机、燃气轮机、第四代核电机组等高端装备研制取得长足进展，人工智能、量子技术等前沿领域创新成果不断涌现。技术合同成交额增长 28.6%。创新驱动发展能力持续提升。

——改革开放向纵深推进。新一轮机构改革中央层面基本完成，地方层面有序展开。加强全国统一大市场建设。实施国有企业改革深化提升行动，出台促进民营经济发展壮大政策。自贸试验区建设布局进一步完善。出口占国际市场份额保持稳定，实际使用外资结构优化，共建“一带一路”的国际影响力、感召力更为彰显。

——安全发展基础巩固夯实。粮食产量 1.39 万亿斤，再创历史新高。能源资源供应稳定。重要产业链供应链自主可控能力提升。经济金融重点领域风险稳步化解。现代化基础设施建设不断加强。

——生态环境质量稳中改善。污染防治攻坚战深入开展，主要污染物排放量继续下降，地表水和近岸海域水质持续好转。“三北”工程攻坚战全面启动。可再生能源发电装机规模历史性超过火电，全年新增装机超过全球一半。

——民生保障有力有效。居民人均可支配收入增长 6.1%，城乡居民收入差距继续缩小。脱贫攻坚成果巩固拓展，脱贫地区农村居民收入增长 8.4%。加大义务教育、基本养老、基本医疗等财政补助力度，扩大救助保障对象范围。提高“一老一小”个人所得税专项附加扣除标准，6 600 多万纳税人受益。加强城镇老旧小区改造和保障性住房供给，惠及上千万家庭。

回顾过去一年，多重困难挑战交织叠加，我国经济波浪式发展、曲折式前进，成绩来之不易。从国际看，世界经济复苏乏力，地缘政治冲突加剧，保护主义、单边主义上升，外部环境对我国发展的不利影响持续加大。从国内看，经历三年新冠疫情冲击，经济恢复发展本身有不少难题，长期积累的深层次矛盾加速显现，很多新情况新问题又接踵而至。外需下滑和内需不足碰头，周期性和结构性问题并存，一些地方的房地产、地方债务、中小金融机构等风险隐患凸显，部分地区遭受洪涝、台风、地震等严重自然灾害。在这种情况下，政策抉择和工作推进面临的两难多难问题明显增加。经过全国上下共同努力，不仅实现了全年预期发展目标，许多方面还出现积极向好变化。特别是我们深化了新时代做好经济工作的规律性认识，积累了克服重大困难的宝贵经验。实践充分表明，在以习近平同志为核心的党中央坚强领导下，中国人民有勇气、有智慧、有能力战胜任何艰难险阻，中国发展必将长风破浪、未来可期！

一年来，我们深入学习贯彻党的二十大和二十届二中全会精神，按照党中央决策部署，主要做了以下工作。

一是加大宏观调控力度，推动经济运行持续好转。（略）

二是依靠创新引领产业升级，增强城乡区域发展新动能。（略）

三是深化改革扩大开放，持续改善营商环境。（略）

四是强化生态环境保护治理，加快发展方式绿色转型。（略）

五是着力抓好民生保障，推进社会事业发展。（略）

六是全面加强政府建设，大力提升治理效能。（略）

一年来，中国特色大国外交全面推进。习近平主席等党和国家领导人出访多国，出席金砖国家领导人会晤、亚太经合组织领导人非正式会议、东亚合作领导人系列会议等重大多双边活动。成功举办中国–中亚峰会、第三届"一带一路"国际合作高峰论坛等重大主场外交活动。推动构建人类命运共同体，落实全球发展倡议、全球安全倡议、全球文明倡议，深化拓展全球伙伴关系，在解决国际和地区热点问题中发挥积极建设性作用。中国为促进世界和平与发展作出了重要贡献。

各位代表！过去一年取得的成绩，根本在于习近平总书记领航掌舵，在于习近平新时代中国特色社会主义思想科学指引，是以习近平同志为核心的党中央坚强领导的结果，是全党全军全国各族人民团结奋斗的结果。我代表国务院，向全国各族人民，向各民主党派、各人民团体和各界人士，表示衷心感谢！向香港特别行政区同胞、澳门特别行政区同胞、台湾同胞和海外侨胞，表示衷心感谢！向关心和支持中国现代化建设的各国政府、国际组织和各国朋友，表示衷心感谢！

在肯定成绩的同时，我们也清醒看到面临的困难和挑战。世界经济增长动能不足，地区热点问题频发，外部环境的复杂性、严峻性、不确定性上升。我国经济持续回升向好的基础还不稳固，有效需求不足，部分行业产能过剩，社会预期偏弱，风险隐患仍然较多，国内大循环存在堵点，国际循环存在干扰。部分中小企业和个体工商户经营困难。就业总量压力和结构性矛盾并存，公共服务仍有不少短板。一些地方基层财力比较紧张。科技创新能力还不强。重点领域改革仍有不少硬骨头要啃。生态环境保护治理任重道远。安全生产的薄弱环节不容忽视。政府工作存在不足，形式主义、官僚主义现象仍较突出，一些改革发展举措落实不到位。有的干部缺乏担当实干精神，消极避责、做表面文章。一些领域腐败问题仍然多发。我们一定直面问题和挑战，尽心竭力做好工作，决不辜负人民期待和重托

二、2024 年经济社会发展总体要求和政策取向

今年是中华人民共和国成立 75 周年，是实现"十四五"规划目标任务的关键一年。做好政府工作，要在以习近平同志为核心的党中央坚强领导下，以习近平新时代中国特色社会主义思想为指导，全面贯彻落实党的二十大和二十届二中全会精神，按照中央经济工作会议部署，坚持稳中求进工作总基调，完整、准确、全面贯彻新发展理念，加快构建新发展格局，着力推动高质量发展，全面深化改革开放，推动高水平科技自立自强，加大宏观调控力度，统筹扩大内需和深化供给侧结构性改革，统筹新型城镇化和乡村全面振兴，统筹高质量发展和高水平安全，切实增强经济活力、防范化解风险、改善社会预期，巩固和增强经济回升向好态势，持续推动经济实现质的有效提升和量的合理增长，增进民生福祉，保持社会稳定，以中国式现代化全面推进强国建设、民族复兴伟业。

综合分析研判，今年我国发展面临的环境仍是战略机遇和风险挑战并存，有利条件强于不利因素。我国具有显著的制度优势、超大规模市场的需求优势、产业体系完备的供给优势、高素质劳动者众多的人才优势，科技创新能力在持续提升，新产业、新模式、新动能在加快壮大，发展内生动力在不断积聚，经济回升向好、长期向好的基本趋势没有改变也不会改变，必须增强信心和底气。同时要坚持底线思维，做好应对各种风险挑战的充分

准备。只要我们贯彻落实好党中央决策部署，紧紧抓住有利时机、用好有利条件，把各方面干事创业的积极性充分调动起来，一定能战胜困难挑战，推动经济持续向好、行稳致远。

今年发展主要预期目标是：国内生产总值增长5%左右；城镇新增就业1 200万人以上，城镇调查失业率5.5%左右；居民消费价格涨幅3%左右；居民收入增长和经济增长同步；国际收支保持基本平衡；粮食产量1.3万亿斤以上；单位国内生产总值能耗降低2.5%左右，生态环境质量持续改善。

提出上述预期目标，综合考虑了国内外形势和各方面因素，兼顾了需要和可能。经济增长预期目标为5%左右，考虑了促进就业增收、防范化解风险等需要，并与“十四五”规划和基本实现现代化的目标相衔接，也考虑了经济增长潜力和支撑条件，体现了积极进取、奋发有为的要求。实现今年预期目标并非易事，需要政策聚焦发力、工作加倍努力、各方面齐心协力。

我们要坚持稳中求进、以进促稳、先立后破。稳是大局和基础，各地区各部门要多出有利于稳预期、稳增长、稳就业的政策，谨慎出台收缩性抑制性举措，清理和废止有悖于高质量发展的政策规定。进是方向和动力，该立的要积极主动立起来，该破的要在立的基础上坚决破，特别是要在转方式、调结构、提质量、增效益上积极进取。强化宏观政策逆周期和跨周期调节，继续实施积极的财政政策和稳健的货币政策，加强政策工具创新和协调配合。

积极的财政政策要适度加力、提质增效。综合考虑发展需要和财政可持续，用好财政政策空间，优化政策工具组合。赤字率拟按3%安排，赤字规模4.06万亿元，比上年年初预算增加1 800亿元。预计今年财政收入继续恢复增长，加上调入资金等，一般公共预算支出规模28.5万亿元、比上年增加1.1万亿元。拟安排地方政府专项债券3.9万亿元、比上年增加1 000亿元。为系统解决强国建设、民族复兴进程中一些重大项目建设的资金问题，从今年开始拟连续几年发行超长期特别国债，专项用于国家重大战略实施和重点领域安全能力建设，今年先发行1万亿元。现在很多方面都需要增加财政投入，要大力优化支出结构，强化国家重大战略任务和基本民生财力保障，严控一般性支出。中央财政加大对地方均衡性转移支付力度、适当向困难地区倾斜，省级政府要推动财力下沉，兜牢基层“三保”底线。落实好结构性减税降费政策，重点支持科技创新和制造业发展。严肃财经纪律，加强财会监督，严禁搞面子工程、形象工程，坚决制止铺张浪费。各级政府要习惯过紧日子，真正精打细算，切实把财政资金用在刀刃上、用出实效来。

稳健的货币政策要灵活适度、精准有效。保持流动性合理充裕，社会融资规模、货币供应量同经济增长和价格水平预期目标相匹配。加强总量和结构双重调节，盘活存量、提升效能，加大对重大战略、重点领域和薄弱环节的支持力度。促进社会综合融资成本稳中有降。畅通货币政策传导机制，避免资金沉淀空转。增强资本市场内在稳定性。保持人民币汇率在合理均衡水平上的基本稳定。大力发展科技金融、绿色金融、普惠金融、养老金融、数字金融。优化融资增信、风险分担、信息共享等配套措施，更好满足中小微企业融资需求。

增强宏观政策取向一致性。围绕发展大局，加强财政、货币、就业、产业、区域、科技、环保等政策协调配合，把非经济性政策纳入宏观政策取向一致性评估，强化政策统筹，确保同向发力、形成合力。各地区各部门制定政策要认真听取和吸纳各方面意见，涉企政策要注重与市场沟通、回应企业关切。实施政策要强化协同联动、放大组合效应，防止顾此失彼、相互掣肘。研究储备政策要增强前瞻性、丰富工具箱，并留出冗余度，确保一旦需要就能及时推出、有效发挥作用。加强对政策执行情况的跟踪评估，以企业和群众满意度为重要标尺，及时进行调整和完善。精准做好政策宣传解读，营造稳定透明可预期的政策环境。

完成今年发展目标任务，必须深入贯彻习近平经济思想，集中精力推动高质量发展。强化系统观念，把握和处理好重大关系，从整体上深入谋划和推进各项工作。坚持质量第一、效益优先，继续固本培元，增强宏观调控针对性有效性，注重从企业和群众期盼中找准工作着眼点、政策发力点，努力实现全年增长目标。坚持高质量发展和高水平安全良性互动，在坚守安全底线的前提下，更多为发展想办法、为企业助把力。坚持在发展中保障和改善民生，注重以发展思维看待补民生短板问题，在解决人民群众急难愁盼中培育新的经济增长点。从根本上说，推动高质量发展要靠改革。我们要以更大的决心和力度深化改革开放，促进有效市场和有为政府更好结合，持续激发和增强社会活力，推动高质量发展取得新的更大成效。

三、2024 年政府工作任务

党中央对今年工作作出了全面部署，我们要深入贯彻落实，紧紧抓住主要矛盾，着力突破瓶颈制约，扎实做好各项工作。

（一）大力推进现代化产业体系建设，加快发展新质生产力。充分发挥创新主导作用，以科技创新推动产业创新，加快推进新型工业化，提高全要素生产率，不断塑造发展新动能新优势，促进社会生产力实现新的跃升。

（略）

（二）深入实施科教兴国战略，强化高质量发展的基础支撑。坚持教育强国、科技强国、人才强国建设一体统筹推进，创新链产业链资金链人才链一体部署实施，深化教育科技人才综合改革，为现代化建设提供强大动力。

（略）

（三）着力扩大国内需求，推动经济实现良性循环。把实施扩大内需战略同深化供给侧结构性改革有机结合起来，更好统筹消费和投资，增强对经济增长的拉动作用。

（略）

（四）坚定不移深化改革，增强发展内生动力。推进重点领域和关键环节改革攻坚，充分发挥市场在资源配置中的决定性作用，更好发挥政府作用，营造市场化、法治化、国际化一流营商环境，推动构建高水平社会主义市场经济体制。

（略）

（五）扩大高水平对外开放，促进互利共赢。主动对接高标准国际经贸规则，稳步扩大制度型开放，增强国内国际两个市场两种资源联动效应，巩固外贸外资基本盘，培育国际经济合作和竞争新优势。

（略）

（六）更好统筹发展和安全，有效防范化解重点领域风险。坚持以高质量发展促进高水平安全，以高水平安全保障高质量发展，标本兼治化解房地产、地方债务、中小金融机构等风险，维护经济金融大局稳定。

（略）

（七）坚持不懈抓好“三农”工作，扎实推进乡村全面振兴。锚定建设农业强国目标，学习运用“千村示范、万村整治”工程经验，因地制宜、分类施策，循序渐进、久久为功，推动乡村全面振兴不断取得实质性进展、阶段性成果。

（略）

（八）推动城乡融合和区域协调发展，大力优化经济布局。深入实施区域协调发展战略、区域重大战略、主体功能区战略，把推进新型城镇化和乡村全面振兴有机结合起来，加快构建优势互补、高质量发展的区域经济格局。

（略）

（九）加强生态文明建设，推进绿色低碳发展。深入践行绿水青山就是金山银山的理念，协同推进降碳、减污、扩绿、增长，建设人与自然和谐共生的美丽中国。

（略）

（十）切实保障和改善民生，加强和创新社会治理。坚持以人民为中心的发展思想，履行好保基本、兜底线职责，采取更多惠民生、暖民心举措，扎实推进共同富裕，促进社会和谐稳定，不断增强人民群众的获得感、幸福感、安全感。

各位代表！新征程新使命，对政府工作提出了新的更高要求。各级政府及其工作人员要深刻领悟“两个确立”的决定性意义，增强“四个意识”、坚定“四个自信”、做到“两个维护”，自觉在思想上政治上行动上同以习近平同志为核心的党中央保持高度一致，不断提高政治判断力、政治领悟力、政治执行力，把党的领导贯穿政府工作各方面全过程。要把坚持高质量发展作为新时代的硬道理，把为民造福作为最重要的政绩，努力建设人民满意的法治政府、创新政府、廉洁政府和服务型政府，全面履行好政府职责。

深入推进依法行政。严格遵守宪法法律。自觉接受同级人大及其常委会的监督，自觉接受人民政协的民主监督，自觉接受社会和舆论监督。加强审计监督。坚持科学、民主、依法决策，制定政策要遵循规律、广聚共识、于法有据。完善政务公开制度。全面推进严格规范公正文明执法。支持工会、共青团、妇联等群团组织更好发挥作用。发扬自我革命精神，持之以恒正风肃纪反腐，纵深推进党风廉政建设和反腐败斗争。政府工作人员要遵守法纪、廉洁修身、勤勉尽责，干干净净为人民做事。

全面提高行政效能。围绕贯彻好、落实好党中央决策部署，坚持优化协同高效，深入推进政府职能转变，不断提高执行力和公信力。坚持正确的思想方法和工作方法，勇于打破思维定式和路径依赖，积极谋划用好牵引性、撬动性强的工作抓手，在抓落实上切实做到不折不扣、雷厉风行、求真务实、敢作善为，确保最终效果符合党中央决策意图，顺应人民群众期待。巩固拓展主题教育成果，大兴调查研究，落实“四下基层”制度。加快数字政府建设。以推进“高效办成一件事”为牵引，提高政务服务水平。坚决纠治形式主义、官僚主义，进一步精简文件和会议，完善督查检查考核，持续为基层和企业减负。落实“三个区分开来”，完善干部担当作为激励和保护机制。广大干部要增强“时时放心不下”的责任感，并切实转化为“事事心中有底”的行动力，提振干事创业的精气神，真抓实干、埋头苦干、善作善成，努力创造无愧于时代和人民的新业绩。

各位代表！我们要以铸牢中华民族共同体意识为主线，坚持和完善民族区域自治制度，促进各民族广泛交往交流交融，推动民族地区加快现代化建设步伐。坚持党的宗教工作基本方针，深入推进我国宗教中国化，积极引导宗教与社会主义社会相适应。加强和改进侨务工作，维护海外侨胞和归侨侨眷合法权益，汇聚起海内外中华儿女共同致力民族复兴的磅礴力量。

过去一年，国防和军队建设取得新的成绩和进步，人民军队出色完成担负的使命任务。新的一年，要深入贯彻习近平强军思想，贯彻新时代军事战略方针，坚持党对人民军队的绝对领导，全面深入贯彻军委主席负责制，打好实现建军一百年奋斗目标攻坚战。全面加强练兵备战，统筹推进军事斗争准备，抓好实战化军事训练，坚定捍卫国家主权、安全、发展利益。构建现代军事治理体系，抓好军队建设“十四五”规划执行，加快实施国防发展重大工程。巩固提高一体化国家战略体系和能力，优化国防科技工业体系和布局，加强国防教育、国防动员和后备力量建设。各级政府要大力支持国防和军队建设，深入开展“双拥”工作，巩固发展军政军民团结。

我们要继续全面准确、坚定不移贯彻“一国两制”、“港人治港”、“澳人治澳”、高度自治的方针，坚持依法治港治澳，落实“爱国者治港”、“爱国者治澳”原则。支持香港、澳门发展经济、改善民生，发挥自身优势和特点，积极参与粤港澳大湾区建设，更好融入国家发展大局，保持香港、澳门长期繁荣稳定。

我们要坚持贯彻新时代党解决台湾问题的总体方略，坚持一个中国原则和“九二共识”，坚决反对“台独”分裂和外来干涉，推动两岸关系和平发展，坚定不移推进祖国统一大业，维护中华民族根本利益。深化两岸融合发展，增进两岸同胞福祉，同心共创民族复兴伟业。

我们要坚持独立自主的和平外交政策，坚持走和平发展道路，坚定奉行互利共赢的开放战略，倡导平等有序的世界多极化和普惠包容的经济全球化，推动构建新型国际关系，反对霸权霸道霸凌行径，维护国际公平正义。中国愿同国际社会一道，落实全球发展倡议、全球安全倡议、全球文明倡议，弘扬全人类共同价值，推动全球治理体系变革，推动构建人类命运共同体。

各位代表！使命重在担当，奋斗创造未来。我们要更加紧密地团结在以习近平同志为核心的党中央周围，高举中国特色社会主义伟大旗帜，以习近平新时代中国特色社会主义思想为指导，坚定信心、开拓进取，努力完成全年经济社会发展目标任务，为以中国式现代化全面推进强国建设、民族复兴伟业不懈奋斗！

【简析】

这是李强总理在2024年3月5日在第十四届全国人民代表大会第二次会议上作的政府工作报告。全文对中央政府2024年的全面工作进行了汇报，对存在的问题进行了分析，对以后发展的方向做了全面的指导。整个报告内容全面，总结性强，具有极大的鼓舞性。

【例文2】　答复报告

××学校关于学生收费情况的报告

××市人民政府：

前接×政字〔202×〕××号函，询问我校对学生收费的情况。现报告如下：

我校对学生收费的标准是根据省人民政府〔202×〕××号文件精神，同时又针对我校所设专业的不同而制定，并报市物价局核准后执行的，不存在乱收费、多收费的情况。此外，我校对部分特困生实行减免部分学费和不定期补助的做法，使部分特困生得以顺利完成学业。

今后，我校在收费方面将继续严格按上级有关文件精神和当地物价部门核准的收费标准执行，决不做违规之事。

特此报告。

附件：1.《××××学校收费标准》；

2.《××市物价局关于××××学校收费标准的批复》。

××××学校（章）

202×年×月×日

【简析】

这是一篇答复报告。正文首先说明行文的缘由，引述上级来函文号及询问的问题；然后过渡到下文答复上级的询问，这种开头是答复报告的常用写法，接着对上级的询问作具体的回答，同时还简要说明本校在收费方面对学生有益的其他做法及今后的做法，以答复报告的惯用语作为结束语；最后，在附件部分用两份文件证明本校的收费并未违规。

必备知识

一、报告的性质及适用范围

报告适用于向上级机关汇报工作，反映情况，答复上级机关的询问。报告是机关、单位经常使用的重要的上行文。

报告只向本机关的直接上级机关发出，是陈述性、汇报性的上行文，在工作中应用得十分广泛，使用频率很高。用好报告，能帮助上级及时了解情况，掌握下情，为领导决策提供依据；同时，有利于下级机关、单位接受上级的监督和指导。

报告使用得比较广泛，一般在下列情况下都可以使用这一文种。

① 一定时期或一个阶段的全面工作或单项工作的进展情况、结果要向上级书面汇报时。

② 社会、政治、经济等方面出现的值得注意的新情况，重大方针政策出台以后干部群众的思想反映及贯彻情况需要向上级反映时。

③ 就某项工作、某方面的工作向上级机关提出意见和建议。

④ 向上级机关汇报所犯错误的原因、过程、处理情况或意见、主要教训和改进措施等。

⑤ 答复上级机关对某问题、某项工作、某个事件的询问。

⑥ 针对本地区、本部门的工作中存在的问题，提出新的任务要求、政策规定和具体办法措施，并需要以上级机关名义批准同级单位或不相隶属机关执行时。

⑦ 向上级报送公文、资料、物件时。

二、报告的特点

1. 陈述性

报告在汇报工作、反映情况时，所表述的内容使用的表达方式是陈述性的，即以叙述和说明为主。然而，它的叙述和说明却必须是概括性的，只要求作粗线条的勾勒，不要详述或描写，应该概述。即便运用议论，也多限于夹叙夹议。

2. 单向性

报告是下级机关向上级机关汇报工作、反映情况时使用的单方向上行文，不需要上级机关给予批复。在这方面，报告和请示有较大的不同，请示具有双向性特点，必须有批复；报告则是单向性行文，不需要任何相对应的文件。

3. 汇报性

凡报告都是下级机关向上级机关或业务主管部门汇报工作，一般都是将做过、正在做或即将做的事情报告给上级，让上级掌握基本情况，以便于对工作进行指导。另外，报告只对有关情况或工作进行反映、汇报，而不能提出请求事项。这也是报告与请示的主要区别点。

三、报告的类型

根据内容的不同，报告分为以下三种。

1. 工作报告

以汇报工作为其特点。多数工作报告只向上级机关汇报某一阶段工作的进展、成绩、经验、存在问题及下一步的打算，汇报上级机关交办事项的结果，汇报对某一指示传达贯彻的情况，以及向上级机关报送物件或材料等，并不向上级提出工作建议。工作报告就其内容的繁简程度又可分为综合性工作报告和专项性工作报告两种。综合性工作报告是将本机关一定时期内的全面工作、存在的问题及打算向上级机关汇报，以使其全面了解下级机关的工作情况，便于做全面的工作指导。综合性报告的特点为内容全面，总结性强，定期汇报，如政府工作报告、年度工作报告等。专项性工作报告是下级机关就某一项工作、某一个问题或某一事件等向上级汇报、反映的报告。

2. 情况报告

以反映情况为特点。这种报告信息性强，常用于向上级机关及时反馈实际工作中出现的新情况、新问题，特别是突发事件、特殊情况、意外事故及处理情况的报告。国务院明确要求：特大事故的发生单位必须在特大事故发生24小时内写出事故报告送上级机关和部门。故意拖延报告期限和谎报情况的，将受到一定的处分，甚至追究法律责任。情况报告所反映的一般是有代表性、倾向性的新情况，旨在引起上级机关的注意，以便上级机关及时采取措施，指导工作。例如：《山西省人民政府关于王家岭煤矿透水事故的报告》。

3. 答复报告

这是上级机关向下级机关询问有关问题时，下级机关按照上级机关的要求所做回答的报告。这种报告内容针对性强，上级询问什么，就答复什么，不能答非所问。对待上级机关的询问，一定要慎重。答复报告往往是对一些重大事项的答复，对一般性事项用函作答即可，例如：××市人民政府《关于×××等上访问题调查处理结果的报告》。

四、报告的结构和写法

报告的结构一般由标题、主送机关、正文、落款组成。

1. 标题

一般采用三项式（发文机关+事由+文种）公文标题的写法，如《农业部关于巩固大检查成果进一步做好减轻农民负担工作的报告》。但在有固定版头的情况下，一般使用两项式（事由+文种）标题，如卫生部《关于开展强化免疫活动消灭脊髓灰质炎的报告》。

2. 主送机关

报告的主送机关应为负责受理报告的上级机关，因而通常用习惯性简称，如“市委”

或“市人民政府”等。如果需要同时报送其他机关时，一般采用抄送的方式。

3. 正文

报告的基本机构包括开头、主体和结语。

1）开头

报告开头主要交代报告的缘由，概括说明报告的目的、意义或根据，然后用“现将有关情况报告如下”一语转入下文。

2）主体

报告主体是报告的核心部分，用来说明报告事项。不同类型的报告，在正文主体的写法上各有不同。

(1) 工作报告。

工作报告正文主要内容包括基本情况、主要成绩和经验体会、存在问题和基本教训及今后的打算。不同类型的工作报告，在正文内容的组织上有不同的侧重点。偏重于总结经验的工作报告，详写工作情况、成绩和经验，略写或不写问题、教训和打算；偏重于汇报工作情况的工作报告，则详写基本情况、成绩和问题，略写或不写经验教训。

(2) 情况报告。

情况报告的主体由情况、问题和下一步打算组成。首先交代情况，包括开展和进行专项工作的依据，工作的大体进展情况，取得的收效；其次写问题，要在分析研究的基础上，把主要问题表达清楚，避免主次不分；最后针对存在的问题写下一步打算。

(3) 答复报告。

针对上级的询问，实事求是地回答问题。一定要所答即所问，不可节外生枝，东拉西扯。例如：“×市人民政府关于治理××河水质污染问题的报告”，开头即言明报告是针对上级所问而答“省政府转来××××××委员会提出的关于××河水质污染状况的报告，经市政府调查研究，对报告中提出的有关问题及解决方案报告如下”。

3）结语

根据报告种类的不同，一般使用不同的程式化用语，应另起段来写。工作报告和情况报告的结束语常用“特此报告”；答复报告多用“专此报告”“以上报告，请审阅”等。

4. 落款

在正文后右下方标注发文机关。如在标题中已出现发文机关，则落款省略。成文日期标注于落款之下。

五、报告的写作要求

(1) 报告情况要真实。

对工作中的成绩和问题的性质、结果、有关数据等都要如实反映，不要报喜不报忧；同时，讲成绩要留有余地，写问题要把握好分寸，评价一个单位要实事求是。

(2) 表述要概括准确，不要面面俱到、主次不分。

(3) 正确使用文种。

报告一般制发于工作任务完成或问题解决之后，不要求批复，因此，报告与请示不能结合使用，不要“报告”“请示”不分，在报告中不得夹带请求事项。

任务五　请　　示

例文借鉴

【例文1】　求准性请示

××研究所文件××字〔202×〕××号关于调拨柴油发电机的请示

中国科学院物资局：

最近，本地区电网负荷太大，市郊线路经常停电，给我所科研、生产带来许多困难和损失。为确保科研、生产的正常进行，在市郊线路停电时，我所应自己发电。根据历年我所用电情况，急需一台××千瓦的柴油发电机。

在去年年底院物资调剂会议上，院属长春科仪厂处理积压物资的清单上有6250型柴油发电机两台，江南科仪进出口公司有××型柴油电机组供应。我们希望能从长春科仪厂调拨给我所一台6250型柴油发电机，若该单位两台发电机均已处理，我所请求上级增拨专款，从江南科仪进出口公司购进一台发电机，以解燃眉之急。

以上请示，请批准。

××研究所（章）

202×年×月×日

【简析】

这是一份求准性请示。开头写请示事项的原委及请求事项，理由充分，请求事项合理；针对请求事项，提出了两个方案，而且有自己倾向性意见，供领导参考。意见合情合理，语言恳切，有分寸，如"希望""若""请求"等。结语用了请示的常用语"以上请示，请批准"。

【例文2】　求示性请示

关于交通肇事是否给予被害者家属抚恤问题的请示

最高人民法院：

据我省××县人民法院报告，他们对交通肇事致被害人死亡，是否给予被害者家属抚恤的问题，有不同意见。一种意见认为，被害者若是有劳动能力的人，并遗有家属要扶养的，给予抚恤；另一种意见认为，只要不是由被害者自己的过失所引起的死亡事故，不管被害者有无劳动能力，都应酌情给予抚恤，我们同意后一种意见。几年来的实践经验证明，这样做有利于安抚死者家属。

是否妥当，请批复。

××省高级人民法院

××××年×月×日

【简析】

这是一篇请求指示的请示。正文内容简洁明了，请示事项单一明确。以"据…… 报告”作行文依据、背景，然后对交通肇事致被害人死亡是否给予其家属抚恤的问题提出两种不同意见，同时表明行文单位的倾向意见。最后，请求上级单位给予指示。

【例文3】 求助性请示

关于解决××半岛严重干旱缺水问题的请示

国务院：

自1999年9月份以来，我省降雨明显减少，旱情持续发展，给全省的工农业生产和城乡人民生活造成严重困难。特别是××半岛的××、××两市旱情尤为严重。10多个月的时间内，××、××两市累计平均降雨分别只有443毫米、448毫米，××市受旱面积一度达到470万亩，占农作物播种面积的80%，××市280万亩农作物全部受旱。同时由于长时间无降雨，河道断流、干涸，水利工程蓄水不断减少，尽管多数大中型水库停止了农业灌溉用水，仍有12个县（市、区）出现用水紧张的情况。据分析，此次两市气象干旱近五百年一遇。

进入今年汛期后，尽管全省先后有几次较大的降雨过程，大部分地区旱情解除，但××、××两市降雨明显偏少，旱情仍持续发展，城乡供水紧张的局面进一步加剧。目前，××市主要水源××水库（××库容1.3亿立方米）可利用水量只有1 000万立方米，在日常供水22万立方米压缩到17万立方米的情况下，也只能再维持两个月。××市区主要水源××等4座水库目前蓄量只有867万立方米，其中死库容360万立方米，包括抽取死库容在内，可供水只有700万立方米，只能维持到8月底。××市所属××、××、××三市城区目前的水源也只能维持到9月下旬。目前××市有110万人，××市有94万人饮水有困难。

面对持续干旱，两市提前加强现有水源调度，采取综合措施，力争度过水荒。目前两市已基本放弃农业供水，有限的水源只能重点保证城市饮用水，并实施限量供水措施。两市区分别于6月初和4月初开始控制居民用水量，每人每月限量2立方米，每超用1立方水，××市加收10元，××市加收40元。对发电厂等大部分企业及宾馆、餐饮业等也严格实行限量供水。下一步两市将冒着海水倒灌的危险，准备着手启用已封多年的备用水源和增打深水井，迫不得已开采地下水以保生活用水。

××半岛本身属严重资源性缺水地区，区内基本无客水资源，年平均水资源总量为98亿立方米，人均占有412立方米，仅相当于全国平均占有量的15.4%，在全国也属少数几个水资源最贫乏的地区之一。自1980年以来，××市连年干旱，半岛地区尤为严重，大部分地区近10年平均年降水量偏少30%以上，半岛北部偏少50%以上，几乎所有的河道常年干涸。近年来，半岛地区经济发展迅速，万吨水工业产值××市达到667万元，××市更是达到了1 250万元，位于全国前列。与此同时，各方面需水量增大，水资源供需矛盾更加突出，按现状水平测算，一般年份缺水高达70亿立方米。从目前情况看，当地水资源贫乏和没有客水接济是半岛地区现有供水量不足的主要矛盾。半岛地区是我省节水工作开展最普遍的地区，下一步节水潜力不大。要从根本上解决半岛地区水资源严重短缺的问题，除了搞好当地水资源的开源与节流、兴建区域间水源调配工程等措施外，最主要的是尽早兴建跨流域骨干调水工程。

鉴于当前半岛地区面临的供水危机以及长远的水资源紧缺局面，恳请国家帮助解决以下问题：一是应急供水问题。目前两市都已制订了应急供水计划，并正在逐步实施。鉴于半岛地区在长期抗旱中人、财、物消耗巨大，恳请国家支援我省特大抗旱补助费5 000万元，以解决××、××等地的应急借助水问题。二是应急调水工程。在短期内将×河尽快调入××半岛，工程量土石方××××万方，泵站、涵闸、公路桥等主要建筑物××座，总投资××亿元，请国家给予支持。三是尽快实施南水北调×线工程，进一步缓解××半岛地区的水资源紧缺局面。

当否，请批复。

××省人民政府

××××年×月×日

【简析】

这是一份求助性请示。开头的原因部分资料翔实，有理有据：先概括介绍了两年来干旱缺水的情况，这样，使得问题的提出，根据更充分；接着重点介绍今年的旱情、蓄水量情况及渡水荒的各种节水措施；最后从地理上、历史上再次强调水资源的短缺是当地无法解决的客观事实，这样请示解决问题的理由就十分充分了。请示事项部分根据实际情况恳请国务院帮助解决缺水问题，并提出了解决问题的办法、建议，供国务院批复时参考。结语明确。文章结构完整，语言恳切、得体。

必备知识

一、请示的性质和适用范围

请示是常用的上行文。这是下级机关就某项工作或事情向上级机关请求指示、帮助或批准，要求上级机关答复是使用的公文。

具体而言，请示的适用范围主要有如下几个方面：

① 属超出本机关的工作职权范围须经请示批准才能办理的；

② 对国家的有关方针政策或上级机关的有关规定、决定等不甚了解或有不同理解，需请上级机关解释或重新审定的；

③ 工作中出现了新情况、新问题，必须处理却又无章可循，无法可依，有待上级机关批示的；

④ 遇到本机关职权范围内很难克服或无力克服的困难，需请上级机关支持、帮助的。

⑤ 属涉及全局性或普遍性的而本机关无法独立解决的工作困难和问题，必须请示上级机关以求得到上级机关的协调和帮助。

二、请示的特点

1. 祈请性

请示是下级祈请上级明确指示或审核批准的公文，请示所涉及的事宜或问题，都是本机关无权或无力自行解决的，通过“请示”，请求上级给政策或给予批准，请示的内容和目的具有鲜明的祈请性。

2. 期复性

本机关无权或无力自行解决的问题，只有经上级指示、批准之后，才能采取相应措施开展工作。一旦作出请示，不管上级是否同意下级的请示事项，都必须给请示单位一个回复。

3. 双向性

下级有请示，上级必以批复来答复。

4. 单一性

请示必须一文一事，即一份请示只能请求指示、批准一件事或解决一个问题，切忌一文数事。如果确有若干事项都需要同时向同一上级机关请示，可以同时写出若干份请示，它们各自都是一份独立的文件，有不同的发文字号和标题。而上级机关则会分别对不同的请示作出不同的批复。

三、请示的类型

1. 求示性请示

求示性请示即请求指示的请示。这类请示所涉及的是下级机关对政策、方针，在认识上不明确、不理解，或对新问题、新情况不知如何处理的问题。

2. 求准性请示

求准性请示即请求批准的请示。这类请示所涉及的，是下级机关限于自己的职权，无权自己办理或决定的事项。

3. 求助性请示

求助性请示即请求支持、帮助的请示。这类请示所涉及的，是下级机关遇到仅依靠自己的力量，已很难克服或无法克服的困难。

四、请示的结构和写法

请示的结构一般包括标题、主送机关、正文、落款。

1. 标题

请示的标题有两种写法。

(1) 发文机关+事由+文种。如《××省人民政府关于增拨防汛抢险救灾用油的请示》。

(2) 事由+文种。如《关于成立老干部办公室的请示》。

请示不能写成单元标题，以“请示”作为公文标题的写法是错误的。写标题要注意，不能将“请示”，写成“报告”或“请示报告”，事由中也不应重复出现“申请”“请求”之类的词语。

2. 主送机关

请示的主送机关是指负责受理和答复该文件的上级主管机关。

请示一般只写一个主送机关。如需同时送其他机关，应当用抄送的形式。

3. 正文

请示的正文都要包括缘由、事项和结语三部分。

(1) 缘由

缘由即请示正文的开头，请示的缘由是请示能否被批准的关键，关系到事项是否成立，是否可行，关系到上级机关审批请示的态度。落笔直书请示的问题，并紧紧围绕所请示的问题，用夹叙夹议的表达方式，简洁明白的语言，表明请示的理由。要防止堆砌材料，烦琐冗长；更不能用争辩、要挟的语气行文。

(2) 事项

这是请示正文的主体。对需要上级机关审批的事项，进行具体的说明。这部分内容要单一，只宜请求一件事。事项要符合法规，符合实际，具有可行性和可操作性，不能为了让上级领导批准而虚构情况，也不要因为没能认真调查而片面地摆情况，提问题。事项要写得具体、明确、条项清楚，如果请示的事项内容比较复杂，要分清主次，一条一条地写出来，条理要清楚，重点要突出。语气要平实、恳切，既不能出言生硬，也不要低声下气，客客套套。

(3) 结语

结语是请示必不可少的一项内容，不能遗漏，更不能含糊其词。请示的结语有“以上请示，请批复”“以上请示，请予审批”或“以上请示如无不当，请批准”等。

4. 落款

请示的落款一般包括署名和成文时间两个项目内容。标题已写明发文机关的，这里可不再署名，但需加盖单位公章。

五、请示写作的注意事项

1. 不要多头请示

一个请示事项，一般不要同时请示两个以上的领导机关或主管部门，以免出现“公文旅行”，单位之间互相推诿的情况，延误请示的批复。受双重领导的单位，应根据具体情况，主送一个上级机关，抄报另一个上级机关；有些特殊的涉及几个部门的事项，也可同时由几个部门分别向上级请示。

2. 不要越级请示

除非特殊情况外一般不得越级请示。因特殊情况，必须越级行文时，一般应抄送越过的上级机关。不论什么内容的请示，不能同时下发或抄送给下级机关或平行机关。

3. 不要事后请示

请示必须事前行文，决不能“先斩后奏”或边请示边办理。

4. 不要向领导个人请示

请示除领导直接交办的事项外，一般不得直接送领导者个人。

5. 不要一文多事

一份请示只能写一个问题，不要把几个性质不同的问题、事项同时写在一份请示中，以免上级机关不好办批而贻误工作。

6. 不要请示、报告混用

把“……的请示”写成“……请示报告”或“……报告”都不对。

7. 注意语言

语言要谦恭，要尊重上级，不要有要挟、命令、催促式的口吻。

六、报告和请示的区别

请示与报告都是上行文，这是它们的共同点。但它们的区别也是明显的。

1. 行文时间不同

请示须在事前行文；而报告在事前、事后及事中皆可行文。

2. 行文的目的、作用不同

请示旨在请求上级批准、指示、支持和帮助，需要上级批复，重在呈请；报告旨在向上级汇报工作、反映情况、提出建议、答复上级询问，重在呈报。

3. 主送机关数量可以不同

请示只写一个主送机关；在遇到灾情、疫情等紧急情况需要多级领导机关尽快知道时，报告可写多个主送机关。

4. 内容繁简不同

报告的内容较杂，容量可大可小，侧重于概括陈述情况，总结经验教训，形式多样，表述体现报告性。请示则内容单一，一文一事，侧重于讲明原因，陈述理由，表述事项，体现请求性，篇幅较小。

5. 受文机关处理方式不同

请示属办件，收文机关必须及时批复；报告多数是阅件，除需批转建议报告外，上级机关对其余各类报告不必行文。

任务六　批　　复

例文借鉴

【例文】

中国科学院物资局文件××字〔××××〕××号关于××研究所请求调拨柴油发电机的批复

××研究所：

你所《关于调拨柴油发电机的请示》(××字〔202×〕××号) 一文收悉。经研究，现批复如下：

(1) 我局业务经费紧张，不能给你所下拨购买柴油发电机的专项款。

(2) 根据你所请示中提出的建议，经与长春科仪厂协商，该厂同意调拨一台××千瓦的型柴油发电机支援你所，请速派人前往该厂物资处联系，商议办理具体事宜。

此复。

中国科学院物资局（章）

××××年×月×日

【简析】

中国科学院物资局收到××研究所的请示后，经研究即给××研究所作了批复。正文开头引述来文的标题，然后用一个过渡句，转入下面的批复。这是批复惯写法。主体写批复意见。意见明确，理由充分，条理清楚。批复结语简洁。

必备知识

一、批复的性质、特点

批复是用于答复下级机关请示事项的公文，它是和下级机关的请示事项相对应的行文。其特点如下：

1. 权威性

批复中提出的批准或批示的意见，反映了直属机关的行政决策，与指示的性质相同，均要求下级机关遵照执行，具有行政约束力。涉及重要事项和重大问题的批复，常常具有明确的法规作用。

2. 针对性

批复只主送给请示的单位和有关单位；批复的内容应针对请示事项给以明确答复，不涉及与请示内容无关的其他问题。

3. 被动性

批复是根据下级机关报送的请示制发的领导批示性公文，因而批复是被动行文。批复的制发是以下级的请示为条件的，与请示形成一对一的往来关系，没有请示就不可能有批复。

二、批复的类型

1. 请求指示性批复

这是对下级机关领会不准或不甚了解的国家的有关方针政策或上级机关的有关规定、决定，作出的解释性、指示性的答复。

2. 请求批准性批复

这是对下级机关请求办理或请求处理的事项表明态度的答复。

3. 请求支持、帮助性批复

这是针对下级机关在遇到难于解决或无力克服的困难时而提出请求支持或帮助的请示所作的答复。

三、批复的结构和写法

1. 标题

批复的标题一般是三项式标题，由发文单位名称、事由、文种组成。例如：《国务院关于同意在沈阳市进行经济体制综合改革的批复》《国务院关于同意安徽省设立滁州市、巢湖市给安徽省人民政府的批复》等。

2. 主送机关

批复的主送机关就是请示的发文机关。如果需要更多的下级部门了解和执行，一般在批复给原请示机关的同时，以抄送的方式发给有关下级机关。

3. 正文

正文一般由批复依据、批复内容和结语三部分组成。

1）批复依据

先引述下级机关来文的日期、标题或和发文字号，必要时可引述来文的要点，以使受文单位明确批复的事项。然后用“现对×××××问题批复如下”或“现批复如下”句式过渡，引出下文。

2）批复内容

根据有关方针、政策、法令法规和实际情况，对请示中所提出的问题作出明确的答复或具体指示。如果全部同意，就写上肯定的意见；如果不予批准，需在否定意见后面写明理由；如果只同意请示中的部分事项，需分别写明理由。

3）结语

一般用“批复”或“特此批复”等作结。

四、批复写作的注意事项

1. 批复要有针对性

批复是被动行文，一定要针对请示事项回复，一请示一批复。

2. 批复态度要明确，措辞要准确

在答复下级机关的问题时，观点要正确；在批准下级机关的请示时，态度要鲜明；在否定下级机关的请示时，理由要充分。凡是引用政策、法令或规章制度，都要写明出处，必要时要引述原文。批复的行文措辞要言简意赅，庄重严谨，不能模棱两可。

3. 批复要及时

凡是下级机关的请示，上级机关都必须及时作答。凡下级机关向上级机关请示的事项，往往事关重大，时间紧迫，急需得到上级机关的指示和帮助。作为上级机关应及时批复，支持和指导下级的工作，以免贻误工作，甚至造成重大损失。

任务七 函

例文借鉴

【例文 1】 告知函

自然资源部办公厅关于政策性关闭矿山采矿许可证注销有关工作的函

自然资办函〔2019〕1574 号

各省、自治区、直辖市人民政府办公厅：

近年来，为深入贯彻党中央、国务院加快推进生态文明建设相关要求和化解煤炭行业过剩产能政策措施，各地方人民政府组织开展了对涉及各类保护区和去产能煤矿矿山关闭退出工作。根据国务院“放管服”改革要求，为做好以上政策性关闭矿山采矿许可证注销工作，现将有关事项函告如下：

一、县级以上地方人民政府（或部门）对矿山作出关闭退出决定，应明确矿山关闭后相关生态修复等法定义务履行责任主体；责任主体未明确的，遗留的矿山生态修复等问题由地方人民政府负责。

二、在明确相关法定义务履行责任主体后，作出关闭退出决定的县级以上地方人民政府（或部门）应及时将矿山关闭决定、关闭矿山基本情况（采矿许可证号、企业名称、生态修复义务履行责任主体）通知颁发采矿许可证的自然资源主管部门办理采矿许可证注销手续。

三、收到地方人民政府（或部门）有关矿山关闭情况的通知后，颁发采矿许可证的自然资源主管部门可直接注销采矿许可证并向社会公告。对于存在查封、抵押备案等情况的，应待查封解除、抵押解除后予以直接注销采矿许可证并向社会公告。

四、关闭退出矿山的生态修复责任主体情况应向社会公告。关闭退出矿山矿业权注销后，对于明确生态修复责任仍由原企业履行的，地方人民政府（或有关部门）应限定责任主体在一定期限内完成修复任务；对于明确由地方人民政府负责修复的，应纳入当地相关规划统筹解决。

自然资源部办公厅
2019年9月21日

【简析】

此文为一份告知函。从内容和写法上看有些类似布置工作的通知，但主送的机关大都是与发文机关“国务院办公厅”平级的“有关部门和单位”，因而选用了函。缘由部分首先强调为深入贯彻党中央、国务院加快推进生态文明建设相关要求和化解煤炭行业过剩产能政策措施，各地方人民政府组织开展了对涉及各类保护区和去产能煤矿矿山关闭退出工作；然后明确具体地提出了要求有关部门和单位须做的四项工作。

【例文2】　询问函

关于征求《高等学校“十三五”科学和技术发展规划（征求意见稿）》意见的函

教技司〔2016〕2号

各省、自治区、直辖市教育厅（教委），新疆生产建设兵团教育局，各直属高校：

制定好并实施好《高等学校“十三五”科学和技术发展规划（征求意见稿）》（以下简称规划）对于贯彻落实十八届五中全会精神、全面提升高校创新能力、引领支持创新驱动发展战略具有重要意义。经我部领导同意，现将规划征求意见稿印送你们，并就征求意见工作通知如下：

1. 意见要点。“十二五”发展状况总结、面临形势和存在问题分析是否全面、概括是否确切、有无补充；“十三五”期间二十字发展理念和发展目标是否具有战略性、前瞻性和可行性，有无修改；重点任务有无增加，政策措施力度是否足够，有无其他政策需求。

2. 征集范围。请各地组织地方高校校领导和国家级科研基地负责人研读规划，提出意见建议。请各直属高校组织学术委员会专家及规划、人事、财务、研究生等职能部门负责人研究提出意见建议。

3. 工作要求。请各单位高度重视，精心组织，把征求意见的过程作为宣传理念、交流思想、争取共识的过程。请将征求意见过程和具体意见建议汇总，于1月25日前以公文方式报送我司。

谢谢支持。

联系人及电话：王骁 010-66096685

传真：010-66020784

邮箱：wx@ moe. edu. cn

教育部科技司
2016年1月4日

【简析】

这是一份询问函，征求对本部门制定的“十三五”科学和技术发展规划的意见。正文开头交代制定本规划的目的；接着写事项——征求意见的三个方面，并提出以公文方式报送及报送的时间；最后写明联系人等。

【例文 3】　商洽函

关于商请共同主办 2003 年×××高新技术及产品博览会的函

省科技厅：

为充分发挥我市区位优势，进一步加强我市与××、××、×××等国家在高新技术领域的技术交流和科技成果转化，促进地区间的国际科技与经贸合作，实现优势互补，共同发展，我市拟于 2003 年×月×日至×月×日在××科学宫举办“2003 年×××高新技术及产品博览会”。本次博览会拟设置展位 400 个，展览面积为 12 000 平方米。

为加大本次博览会的组织力度，扩大展会影响，使更多的国外高新技术企业合作项目落户沈阳，特商请贵厅与我市政府共同主办此次博览会，望给予支持。

妥否，请复函。

附件：“2003 年×××高新技术及产品博览会”实施方案

西安市人民政府

2003 年×月×日

【简析】

这是一份商洽函。由市级政府向省厅函商，共同主办高新技术及产品博览会。文章开头首先交代了举办博览会的目的及博览会的时间规模；其次讲商请的原因——加大组织力度，扩大影响，使更多的合作项目落户沈阳，从而提出函商的目的；最后提出回复的要求，并报上实施方案的附件。作为商洽函，此文语言把握较好，是对上级主管部门，用语有礼有节。

【例文 4】　答复函

国务院办公厅关于同意辽宁省承办 2028 年第十五届全国冬季运动会的函

国办函〔2023〕107 号

体育总局、财政部：

你们《关于辽宁省承办第十五届全国冬季运动会的请示》（体竞字〔2023〕133 号）收悉。经国务院领导同志批准，现函复如下：

一、同意辽宁省承办 2028 年第十五届全国冬季运动会。

二、体育总局、辽宁省人民政府要坚持以习近平新时代中国特色社会主义思想为指导，深入贯彻习近平总书记关于体育工作的重要讲话和指示批示精神，完整、准确、全面贯彻新发展理念，落实党中央、国务院有关规定，按照“简约、安全、精彩”的办赛要求，充分结合辽宁省经济社会发展实际，共同组织好 2028 年第十五届全国冬季运动会，为强国建设、民族复兴伟业贡献体育力量。

三、筹备和举办 2028 年第十五届全国冬季运动会的经费主要由辽宁省人民政府自筹，中央财政给予一次性定额补助。中央财政定额补助资金主要用于运动会举办和场地维修等，场馆设施建设所需资金由辽宁省人民政府自行负担。

国务院办公厅

2023 年 10 月 22 日

（此件公开发布）

【简析】

这是一份答复函。正文开头写明来文收悉，特意注明“经国务院领导同志批准”；答复事项部分，先表态：“同意”，然后从指导原则、办赛要求以及经费及补助资金等方面提出要求与部署。这种由上级机关办公部门回复“请示”的函，结尾处一般都不写“特此函复”的结语。

【例文 5】　请批函

×××镇人民政府关于修建防洪护岸所需资金的函

×函〔202×〕×号

××区水利局：

××河是流经我镇三个村、四个自然屯的主要河流，每年汛期，河水猛涨，造成河床两侧水土流失严重。几年来，在区政府、水利局的大力支持下，已整治了部分河段，收到了较好的经济效益和社会效益。为了根治公家河不利隐患，我们拟在今年秋季继续修建防洪护岸 300 米（毛石砂浆砌筑），共需资金 11.8 万元。现已自筹资金 3.8 万元，尚缺资金 8 万元，特请贵局帮助解决。

附件：××镇关于修建防洪护岸工程预算表

××镇人民政府

202×年 7 月 15 日

【简析】

这是一份请批函。由镇政府向上级业务主管局请求解决困难。开头部分介绍了背景情况，主体事项部分提出了要主管局帮助解决修建水利工程资金短缺问题。文后附上了工程预算表。文章语言简洁，内容交代清楚。

必备知识

一、函的性质及适用范围

函适用于不相隶属机关相互商洽工作、询问和答复问题；向有关主管部门请求批准等。函适用的范围相当广泛，使用频率极高，可谓公文中的“轻武器”。

在行文方向上，不仅可以在平行机关之间行文，而且可以在不相隶属的机关之间行文，因此包括上级机关行文或者下级机关行文。

在适用的内容方面，它除主要用于不相隶属机关相互商洽工作、询问和答复问题外，也可以向有关主管部门请求批准事项，向上级机关询问具体事项，还可以用于上级机关答复下级机关的询问或请求批准事项，以及上级机关催办下级机关有关事宜，如要求下级机关函报报表、材料、统计数字等。

二、函的特点

1. 使用广泛性

函的使用不受级别高低、单位大小的限制，收发函件的单位均以比较平等的身份进行联系。上至国务院，下至基层组织、企事业单位、社会团体都广泛地使用函。

2. 行文多向性

函可以上行、下行，但大多数函作平行文。

3. 用语谦敬性

不论什么类型的函，用语皆得注重谦恭有礼，尊重对方，力求得到对方更多的理解和支持。函是最注重使用文言词汇的公文。函是公文中最富有文学性的文种。

三、函的类型

1. 商洽函

这是平行机关或不相隶属机关之间商洽工作、联系有关事宜的函。例如：人员商调、联系参观学习等。

2. 询答函

这是不相隶属机关之间相互询问和答复有关具体问题的函。询答函实际上又可分为“询问函”和“答复函”。有些不明确的问题向有关机关和部门询问，用询问函；对机关和部门所询问的问题做出解释答复，用答复函。询答函涉及的多数是问题而不是具体的工作。

3. 批请函

这是用于不相隶属机关之间请求批准和答复审批事项的函。批请函实际上又可以分为“请批函”和“审批函”。请批函用于向不相隶属的主管部门请求审批事项；而审批函则用于主管部门答复不相隶属机关单位的请批事项。

4. 告知函

这是告知不相隶属机关有关事项的函。

以上是按内容和用途对函所作的分类。

若按照行文去向分类，函又可以分为去函和复函。

若按照文本格式分类，函可以分为公函和便函。其区别在：公函从标题、发文字号、署名等都与其他公文文种相同，并要用带文件版头的公文纸印发；便函一般不用文件版头，并省去标题和公文编号，结束语可用一般书信常用的表示尊敬的词语。内容上，公函用于处理比较郑重的事项或问题，在业务上具有指导意义。

四、函的写作

由于函的类别较多，从制作格式到内容表述均有一定的灵活机动性。下面，主要介绍规范性公函。

公函一般由标题、发文字号、主送机关、正文、落款构成。

1. 标题

公函的标题一般有两种形式。

一种是由发文机关名称、事由和文种构成的。例如：“山东省人民政府关于济南新机场名称的函”“××大学关于×××公司技术人员进修的复函”。

另一种是由事由和文种构成的。例如："关于商请派车运送民工的函"。

2. 发文字号

与其他公文的发文字号相似，只需要在机关、单位代字中加上"函"字。例如："川政函字〔2023〕08号"表示四川省人民政府2023年第8号函件。

3. 主送机关

主送机关即受理函件的机关、单位，应写全称。

4. 正文

函件正文一般由开头+主体+结语组成。

1）开头

主要说明发函的缘由。一般要求概括交代发函的目的、根据、原因等内容，然后用"现将有关问题说明如下："或"现将有关事项函复如下："等过渡语转入下文。复函的缘由部分，一般首先引叙来文的标题、发文字号，然后再交代根据，以说明发文的缘由。例如："你局《关于明确临时工、合同工能否执罚问题的请示》（××〔2024〕××号）收悉。现复函如下："。

2）主体

这是函的核心内容部分，主要说明致函事项。函的事项部分内容单一，一函一事，行文要直陈其事。无论是商洽工作、询问和答复问题，还是向有关主管部门请求批准事项等，都要用简洁得体的语言把需要告诉对方的问题、意见叙写清楚，如事项复杂，可分条列项来写。如果属于复函，还要注意答复事项的针对性和明确性，如不能满足要求时，应加以解释。

3）结语

商洽函的结语常用："恳请协助""不知贵方意见如何，请函告""望协助办理，并请尽快见复""望大力协助，盼复"等。

询问函的结语常用："请速回复""盼复""请予函复"等。

请批函的结语常用："请审核批准""当否，请审批"等。

答复函、批答函的结语常用："此复""特此函复""专此函告"等。

5. 落款

落款包括署名和成文时间两项内容，并加盖公章。

五、函的写作要求

（1）要注意行文简洁明确，语言要朴素自然，把握分寸。无论是平行机关或者是不相隶属的行文，都要注意语气平和有礼，不要倚势压人或强人所难，也不必逢迎恭维、曲意客套。至于复函，则要注意行文的针对性，以及答复的明确性。

（2）要注意时效性，特别是复函更应该迅速、及时。像对待其他公文一样，及时处理函件，以保证公务等活动的正常进行。

（3）要注意批请函与请示的区别，向有隶属关系的上级机关请求指示、批准事项用请示，而向没有隶属关系的业务主管机关请求批准有关事项，则用请批函。主管机关答复请求审批事项，用审批函。

（4）一文一函，简洁明了。

六、批复与复函的区别

批复与复函都是回复性公文，接受公文的单位一般只有一个。但它们之间也有非常严格的区别，不可混用。

1. 内容的重要程度不同

批复一般用于答复比较重要的事项，而复函往往用于一般性的事项。

2. 行文方向有所不同

批复是单方面的下行文。复函的行文方向多是同级机关或不相隶属的机关，属平行文。

实训拓展

（一）病文修改

1. 下面这份通报存在不少问题，请找出问题并用条文的方式列写出来，然后给予修改。

表彰通报

市×××化工厂，采取有力措施，切实贯彻《安全生产条例》，建立安全生产岗位责任制，实现全年生产无事故，成为我市第一个安全生产年企业。为此，市政府决定对×××化工厂通报表彰。

××市政府
2023 年 1 月 20 日

2. 试分析下面通报的正文，找出问题并进行修改。

市××仓库 506 库房保管员李××于××××年×月×日晚上值班时，违反仓库规定，带了 5 岁女儿私自燃火烧煮食品，9 点多又抱了女儿外出采购食物，一小时后，当他匆匆回到仓库时，只见 506 库房淹没于滚滚浓烟之中，火舌还频频上窜，他顿时手脚失措，呆立一旁。总值班等人闻讯赶到后，立即打电话呼救，大火才得以熄灭，但库房已化为灰烬，××损失××千克，给国家造成××万元的巨大经济损失。

3. 试分析下面的商函，找出问题并进行修改。

关于订购牡丹牌真丝女衬衫的复函

××公司：

你们×月×日的来信我们刚刚收到，从信中我们了解到你们想购买我公司牡丹牌真丝绣花女衬衫一事。我公司生产的牡丹牌真丝绣花女衬衫，质量上乘，款式高雅，犹如盛开的牡丹风靡世界，博得各国客商的青睐。在此，万分感激你们对我公司产品的好感。

由于今年的订单已超出生产能力，所以一律不接受新订单，请你们不要误解。凭着我们双方之间良好的贸易关系，你们不必担心，一等到有货，我们一定会首先通知你们的。

××公司
××××年×月×日

（二）写作题

1. 根据以下内容按公文格式拟写一份通知。

××省教委职教处决定在全省中等职业学校开展以《我爱我的专业》为主题的有奖征文活动。征文要求：体裁限为记叙文、散文、议论文；主题要明确、突出；材料要新颖、典型，要有较强的说服力和感染力；文稿一般不超过 3 000 字，每个学校交稿三篇；截稿时间：2000 年 5 月 30 日，以当地邮戳为准。届时职教处将组织有关专家组成评委，根据论文水平评出一、二、三等奖和优秀奖。来稿请寄××省教委职教处。邮编：××××××。请务必在信封上注明“征文”字样。

2. 我省 2023 年第××届大学生运动会由××大学承办，而该校比赛场地简陋，比赛器材不足，为保证运动会如期顺利进行，需要改善设备补充器材。经核算，共需经费 180 万元，该校目前已筹集 150 万元，尚缺少 30 万元。请你以该校身份向省教委拟发公文，用来解决此问题。

3. 在我省高校第八届“希望之星”英语演讲大赛上，我院××系高××同学敢闯重拼，战胜六十多名选手，荣获一等奖。同时还获得 202×年“CCTV”杯全国英语演讲大赛二等奖，再次为我院争得荣誉。为此，学院对该同学作出通报表扬，同时奖励人民币 8 000 元以资鼓励。请你根据通报的写作要求，拟写该通报。

4. 根据通报的写作要求，以我们学院的名义拟写一份表彰性通报。

我院商务外语系 2011 届毕业生严业同是日照市莒县人，现在青岛市工作，2012 年 12 月 23 日，严业同下班后沿着青岛市台湾路回宿舍，在路边冬青树丛旁捡到了一个黑色的公文包，粗略看了一下，里面有银行卡、文件和钱包，总价值为 500 万元。后来在包里找到了一张名片，当联系失主钱物归还后，失主拿出 8 000 元表示感谢，被严业同坚决拒绝。

严业同的事迹被青岛市媒体报道后，引起了强烈反响，被称为“大德暖岛城”，2013 年底，严业同被家乡莒县授予道德模范称号，在全县范围内开展学习严业同事迹活动。

5. 根据下面提供的材料，请以××市商业局的名义向××省商务厅起草一份报告。

① 202×年 2 月 20 日上午 9 点 20 分，××市××百货大楼发生重大火灾事故。

② 事故后果：未造成人员伤亡，但烧毁三层楼房一幢及大部分商品，直接经济损失 792 万元。

③ 施救情况：事故发生后，市消防队出动 15 辆消防车，经 4 个小时的扑救，火灾才被扑灭。

④ 事故原因：直接原因是电焊工××违章作业，在一楼铁窗架电焊火花溅到易燃货品上引起火灾，但也与××××百货公司管理局及员工安全意识淡漠、公司安全制度不落实、许多安全隐患长期得不到解决有关。

⑤ 善后处理：市商业局副局长带领有关人员赶到现场调查处理；市人民政府召开紧急防火电话会议；市委、市政府对有关人员视情节轻重，做了相应处理。

6. 请根据下面提供的材料写一份函。

××市证券公司为了提高员工文化业务素质，拟将 5 名原来所学专业与现职工作不对口的大学毕业生，送××大学全脱产进修一年，公司表示除支付学院规定的学员进修费用外，还愿意在学校建设方面给予一定的资助。

项目二　事务活动

事务文书概述

一、事务文书的含义

事务文书是党政机关、社会团体、企事业单位为反映事实情况、解决问题、处理日常事务而普遍使用的文书，它虽不属于“法定”公文，但却具有很强的实用性，党政机关、社会团体、企事业单位在日常工作中对各种事务文书使用频率都很高。文种主要有计划、总结、调查报告、简报、述职报告、规章制度等。

事务文书是公务文书的一种，也是在公务活动中形成的，使用这一名称，是相对狭义的公务文书（行政公文）而言的。事务文书与行政公文有密切联系，犹如人的左右臂，不可缺失，否则严重影响公务运作，但它们毕竟又是两类不同的文书，有一定的区别：首先从法律效力上看，行政公文是上行下达的正式文件，受法律、行政的严格约束，具有法定效力；事务文书是机关团体为达到开展工作、交流情况、沟通情报、总结经验等目的而经常使用的文书，是处理日常事务的，一般不具有法定效力。此外，事务文书除了以机关、单位、团体的名义制发，还可以以个人的名义进行写作。其次，从写作格式上看，行政公文的种类、格式、行文关系、处理程序等都有严格的规定。事务文书尽管也有一定的惯用格式，但这些格式不全是规范统一的定式，大多是约定俗成的，不需要国家正式颁布，具有灵活性。

二、事务文书的特点

1. 政策性

事务文书担负着传达、贯彻政府的方针政策，处理机关事务的重要任务，它的内容与国家的政治、政策密切相关。事务文书必须以党和国家的方针政策为指导，以法律为依据，所涉及的一切事物，均不得违背国家现行方针政策。

2. 明确性

事务文书都有明确的作者和特定的读者，它可以以法定机关、组织的名义制发，或者以机关组织的某个部门的名义制发，也可以以机关、组织的领导人或代表的名义制发。

3. 务实性

事务文书是直接用来处理事务工作或为作出具体的工作决策提供依据的，要注重实用，讲求效率，用详尽的事实来说话。

4. 权威性

事务文书作为机关单位处理日常事务的工具，一般不算正式公文，因而没有公文那样的法定权威性和效力。只有当它附在一份正式公文后作为附件去行文时，才具有公文的法定权威性和效力。在我国，事务文书往往不作为公文的附件发布，而是由领导班子会议决定后单独制发，它在机关、单位、系统内部也具有一定的权威性和行政约束力。

5. 程式性

事务文书一般都有一定的程式性，有约定俗成的惯用格式。虽然它不像法定公文那样有着非常严格的格式要求，但在长期的实际应用中，事务文书逐渐形成了较为稳定的结构层次、习惯用语、处理程序等组成要素。虽然在格式的处理上有一定的灵活性，但总体上是相对稳定的。

6. 时效性

事务文书总是针对工作中所出现的具体事务而编写的。而一项工作任务的完成，一个问题的解决，都有一定的时限要求，虽然这种时间上的要求并不像法定公文那样紧迫。但同样也要相关部门在特定的时间内及时完成，否则错过时间，就很难发挥事务文书的作用，甚至使事务文书失去其效用。

三、事务文书的种类

1. 计划类文书

这是单位或个人对未来一定时限内的工作、生产或学习，作有目的、有步骤的安排或部署所撰写的文书。

这类文书包括设想、规划、打算、安排、要点、方案等。

2. 报告类文书

这是归纳工作中的主要成绩和经验，对工作中存在的问题或具有普遍意义的重要情况进行分析研究的文书。

这类文书包括总结、调查报告、述职报告等。

3. 规章类文书

这是政府机构或社会各级组织为了更好地开展工作，在职权范围内订立的需要人们遵守的某些制约性措施。

这类文书包括规则、章程、制度、公约、条例、细则、守则、办法、须知等。

4. 简报类文书

简报类文书是记录性文书。

这类文书包括简报、大事记等。

四、事务文书的写作要求

1. 以方针政策为指导，以法律规定为依据

事务文书的政策性很强，它是党和国家的方针政策在有关实际工作中的具体体现。作者必须认真领会有关的政策，并运用政策原则去指导工作。

同时，事务文书还必须以法律规定为依据，不能与现行政策和法规相抵触。

2. 深入调查研究，获取真实材料

撰写事务文书要了解实际情况，进行深入细致的调查研究，尽可能多地搜集、积累材料，做到明情况、知变化、定决策，充分发挥事务文书的指导性功能与务实的作用。

3. 实事求是，切实可行

事务文书，或拟订计划，或制定规范文书，或调研总结，都是为了解决工作中的实际问题，因此必须实事求是，解决问题要具有科学的可行性。

4. 格式约定俗成，语言准确简练

在结构方面，事务文书要求开门见山、突出重点、层次分明；在语言方面，要求用语准确，尤其是规章类文书，更讲究炼词炼句，表述不能模糊，不能出现歧义。

任务一　计　　划

例文借鉴

【例文1】

××市造纸厂2024年质量管理工作计划

我国加入WTO后，企业的外部环境发生了很大变化，进入国际市场的机遇越来越多，面对的竞争也越来越激烈。提高产品质量，降低产品成本，成为增强企业竞争能力的重要手段。2024年是本厂产品质量升级、品种换代关键的一年，为进一步提高产品质量，特制定本计划。

一、质量工作目标

1. 第一季度增加2.5米大烘缸一只，扩大批量，改变纸页的温度。

2. 第三季度增加大烘缸轧辊一根，进一步提高纸页的平整度、光滑度。要求此项指标达到QB标准。

3. 第四季度改变工艺流程，实现里浆分道上浆，使挂面纸板和水泥袋纸板达到省内同行业先进水平。

二、质量工作措施

1. 强化质量管理意识，进行全员质量意识教育，培养质量管理骨干，使广大职工提高认识，管理人员工作方法更为得当。

2. 成立以技术副厂长×××为首的技术改革领导小组，主持为提高产品质量以及产品升级所需设备、技术改造工作，负责各项措施的布置、落实和检查工作。

3. 由上而下建立质量保证体系和质量管理制度，把提高产品质量列入主管厂长、科长及技术人员的工作责任，年终根据产品质量水平分配奖金，执行奖惩办法（奖惩办法由劳资科负责拟订）。

4. 本计划纳入2024年全厂工作计划。厂部负责监督、指导实施。各部门、科室要协同配合，确保本计划的完满实施。

××市造纸厂

2024年1月5日

【简析】

本计划标题前言简洁，交代了制订本计划的背景和目的。主体采用条文式结构，写清了计划的“三要素”，即“做什么—分几步完成—怎么做”。作者思路清楚，语言准确、明晰，目标明确、措施具体，要求清楚。这是一篇写得较好的计划。

【例文 2】

××学校文秘专业实习计划

为了贯彻理论联系实际的教学原则，加强实践性教学，使学生通过社会实践，运用课内学到的知识，提高应用能力，培养创业能力和创新精神，根据教学计划，本学期安排“文秘学概论”“应用文写作”两门学科的专业实习。

一、内容与要求

1. 了解基层单位秘书部门（办公室）的经常性工作。

2. 了解机关文秘工作的内容及处理办法。

3. 了解机关文书的制发、运转程序。

4. 根据实习情况，学习编写简报。

5. 通过社会调查，写出调查报告。

二、时间安排

2023 年 11 月 14 日至 12 月 3 日共 3 周，分两阶段。第一阶段（11 月 14 日至 26 日）两周校外实习；第二阶段（11 月 28 日至 12 月 3 日）校内实习，整理材料，写出总结与调查报告，小组交流，选出优秀者（每组两人）在班上宣读。

三、实习安排

实习地点及分组安排表（略）。

四、组织领导与实习管理

1. 由文化基础课教研室负责实习领导，由××、××、××三位老师带队并担任专业辅导。

2. 聘请各实习点秘书为业务指导教师，协助完成实习中的教学工作。

3. 校外实习期间，由实习单位统一领导，服从实习单位的作息时间。

五、实习生注意事项

……（略）

××学校实训处

2023 年 9 月 10 日

【简析】

这是一份目标任务明确、内容较单一、措施较具体的学生实习计划。第一段将制定计划的依据和目标合在一起回答“为什么做”的问题，第二段回答的是“做什么”的问题，指出学生实习的具体内容及要求，接下来的几个问题回答的是“怎样做”，指出具体措施步骤。计划的内容详尽周密，层次清楚，一目了然。

【例文 3】

××省图书馆暑假期间中国文化讲座安排

讲次	时　间	主讲人	单位与职称	题　目	地　点
1	2023 年 7 月 21 日	李××	××大学教授	老子	本馆阶梯教室
2	2023 年 7 月 23 日	张××	××社科院研究员	论语	本馆阶梯教室

续表

讲次	时　间	主讲人	单位与职称	题　目	地 点
3	2023 年 7 月 25 日	杨××	××大学教授	孟子	本馆阶梯教室
4	2023 年 7 月 28 日	王××	××大学教授	楚辞	本馆阶梯教室
5	2023 年 7 月 31 日	孙××	××社科院研究员	汉赋	本馆阶梯教室
6	2023 年 8 月 3 日	赵××	××大学教授	魏晋诗歌	本馆阶梯教室
7	2023 年 8 月 5 日	王××	××大学教授	楚辞	本馆阶梯教室
8	2023 年 8 月 8 日	吕××	××社科院研究员	汉赋	本馆阶梯教室
9	2023 年 8 月 10 日	周××	××社科院研究员	魏晋诗歌	本馆阶梯教室
10	2023 年 8 月 12 日	黄××	××大学教授	唐诗	本馆阶梯教室
11	2023 年 8 月 14 日	王××	××大学教授	宋词	本馆阶梯教室
12	2023 年 8 月 16 日	李××	××社科院研究员	元曲	本馆阶梯教室

【简析】

由于听众最关注的是讲座的时间、内容、地点、主讲人及其身份，所以采用表格式计划形式，表格式计划具有简单明快、清新醒目的特征，使人一目了然。

必备知识

一、计划的概念及作用

1. 计划的概念

计划是国家机关、企事业单位、社会团体和个人为了今后一段时期内要完成的某项工作目标和任务，事先做出的预想性安排和部署，用文字、数据、图表等形式表述出来的一种事务文书。

我们国家的很多工作，都是通过计划来进行的，大至国家规划，小至一般日常工作安排。计划对于工作，好比航海的罗盘和灯塔，它是工作的方向，是行动的共同纲领。它保证工作和活动能够按设想的方案实现。

“计划”只是个总称，在具体工作中，由于涉及时间、内容和期限的不同，计划有不同的名称和叫法，如“安排”“打算”“方案”“设想”“规划”“要点”等。

安排——是对短期内工作进行具体布置的计划，预定在短期内要做的一些具体事情。

打算——是短期内工作的要点式计划。适用于时间短、内容简单、范围小的短期行为。

方案——是从目的、要求、工作方式方法到工作步骤等对专项工作作出全面部署与安排的计划。要求周密详细和具体，但偏重于政策性、原则性的指导。

设想——是对长远工作作粗线条的、草案性的计划，是初步形成的尚未成熟的计划，可变性较大。

规划——是具有全局性的、轮廓式的长远计划。适用于实现总体目标，作出的长远战略部署和发展计划。

要点——是列出工作主要目标的计划。适用于对未来一段时间内的全局工作或某项重要活动所做的简要安排。

2. 计划的作用

（1）计划是做好工作的基础，是完成任务的保证

古人云："凡事预则立，不预则废""人无远虑，必有近忧"。文中的"预"和"虑"就是打算，就是计划。无论做任何事，都应提前作出周密的打算和安排，使自己的行动有目标有条理，从而避免盲目性。

（2）计划具有指导和激励的作用

计划中的目标、任务、要求和步骤措施可对行动中的群体人员起到统一意志和行动指导的作用。在总的目标下，任务的分解、行动的时间和步骤，约束着人们依据计划行事，从而调动群体的积极性和创造性，使工作、学习、生活在有序的状况下进行，最终顺利地实现和完成共同制定的目标和任务。

（3）计划还起到监督和调控的作用

计划中的目标、任务和步骤措施是行动的指南，也是上级部门监督调控的依据。上级部门根据计划对工作进行检查监督，而计划者本身也可通过计划自律，并根据进程中的问题和情况变化对计划中的步骤进行适当的调整。

二、计划的特点

1. 预见性

计划要回答的是未来要做什么，怎么做的问题，它先于实践活动，必须对未来工作中可能发生的问题有充分的估计，提出科学的、切实可行的方案。

2. 可行性

计划是为了实现而制定的。计划的各项指标、措施、方法的设置安排必须在必要而且可能的前提之下。达不到目标的计划是一纸空文，所以计划必须具备现实可行性。

3. 明确性

计划是效果检验的依据，因而计划中目标、任务、步骤、措施、方法都必须十分明确，不能含糊。明确的计划可以使人行有所依，查有所据。

4. 制约性

计划成为行动的纲领、实践的依据，具有一定的约束力。计划一经制定，就要对完成任务的实际活动起到指导作用。工作的开展、时间的安排等，都必须按计划严格执行。

5. 可调性

俗话说："计划赶不上变化"，任何计划都不是一成不变的，它受实践检验，要根据千变万化的客观情况及时调整，使之切实可行。

三、计划的种类

按照不同的标准，计划主要分为以下几类。

（1）按性质分，有综合计划和专题性计划。

（2）按内容分，有工作计划、生产计划、购销计划、教学计划、科研计划、学习计划等。

（3）按时间分，有长期计划、中期计划、短期计划，年度计划、季度计划、月计划、周计划等。

（4）按范围分，有国家计划、部门计划、单位计划、个人计划等。

四、计划的格式与写法

计划没有固定的格式，写法比较灵活。常见的有条文式、表格式、文表结合式三种。

（一）表格式

制作表格式计划时，先要把各项内容分成几个栏目，再把制定好的各项具体计划内容填写进栏目中，形成表格。这种方式适用于时间较短、范围较小、方式变化不大、内容较单一的小型计划，如专项计划、季度计划、月计划等。

（二）文表结合式

文表结合式就是表格式和条文式相结合的计划。一般是将各项目的内容填进表格后，再用简短文字作解释说明。

（三）条文式

这类计划一般由标题、正文、落款三部分组成。

1. 标题

即计划的名称。计划的标题一般有三种写法：一是由计划单位名称、计划时限、计划内容、计划名称四要素组成的完整式标题，如《××公司 2008 年销售工作计划》。二是省略式。有的省略时限，如《××公司营销方案》；有的省略单位，如《2005—2010 年城市发展规划》；有的省略单位和时限，如《××新产品开发计划》；凡省略单位的标题必须在正文后署名。三是公文式，即由发文机关名称、事由、文种组成。如《××总公司关于××年机构改革工作的安排》。

如果认为计划还不成熟，或者还没有经过正式讨论通过，或未经上级批准，则可在标题的后面或下一行用括号加注“草案”“初稿”或“供讨论用”等字样。

2. 正文

一般由前言、主体和结尾构成。

（1）前言

前言即导语。主要阐明制订计划的背景、根据、目的、意义、指导思想等，或者对基本情况进行简要的分析和说明。篇幅的详略长短要根据工作的重要程度、内容的多少来确定。例如，《××公司 2023 年工作计划》的前言是：“2022 年在全体员工的共同努力下，公司不仅完成了年度各项经济指标计划，取得了可喜的经营成果和工作局面，还被评为×市‘十佳企业’称号。面对取得的成绩我们不能骄傲自满，在新的一年里，我们要站在新的起点，用更快的速度，更大的步伐，推动企业迈上一个新的台阶，为此，公司董事会通过讨论制定如下经营方略。”这一前言阐述的就是制订该计划的原因和目的。

前言通常以“为此，特制订计划如下”或“为此，需抓好以下几方面的工作”为过渡语，引出主体部分。

（2）主体

主体是计划的核心内容，无论是哪种计划，都必须体现计划的“三要素”——目标、措施和步骤。

目标，也就是任务，回答的是“做什么”的问题。首先要说明总目标和总任务是什么，要达到什么样的指标。其次还可以有分目标和分任务，务必具体写明相应的要求。目标对计划来说非常重要，目标过高或过低都不利于实际工作，因此，需要根据实际情况，实事求是地制订适当目标。措施是完成目标的保证，说明“怎样做”，应写明完成目标可利用的主客观条件，详细说明完成任务的具体措施、行动步骤、时间分配、人力物力财力安排等。

目标、措施和步骤被称为计划的“三要素”，目标（做什么）、措施（怎么做）、步骤繁简可以不同，但缺一不可。

3）结尾

计划的结尾要求简明扼要，用简短的语言提出号召和希望；或表明完成计划的决心和信心；或展望前景，给人们鼓舞。也有的计划不专门写结语。

3. 落款

在正文结尾的右下方署上制订计划的单位名称，在署名的下行写上制订日期。如标题已有单位，则署名可省略。

五、计划的写作要求

1. 科学分析，切实可行

任何计划的制订都离不开两个方面的情况：一是上级指示、要求是什么；二是自己的实际情况。将两者结合起来，认真分析、研究，从而明确任务的目的、内容，完成任务的指导思想，达到的指标以及开展工作的步骤和方法等 。

2. 步骤明确，措施得当

计划要顺利完成，除了充分发挥员工的主观能动性外，还要创造有利的客观条件，这就是要制订一套好的督促办法。明确的步骤、恰当的措施，正是实现目标的有力保证。所以，订计划，要群策群力，把步骤和措施考虑周详。

3. 语言要准确、明晰

计划文书的语言要准确、明晰不可模棱两可，含糊不清。

任务二　总　　结

例文借鉴

【例文1】

××县工商局2023年上半年工作总结

上半年，在市工商局和县委、县政府的领导、关心和支持下，我局坚持以习近平新时代中国特色社会主义思想为指导，以落实《市工商局2023年度“五大典型”示范单位创建活动实施意见》为工作目标，按照以基层规范化建设为主、信息化建设为辅的创建工作思路，推进“五大典型”创建工作及其他业务工作。现就我局半年来的工作总结如下。

一、强化领导，责任落实

为进一步加强对“五大典型”示范单位创建工作的组织领导，完成各项工作任务，我局成立了创建工作领导小组，实行局长负总责，分管领导负责抓，创建办公室具体抓，制订了《2023年度“五大典型”示范单位创建工作计划》《2023年度“五大典型”示范单位创建工作分解表》，制订了具体的工作计划及措施，与各内设科室及派出机构签订了

《“五大典型”创建工作责任书》及其他业务工作责任书，将各项工作层层分解到部门、到人，确保了2023年我局“五大典型”创建工作及其他业务工作的正常开展。

二、学教并举，队伍建设整体素质明显提高

1. 强化政治理论学习，增强广大职工的政治责任感。我局以局党组中心组学习为龙头，学习《中共中央　国务院关于推进社会主义新农村建设的若干意见》，提高了广大干部职工的理论素质。

2. 认真开展“加强廉政文化建设，建立和谐工商”大学习、大讨论活动，紧紧围绕“‘构建和谐社会，建立和谐工商’我该怎么干？我在工商干什么？”等展开讨论。63名干部职工参加了大学习、大讨论活动。活动中，共撰写了47篇个人心得体会文章和16篇大讨论发言稿，发放以“加强廉政文化建设，建立和谐工商”为主题的实践活动的征求意见表53份。通过开展此项活动，干部职工进一步提高了对建立和谐工商的认识。

3. 修订完善了县工商局勤政效能监察制度和行政事务暂行管理规定，规范了干部职工的工作纪律和执法行为。

三、拓宽领域，整规工作取得新成效

（略）

四、狠抓落实，基层规范建设有了新进展

（略）

五、加大投入，信息化建设再创新成绩

（略）

六、抓住载体，再掀精神文明建设新高潮

（略）

七、立足职能，促进社会主义新农村建设迈出新步伐

（略）

八、存在的问题

1. 部分职工学习自觉性不够，少数同志未处理好工作与学习的矛盾。

2. 在抓各项工作的落实上，缺乏经常性的检查督促。

3. 部分职工计算机操作技能差。

九、下一步工作打算

1. 强化政治理论和业务技能学习培训，不断提高队伍素质，增强队伍廉洁从政及构建和谐工商的信心。

2. 继续发展农村经纪人，启动第一批角奎、毛坪、洛泽河、龙安、牛街等5个乡（镇）“一会两站”建设，重点摆在公路交通主干线上。

3. 狠抓制度和工作的落实，加强对工商所（分局）基础设施和装备的建设，推进基层规范化建设和信息化建设进程。

【简析】

这篇总结前言简要介绍了该单位上半年的工作情况。由于是全面性的总结，这篇文章在结构上用七个层次，概括了该单位方方面面的工作，把存在的问题、今后的打算与所做的工作并列为一体，使结构显得很简洁。

【例文 2】

个人工作总结

我是××学院基础教学部主任，全面负责本教学部的思想政治工作及教学和科研工作。一年来在院党委及主管院长的直接领导下，在教学部两位副主任的配合下，在同志们的大力支持下，各项工作都取得了一定成绩，现将本年度的工作总结如下。

一、一年来做的主要工作

（一）理论学习方面。能认真组织教学部的政治理论学习，重点学习了党的十六届三中全会提出的“科学发展观”和党的十六届四中全会提出的“关于加强党的执政能力建设的决定”及相关理论文章，大家加深了对党中央会议精神的理解，增强了贯彻落实党中央方针政策的自觉性……

（二）思想政治工作及精神文明建设工作方面。重视思想政治工作，经常与教学部的两位副主任交换意见，了解同志们的思想情绪，耐心做思想工作，尽最大的能力帮助有困难的同志，9 月组织教学部同志为家庭出现特殊困难的××同志捐款 12 800 元，组织大家积极参加机关党委、工会开展的体育、文艺比赛等活动并取得好成绩。通过组织各项活动，使教学部的凝聚力大大加强……

（三）教学科研方面。积极探索教学内容和教学方法的改革，圆满完成组织交给的 7 班的授课任务，并受到学生的好评，教学效果评估分平均 94 分。完成《科技进步与社会发展》一书的修订工作，组织大家积极申报有关省情研究的新专题，参加了两个新专题的集体备课活动……

（四）社会调研方面。5 月参加学院组织的赴澳大利亚、新西兰等国的考察；8 月和教学部的部分同志到国家级生态示范县——××县，就农村可持续发展问题进行了专项调研；10 月参加了赴东南沿海城市的社会考察活动。通过考察调研，自己收获很大……

二、存在的不足和努力方向

一年来能圆满完成组织交给的教学科研任务，履行了一个教学部主任应履行的职责，但还存在一些不足，例如……今后除了要加强培养开拓创新精神，做好教学部的工作，还要在科研方面多下功夫，争取多发表高质量的论文，提高教学质量和科研水平，使自己各方面的工作更上一层楼。

×××
××××年×月×日

【简析】

这是一篇较规范的个人工作总结，对一年来个人学习、思想、工作方面做了全面回顾，并客观分析了自己的不足及努力方向。总结全面，内容具体，也可看作一份述职报告。

必备知识

一、总结的概念和作用

（一）总结的概念

总结是各单位、部门、团体或个人对过去一定时间内的工作、学习、生产或思想等各种情况进行回顾、检查、分析和研究，从中找出经验教训和规律性的认识，并使之系统化、条理化，用以指导今后的工作、学习、生产的事务性文书。我们通常说的总结主要是指工作总结。

（二）总结的作用

1. 促进和推动作用

毛泽东同志指出：“人类总在不断地总结经验，有所发现，有所发明，有所创造，有所前进。”总结是对过去实践的回顾思考和评估。通过总结，人们可以认识成绩和失误，从中总结出经验和教训，获得有益的启示，对今后的工作、学习和生活起到促进和推动的作用。

2. 启示和借鉴作用

“以史为鉴，可以知兴替”。总结不仅是为总结者自身提供上升为理性认识的经验和教训，还可供其他人间接地借鉴并给予启迪和教益。

3. 决策和指导作用

总结所得到的经验教训，还可成为领导部门做出正确决策的依据，并以此指导以后的工作，吸取教训，避免失误，总结经验，更上一层楼。

二、总结的特点

1. 过程性

总结是以回顾实践或工作的全过程为前提。自身实践或工作的过程，尤其是工作中的典型事例和确凿数据是一篇总结得出正确结论的基础。进行总结是要把这个过程反映出来，做了些什么，怎么做的，明确成绩与经验、问题与教训、今后的努力方向与改进措施。

2. 理论性

总结的过程，就是将实践中获得的大量零散的、感性的认识上升为系统化的理性认识。它不是停留在事实的表面，而是在事实材料的基础上，寻找规律，更好地指导今后的实践活动。能否找出带有规律性的认识，用以指导今后的工作，是衡量一篇总结质量好坏的标准。

3. 客观性

总结必须注重内容的客观性，以客观发生和实际存在的事实为分析研究的基础，真实、客观地分析情况、解决问题、总结经验，决不允许虚构和编造。

三、总结与计划的关系

总结与计划有区别也有联系。区别在于计划是事前的筹划和打算，总结是事后的回顾和评估；联系则表现为计划是以前一阶段的总结作为基础，并为计划制订提供依据，而总结则以计划的内容作为基础，并以此来进行分析和评估。也就是说，计划是任务执行前所制作的实施蓝图，总结是任务完成一部分或全部完成时对蓝图的重新审视。二者处于同一事物前后不同的阶段，相互依存、制约并共同提高。

计划—实践—总结—再计划—再实践—再总结……周而复始，循环无穷，但这种循环不是简单的重复，而是要不断提高。

四、总结的类型

(1) 按性质分，有综合性总结和专题性总结。

① 综合性总结，是单位、部门对一定时期内的各项工作作出全面的回顾、分析和评

估，是全方位、多角度、深层次的总结。它反映的是工作的全貌，内容包括基本情况、过程、成绩、经验、缺点、教训等诸多方面。如《××学院2023年工作总结》，就是对学院在该年度的思想工作、教学工作、科研工作、学生工作、后勤工作、财务工作等进行的全面总结。在总结时，既要注意全面反映，又要避免面面俱到。

② 专题性总结，是就某项工作或工作的某一方面所作的专门总结。其特点是内容单一、集中，针对性强，重点在于总结某一方面的经验和教训。如一个公司抓好产品质量方面的总结、一个学校加强学生政治思想工作方面的总结等。这类总结内容集中单一，重点突出，针对性强，偏重于总结经验。专题性总结一般理论性较强。

（2）按内容分，有工作总结、生产总结、学习总结、科研总结、会议总结等。

（3）按范围分，有个人总结、单位总结、部门总结、各级政府总结等。

（4）按时间分，有年度总结、季度总结、月份总结、阶段总结等。

五、总结的结构及写法

（一）总结的结构

1. 标题

总结的标题常见的有以下三种形式。

（1）公文式标题。单位名称+时限+内容+文种。

例如：××市化工厂2023年度生产总结

（单位：××市化工厂；时限：2023年度；内容：生产；文种：总结）

如标题下或文尾有单位署名，标题可省略单位名称等。这种标题多用于综合性总结。

（2）文章式标题。一般是直接标明总结的基本观点，常用于经验总结。

例如：素质教育硕果累累

（3）双标题。同时使用上述两种标题，一般正题用文章式标题概括总结内容；副题补充说明单位、时限、内容等。

例如：（正题）改革，迸发出青春活力

（副题）——××县氮肥厂2023年工作总结

2. 正文

正文是总结的核心部分，其内容一般有以下四项。

（1）基本情况。应以简洁的文字概括交代需总结的问题和基本情况；或者说明总结的问题、时间、背景、事情的大致经过；或者将总结的中心内容——主要经验，取得成绩的情况概括地交代一下，其目的在于让读者对总结的全貌有一个总的了解。它是总结的引言，便于把下面的内容引出来，只需很短的一段文字。

（2）成绩和经验（也叫工作回顾），这是总结的重点部分。要详细地叙述工作任务、完成的步骤、采取的措施和取得的成效。特别是对步骤和措施，要写得详细、具体，对取得的成效要表达得形象、生动。可分条款和方面进行叙述和分析，内容丰富的可分层并加上小标题。可一边叙述，一边分析，一边概括总结。目的在于从取得的成绩中寻找出规律并形成理念。还要有意识地照应到下一部分的问题和教训，使之顺理成章地引出来，不至于造成前后不一的感觉。

（3）问题和教训。这一部分并非每篇总结中都写（专门总结经验的可不写），但在思想上应有正确认识。总结要坚持一分为二的观点，既要看到成绩，也要看到缺点，这样才能发扬成绩，纠正错误，继续前进，给人以启发和教益。

（4）建议和设想。主要写明今后的打算和努力的方向，也只需写很短的一段话。写得长了，反而会冲淡主题。

3. 落款

署名和日期。在正文右下方署上名称，名称下面标明时间。以机关名义做的总结一般不在落款署名，而是写在标题下；个人所做的总结，通常在正文右下方署名，日期标注在署名下方。

（二）总结的写法

通常采用的结构形式是"情况—经验—问题—建议"的顺序，分成四大部分进行总结，这是写总结的传统方法 。根据需要还可采用其他形式。

1. 条目式

就是把材料概括为要点，按一定的次序分为一、二、三等条，一项一项地写下去。这样写条理清楚，但往往不够紧凑。

2. 阶段式结构

这种形式适用于周期、阶段性显著的工作总结。把整个工作过程，按时间顺序，划分成几个阶段来写。每个阶段写一个部分，在各个部分中再以块式结构来安排内容。

3. 分项式

不按事件的发展顺序，而是把做的事情分几个项目，也就是几类，一类一项地写下去，每类问题又先介绍基本情况，再叙述事情经过，最后归纳出经验、问题。这种方式较复杂，只有总结涉及面广、内容复杂的事情时才采用。

4. 观点式结构

这种形式较适于写专题经验总结。根据内容归纳出几个观点，每个观点就是一个大层次，使用"一、二、三……"序号排列，逐条叙述，条文之间具有比较严密的逻辑关系。这种结构形式，能较有效地提升总结的理论性。这种形式较适于写专题经验总结。

5. 漫谈式

如向别人介绍自己的学习经验，就可用漫谈式，把自己的实践、认识、体会慢慢叙述出来。这种方式多用于对自己亲身经历的事物的总结。

此外，也可按时间的顺序、围绕的中心、突出的重点等进行总结，还可按文章的自然段落安排行文的层次。总之，总结的写作结构形式很多，写作时要从自己的实际情况出发去选用，也可创新。

六、总结的写作要求

1. 要实事求是，一分为二

总结是对过去工作、学习的回顾，应该实事求是，全面客观地分析看待问题。成绩无须夸大，缺点必须正视。只有这样，才能对工作和学习作出正确的评价，总结也才具有意义。

2. 寻找规律，揭示事物本质

总结需要陈述事实和情况，但不能只是现象的罗列，而应当从客观实际出发，从分析研究问题和事实入手，透过现象看本质，发掘出事物的本质特点，从而找出事物的本质规律，以指导今后的工作。

3. 点面结合，突出重点

写总结不能面面俱到，不分主次，要有典型的事例。观点从事实中提炼出来，而实事又能充分地说明观点。力求摸索出一套对别人和自己都有用途的规律性的经验。

4. 层次清晰，叙议结合

总结可以有上行、平行、下行三种去向，三种阅读对象都要求总结的行文对象必须层次清晰明了。文字不求华美，以准确简洁为好，以便阅读者在最短的时间内抓住要领，用于实务。叙议结合，是总结在表述上的特别要求。应以叙述为主，叙议结合。一般在交代工作的过程、列举典型事例时，以叙述为主，而在分析经验教训、指明努力方向时则多发表议论。

任务三　述职报告

例文借鉴

【例文1】

我的述职报告

述职人：×××

领导、同志们：

我自2004年担任市机械局局长和党委书记以来，已历时5年零4个月了。5年来，我市机械工业发展较快，工业总产位由2003年的20 724万元上升至2008年的54 113万元，增长1.6倍，年平均增长率为22%；全市共有机械工业企业69家，固定资产原值4[illegible] 452万元，比2003年的3 050万元增长55.5%。现述职如下。

一、坚定不移地贯彻执行党的基本路线和上级政府主管部门具体的方针政策，联系实际，作出振兴我市机械工业的基本决策。

（一）任职前的客观环境和条件。

我任职前，全国的大气候是坚持四项基本原则，贯彻调整、改革、整顿、提高的方针，市内的小气候是地市合并，市机械工业初具规模，但与省内同行业相比，仍属中游偏下，工业总产值只有两亿多元，产品结构不合理，存在着“三多三少”现象：配件多，整机少；大路货多，高技术产品少；普通产品多，拳头产品少。

（二）更新观念，扬长避短，逐步实现振兴我市机械工业的目的，以适应全国经济体制改革的形势。

2004年上半年，我主持党委会、局长办公会做过专门研究和讨论，提出了一个基本构想：坚持党的基本路线，进一步解放思想，依托二汽，大力发展以汽配件和配套工业为主体、以发展机电产品和农业机械为两翼，逐步形成具有我市特色的机械工业。

（三）为了实现上述基本构想，从2004年开始到现在，5年间，每年以我为主，组织专门班子，在调查研究的基础上，经过集体讨论，制订了具体任务和目标。

2004年2月，我在全市机械系统企业厂长会议上提出：要认真贯彻执行调整改革的方针，以“三上一提高”为重点，抓住技术进步、经营管理，企业整顿等主要环节，提高企业素质，实现生产、销售、利润三方面同步增长。

2005年12月，在企业厂长会上，根据当时市场变化，我提出全市机械工业“一稳两高”的原则，即：有一个稳步增长的速度，稳中求高，产品要有高质量、企业要有高效益。

5年的实践表明，我市机械工业发展的总构想及实现构想的具体任务和措施是切合实际的，效果是好的。

二、坚持把改革开放放在首位，以改革总揽全局，加速机械工业的振兴步伐。

（一）以搞活企业为中心环节，不断深化企业内部改革。（略）

（二）面向市场，依靠科技，依托优势产业，大力调整产品结构和开发新产品。（略）

（三）积极参与领导围绕二汽中型、重型车和30万辆轿车发展配套工作，同时，抓住市场主导方向产品，推进横向经济技术联合。

5年间，全系统先后已有57家企业与二汽、一汽、南汽等省内外企业建立配套协作关系，有30多家企业加入东风联营集团，和8个大专院校建立了技术协作关系。

（四）狠抓技术改造和引进工作，不失时机地为全市机械工业的发展培植后劲。

5年间，我亲自抓立项，抓资金，抓进度，抓生产。共争取立项25个项目，计划总投资为25 619.45万元，已完成11 056.52万元，有的已批量投入生产。

（五）加强企业领导班子的思想建设和组织建设，推进企业精神文明建设。（略）

三、坚持全心全意为基层服务，带头进行机关廉政建设。（略）

四、我在任期间存在的主要问题。

（一）我市机械工业长远发展的战略任务和战略目标至今不落实。虽然在2004年拟出了一个初步方案，但随着时间的推移，形势的变化，已经不能适应需要了。

（二）2004年在我市机械工业总体构想中，曾经提到“基本构想”，由于上级主管部门个别领导的冷落，并且经市场调查难度大，结果不了了之。

（三）充分发挥具有我市特色的机床调速、仪表元件以及传感器等高技术产品优势，推进机电一体化，抓得不紧，做得不够。

同志们，改革在深化，时代在前进，我任职已满5年，与历史长河相比，仅仅是短短一瞬间，而且遗留问题很多，深感抱歉。虽然我年近六旬，不能连任，但我依然恳求同志们审查评议我的述职报告，以使我保持晚节，余热生辉。

述职至此，谢谢大家！

【简析】

这是一份领导干部的任期述职报告。本文围绕职责，准确地阐述实绩和能力，有理有据，条理清晰，首尾呼应，结构严谨，轻重分明，详略得当，是一篇值得学习和借鉴的述职报告。

前言概述基本情况，直入主题。主体部分针对述职人履行职责的情况分四条展开阐述。其中，第一、二、三条汇报政绩，各自从一个方面分几项展示工作背景、过程和效果，注意运用事实材料和必要的统计数字，进行定性定量分析，有很强的说服力。第四条则集中阐述存在的主要问题，谈得明确具体。结尾部分两个自然段，写得简洁利落。

【例文 2】

述职报告

各位领导、各位老师：

在上一学年里，本人在学校的工作安排下，担任了××班的教学工作。一学年以来，在学校领导的关心、支持下，尽职尽责做好各项工作。现报告如下。

一、班主任工作

在担任××班班主任工作中，做到认真完成学校布置的各项工作，重视班风、学风的培养，深入了解每个学生的思想动态。严格管理，积极与家长配合，研究教育学生的有效方法。发现问题，及时处理问题。在担任班主任工作期间，针对学生常规工作常抓不懈，实施制度量化的管理。培养学生养成学习、清洁卫生等良好的习惯。努力创造一个团结向上、富有朝气的班集体。该班在各方面的表现都比较好，并在××比赛中荣获第一名。

二、教学工作

在教学工作上，我根据学校的工作目标和教材的内容，了解学生的实际情况。通过钻研教材、研究具体教学方法，制订了切实可行的学期工作计划，为整个学期的××教学工作定下目标和方向，保证了整个教学工作的顺利开展。在教学过程中，学生是主体，让学生学好知识是老师的职责。因此，我在教学之前，贯彻《九年义务教育××教学大纲》的精神，认真细致地研究教材，研究学生掌握知识的方法。通过钻研教学大纲和教材，不断探索，尝试各种教学的方法，以“如何培养中学生创造能力”为教学实验专题，积极进行教学改革。我还积极参加市教研室及学校组织的教研活动，通过参观学习、外出听课等教学活动，吸取相关的教学经验，提高自身的教学水平。通过利用网络资源、各类相关专业的书报杂志了解现代教育的动向，开拓教学视野和思维。艺术需要个性，没有个性就无所谓艺术。在教学中尊重孩子的不同兴趣爱好、不同的生活感受和不同的表现形式与方法等，使他们形成自己不同的风格，不强求一律。艺术的魅力就在于审美个性的独特性，越有个性的艺术就越美，越能发现独特的美的人就越有审美能力，越有创造力。所以，在中学××教育中，有意识地以学生为主体，教师为主导，通过各种游戏、比赛等教学手段，充分调动他们的学习兴趣及学习积极性，让他们的天性和个性得以自由健康地发挥。让学生在视、听、触觉中培养了创造性思维方式，在进行艺术创作时得以自由地运用。

三、第二课堂工作

抓好第二课堂，实施素质教育。我根据本校学生的基础，发掘有××兴趣、特长的学生组织他们在第二课堂进行培养，并按年龄、基础等情况分为××兴趣小组初级班和创作班。按实际情况采用不同的计划、步骤、方法，进行有效的培训教学。学生经过一个学年有计划、有步骤的培训后，××水平有了很大的提高。在学校的支持下建成具有本校特色的班级，各方来宾对我校学生的××水平有着较高的评价，并在精神上支持我们的做法，一定程度上强化了我校的文化氛围。

除了日常的教学工作，我还负责校内大部分的宣传工作，为了能做好这一工作，我不计酬劳、任劳任怨、加班加点，按时保质完成了任务，取得一定的成绩。但在教学工作中，本人尚有不足之处，还需继续努力提高自身的能力。寄望于下一学年度为提高我校学生的××水平，营造良好的校园文化气氛，促进我校素质教育的发展做出更大的贡献！

【简析】

这是一份个人述职报告。是一名教师陈述自己本职工作的述职报告。标题采用最常用的“文种”式标题，陈述对象是本校的领导和老师。正文中的引言简洁明了，主体分为三部分，主次分明，详略得当，把一个教师最主要的工作——教学工作，作为报告的重点，说得较为具体详细，而其他工作则说得较为简单，结构紧凑而合理。

必备知识

一、述职报告的概念和特点

1. 概念

述职报告是党政机关、社会团体、企事业单位的领导者或工作人员，向所在单位的人事部门、主管领导以及广大职工陈述自己在一定时间内履行岗位工作的实绩、问题和设想的一种自我评述性的书面报告。

述职报告是适应新时期干部科学化管理的需要而产生的一种应用文书，它对加强干部的考核工作，完善民主监督机制，有着重要的意义。一般说来，国家党政机关处级（中层）以上领导干部每年都要向考核者做出实事求是的述职报告。述职报告是对干部进行考评和聘用的依据之一，也是述职者对自我工作的一种回顾与检查，通常从德、能、勤、绩几个方面着眼进行。既包括工作成绩，也包括工作中存在的问题，以及努力的方向与改进的措施。

述职报告虽通常是口头报告，但须先写成书面文稿。作为事务文书的述职报告是指书面报告。述职报告的应用面较广，领导干部要用，普通干部职工有时也用。其时间范围对领导干部而言，一般是一个任期；而对普通干部职工而言，则根据工作需要灵活掌握。

2. 特点

1）自我性

自我评述是述职报告与一般的工作报告、工作总结相区别的一个显著特点。述职报告首要的是“述职”，述职就是述说自己在任职的一定期限内履行职责的情况，既要述（检查、总结和汇报自己的工作情况），又要评（解剖、评价和鉴定自己的工作），通篇都要采用第一人称叙述方式，对“我”所做的工作进行陈述，或者说是述职者从“自我”的角度对某一阶段工作进行回顾。

2）自评性

写述职报告，是对自己在任职一定时期内所做工作的评述，是指报告人依据岗位规范和职责目标，对自己在任期内的德、能、勤、绩、廉等方面的情况，做出实事求是的自我评价、自我鉴定、自我定性。

3）规定性

述职报告在内容上，通常是从德、能、勤、绩四个方面谈自己在某一任职期间的综合表现。德，指政治思想、职业道德等方面的表现；能，指在工作中体现的才干与能力；勤，指个人的工作姿态、工作作风，是否勤勉、踏实、努力；绩，对领导干部而言，是“政绩”，对普通干部而言，是工作实绩。这些都是考核、任用、提拔一个干部的主要标准，故在述职时，要围绕这些内容展开。

4）考评性

述职报告作为政绩考核的一种手段或依据，用来测评述职者的政绩，决定任职者的奖惩。如果述职者是调动、升迁，述职报告则成为主管部门对述职者业绩的评估、作出结论的凭证，成为正确评价干部、使用干部的一种依据。

3. 述职报告与个人总结的异同

述职报告与个人总结的相同点：都是对过去工作的回顾，都可以谈经验教训，都要求事实材料与观点的统一。两者的不同点体现在以下三个方面。

1）撰写目的不同

个人总结的目的在于肯定成绩，找出不足，以利于今后的工作；个人述职报告则是通过陈述自己德、能、勤、绩等具体材料和数据，为上级有关部门选拔、培养、任用、调配、奖罚干部提供依据。

2）写作重点不同

个人总结不受职责范围的限制，凡是做过的工作，取得的成果，都可写入总结之中；而述职报告则必须以履行职责方面的情况为主，重点写履行职责的思路、过程和能力，要回答称职与否等。

3）表达形式不同

述职报告采用“报告”这一形式，有时也采用表格形式，主要运用记叙的方法，叙述成分较多；总结采用的是“总结”这一文章形式，既注重论释，又注重理性分析、总结经验教训。

二、述职报告的种类

根据不同的分类标准，述职报告可以分为不同类别。

1. 从内容上划分

有综合性述职报告和专题性述职报告。综合性述职报告的内容较全面；专题性述职报告是某一专项任务中的工作表现。

2. 从时间上划分

有三类述职报告：一是任期述职报告，即对任职以来履行岗位职责情况的报告；二是年度述职报告，即一年一度履行岗位职责情况的报告；三是临时性述职报告，是指担任某一项临时性的职务，当工作结束时表述履行职责情况的报告。

3. 从作用上划分

有晋职述职报告与例行述职报告。晋职述职报告是有关领导或工作人员要晋升更高一级职务时，向主管部门和领导报告履行岗位工作情况的报告。例行述职报告是担任一定岗位职务的人员定期向有关组织和群众汇报工作情况，接受组织考核与监督时所作的报告。

4. 从作者的角度划分

可分为领导干部述职报告和普通干部述职报告。领导干部述职报告由各级领导干部所作，内容较为广泛；普通干部述职报告由普通干部所作，主要讲自己的本职工作，内容较为专一。

三、述职报告的结构及写法

1. 标题

述职报告的标题，常见的有文种式标题、公文式标题、正副式标题三种。

（1）文种式标题：就是直接用文种作标题或者以文种为中心词，如《述职报告》《我的述职报告》。这是通常使用的标题。

（2）公文式标题：由单位名称、职务、姓名、任职时间和文种组成或由期限加文种或期限加职务加文种组成，如《××市税务局局长李××任职期间的述职报告》《2003 年度述职报告》《2002 年至 2004 年任民政局局长职务的述职报告》。

（3）正副式标题：正标题一般写述职报告的主旨或基本观点、基本经验，副标题写何人、任何职的述职报告，如《思想政治工作要结合经济工作一起抓——××厂厂长××的述职报告》。

2. 署名

在标题下方或右下方署明述职人姓名，有时在姓名之前冠以职务、职衔，也可以写在正文之后的落款处。如果标题中已经出现述职人的姓名，则不必再署名。

3. 称谓

称谓指听取述职报告的领导和群众。向上级领导机关呈送的书面述职报告，应按照公文写作的规范格式，在正文的上一行顶格写明主送机关，如“××人事处”“ ××组织部”等。如果是在一定的场合面对面地向领导或群众作口头述职报告，则应该用一般性的称谓，如“各位领导、同志们”等。

4. 正文

述职报告的正文由前言、主体、结尾构成。

1）前言

概述基本情况，写述职人的基本情况。一般包括何时至何时在何部门何岗位任何职务，分管何工作，以及岗位职责、工作目标等，对任职期间工作情况作概括评价。然后用过渡性句子转入下文。如：××××年×月至××××年×月院领导指派我到××系任副主任，分管该系教学工作。回顾一年来的工作，我做到了全心全意，恪尽职守，取得了可喜的成绩。当然由于各种原因，有的工作还不尽如人意。现将一年来履行职责的情况汇报如下。这就是一个简明扼要的前言。写作时要看具体情况，并不是任何一份述职报告都必须包括上述所有内容。

2）主体

这是述职报告的中心内容，主要写实绩、做法、经验、体会或教训、问题，要强调写好以下几个方面的内容：

① 对党和国家的路线方针政策、法纪和指示的贯彻执行情况；

② 对上级交办事项的完成情况；

③ 对分管工作任务完成的情况；

④ 在工作中出了哪些主意，采取了哪些措施，作出了哪些决策，解决了哪些实际问题，纠正了哪些偏差，做了哪些实际工作，取得了哪些业绩；

⑤ 个人的思想作风、职业道德、廉洁从政和关心群众等情况；

⑥ 写出存在的主要问题，并分析问题产生的原因，提出今后改进的意见和措施。

这部分，要写得具体、充实、有理有据、条理清楚。由于这部分内容涉及面广、量多，所以宜分条列项写出。“条”“项”要注意其内在逻辑关系。

3）结尾

结尾一般写结束语。用“以上报告，请审阅”“以上报告，请审查”“特此报告，请审查”“以上报告，请领导、同志们批评指正”等作结语。

四、述职报告的写作要求

1. 实事求是，一分为二

写述职报告时，要用一分为二的观点审视自我，既看到成绩，也看到不足，喜忧均报。不能揽功诿过，不要只谈成绩，不谈缺点，把述职报告写成经验总结。要真实客观地反映工作情况，肯定成绩的同时，也应指出不足。

2. 突出重点，详略得当

要选择那些具有较大影响，能显示自己工作能力和水平的实绩进行叙写，且要写得深入透彻；对一般性、常规性工作可尽量少写或一笔带过，不能面面俱到，主次不分。同时，要突出自己的岗位特点，写出富有个性、富有特色的述职报告，以增强表达效果。

3. 客观公正，科学表达

要处理好个人与集体、个人与上级及同级之间的关系，要把集体的成绩与个人贡献区分清楚。即在写作时，不要把个人的述职报告写成组织的工作报告。有些人写述职报告，容易把集体领导的成果都归功于个人工作的开展。但应明白，述职人只是领导班子的一员或工作集体的一员，述职时只需讲清个人实际作用，而不应将集体功绩占为己有。

任务四　启　　事

例文借鉴

【例文1】

企业更名启事

根据生产发展需要，经市经委立项批准，我厂转产不锈钢餐具，并从××××年11月1日起改名为“××餐具器皿厂”，同时使用新印鉴，原“红星五金制品厂”的一切债务均以新厂名承担。引进设备技术改造后，我厂产品除继续生产虎头牌木工锯条、鹿牌钢铲、三角支架和窗帘道轨等传统五金产品外，将主要生产不锈钢餐具。

欢迎海内外客商洽谈订货。

欢迎来模、来料加工不锈钢餐具。

联系电话：××××××××　　××××××××

××餐具器皿厂

××××年10月8日

【例文2】

征集标志启事

“广州××科技专修学院”已正式升格为“广州××理工职业学院”，同时，今年8月8日，欣逢学院建校20周年。为了利于宣传，广州××理工职业学院面向社会征集学院标志，诚请社会精英参与设计。

学院将组织专家对所有来稿进行评选，将分别评出“设计奖”1名和“入围奖”3～5名。要求作品能体现学院的办学宗旨，并富有时代气息。作品请附不超过1 000字的“释义”稿。

截稿日期：××××年6月5日

联系地址：××××

邮政编码：××××××

联系人：×××

电话：××××××××

电子邮箱：×××××××××

学院网址：××××

【例文3】

××五金卷闸厂聘请常年法律顾问启事

本厂及下属××劳动保护设备厂、××装饰工程公司、××保安闸门厂因业务需要，特聘请广州市对外经济律师事务所×××律师、×××律师为我厂及下属厂（公司）之常年法律顾问。今后有关我厂及下属厂（公司）的法律事务，均委托法律顾问办理。

本厂地址：××市西华路×××号

邮政编码：××××××

电话：××××××××

法定代表人：×××

律师办公地址：××市东风中路×××号

邮政编码：××××××

电话：××××××××　××××××××

【例文4】

招聘启事

根据公司扩大经营规模、开辟新经营网点的需要，经市人才服务中心批准，现诚聘以下人员。

商务管理人员10名、业务员10名、公关经理1名。

要求应聘人员年龄在35岁以下，具有专科以上文化程度，并有从事本专业5年以上的工作经验。

有意应聘者，请将个人履历、身份证、毕业证影印件、联系地址、电话及近照一张寄深圳市××××转本公司收。邮政编码：518033。合则考核录用，恕不面洽。

深圳××商场有限公司

××××年6月10日

【提示】

以上四则启事均具备启事的公开性、事项单一性和期望性特点。各例文标题主旨鲜明，正文内容目的、原因、事项及要求齐全，联系方式清楚。各例文格式规范，文字简洁、明晰，值得借鉴。

必备知识

一、启事的含义和用途

“启”含有“陈述”的意思。“事”即“事情”。启事，就是公开陈述事情。单位或个人将需要向大众公开说明并希望获得关心、理解、支持和协助的事情简写成文，通过传媒公开，这种应用文书就是启事。

启事是企业常用的应用文书之一。

二、启事的特点

1. 公开性

启事通过传媒向社会广泛发布，无秘密可言。

2. 事项单一性

启事的事项要求单一，不掺杂无关的内容。

3. 期望性

启事不是行政公文，没有行政约束力，它只期望得到人们的了解、支持和协助，而不强制读者承担责任和义务。

三、启事的类型

启事的种类很多，根据内容大致可以分为以下 12 类：

① 找寻启事；

② 招领启事；

③ 征集启事；

④ 招聘启事；

⑤ 开业、庆典启事；

⑥ 迁址启事；

⑦ 庆典启事；

⑧ 遗失、作废启事；

⑨ 征婚启事；

⑩ 征订启事；

⑪ 致歉启事；

⑫ 更正启事。

四、启事的结构和写法

1. 标题

启事的标题要醒目，通常在标题中写出事由。如“开业启事”“招领启事”。有的“启事”前冠单位名称，如“××公司招聘技术员启事”。若事项重要或紧急，可在启事前加“重要”或“紧急”字样，如“××股份公司紧急启事”等。

2. 正文

正文用明晰、简练的语言说清楚启事的目的、原因、具体事项、要求、通联方式和联系人等。如果内容较多，可分条列项，逐一交代明白。正文部分是体现各种启事不同性质和特点的关键部分，应依据不同启事的内容和要求，变通处理，写法不强求一律。

开业启事一般要写明企业性质、宗旨、经营范围及地址、电话、电报挂号等，而且要写上“欢迎惠顾”一类词语。有的开业启事还写上负责人的姓名，也有的另列上祝贺单位名称。

搬迁启事一般要写清迁移日期、新址、电话以及方便联系的有关事项。

聘请法律顾问启事一般写明某单位聘请××律师担任法律顾问这一事实即可，也可说明聘请目的，以及法律顾问的职权。

招聘启事和招工启事要写明招聘人员的职别和工种、应具备的条件、报名事项、考场及录用办法，有的还需说明待遇。

征集设计启事，一般要说明征集目的、有关背景、设计要求、奖励办法及截稿日期。若希望对方与启事方联系，则需写明通联方式。

3. 落款

落款处写启事单位名称或个人姓名及日期。如果标题或正文中已写明单位名称，此处可略。以机关、团体、单位名义张贴的启事，一般应加盖公章。

五、注意事项

（1）内容要真实。启事的内容不能弄虚作假；否则，不但欺骗他人，还会损害单位和个人形象。

（2）标题要能揭示事由，简短醒目，吸引公众。

（3）内容单一，一事一启，便于公众迅速理解和记忆。

（4）文字通俗、简洁、集中，态度庄重、平易，而又不失热情、文明，给公众以信任感。

任务五　备　忘　录

例文借鉴

【例文1】

龙湖公司与××公司会谈备忘录

中国龙湖公司（简称甲方）与×国××公司（简称乙方）的代表，于2023年×月×日在××市甲方总部就兴办合资项目进行了初步协商，双方交换了意见，并作出有关承诺。为便于将来继续洽谈，形成备忘条款如下。

一、依据双方的交谈，乙方同意就合资经营××项目进行投资，投资金额大约为×××万美元。投资方式待进一步磋商。甲方用厂房、场地、机器设备作为投资，其作价原则和办法，亦待进一步协商。

二、关于利润分配的原则，没有取得一致意见。乙方认为自己的投入既有资金，又有技术，应该占60%～70%，甲方则认为应该按投资比例分成。乙方代表表示，利润分配比例愿意考虑甲方的意见，希望另定时间协商确定。

三、合资项目生产的××产品，乙方承诺在国际市场上销售产量的45%，甲方希望乙方将销售额提高到70%～75%，其余的在中国市场上销售。

四、工厂的规模、合资年限以及其他有关事项，尚未详细讨论，双方都认为待第二项内容向各自的上级汇报确定后，再商议。

五、这次洽谈虽未能解决主要问题，但双方都表达了合作的愿望。期望在今后的两个月内再行接触，以便进一步协商洽谈合作事宜。再次洽谈的具体时间待双方磋商后再定。

中国龙湖公司
×国××公司
代表×××（签章）：
代表×××（签章）：
2023年×月×日

【简析】

这是一篇商务谈判备忘录。正文导言简介了谈判的基本情况和写作本文的目的。主体部分分条列项记录了会谈中的一致或不一致的意见和愿望，内容实在、具体，可为下一次双方继续谈判起提示作用或者提供基础平台。全文语言朴实，格式规范，颇能体现交主备忘录的特点。

【例文2】

备忘录

发给：初萌——秘书
发自：施林——行政部经理
日期：2023年1月6日
内容：总经理来京行程安排

总经理将于2023年1月8日星期日到达北京，并将于1月10日下午离开返回香港。希望你安排一下总经理在北京期间的行程。并经我确认后发到香港办公室。

【简析】

这是一则企业内部计划式备忘录。正文首部写收、发对象，时间，内容提要，主体部分内容是上司对下级近期工作的提示。

这种企业自印的工作计划备忘录稿笺，使用时只要填上收、发人和正文内容即可，很方便。

必备知识

一、备忘录的含义和用途

备忘录是记录有关活动或事务，起揭示或提醒作用，以免忘却的一种记事性文书。

备忘录可用于个人事务的记录，也可作商务谈判或业务合作的记录。

二、备忘录的特点

1. 事务性

备忘录所记录的事项有两类：一类是如实记录现实中曾经发生过的事实真相，如记录商务谈判中双方所表达的承诺，一致或不一致的意见等；另一类是为了避免忘却而提前记下计划办理的事项，如上级发给下级的工作要点备忘条。

2. 提醒性

备忘录具有提示当事人避免忘却的特性。

三、备忘录的类型

备忘录可分为以下三种类型。

1. 个人备忘录

个人备忘录属于个人事务的备忘录，记录的事情其他人不参与。

2. 交往式备忘录

交往式备忘录是记录人与人之间活动的备忘录，这种备忘录必须真实地记录各种情况，包括对当事人有利或不利的情况。

3. 计划式备忘录

计划式备忘录是提醒将来之事的备忘录。

四、备忘录的结构和写法

（一）标题

标题通常有两种写法：一种直接写文种名称，即《备忘录》；另一种由单位、事由和文种组成，如《××公司与××集团公司合作开发机电产品会谈备忘录》。

（二）商务谈判备忘录正文

个人备忘录和计划式备忘录的正文写法自由，不拘一格，写下事项要点即可。

下面专门介绍商务谈判备忘录正文的一般写法。

1. 导言

记录谈判的基本情况，包括双方单位名称、谈判代表姓名（与外商谈判需注明国别）、会谈时间、地点、会谈项目等。

2. 主体

记录双方的谈判情况，包括讨论的事项、一致或不一致的意见、观点和做出的有关承诺。主体内容的记录类似于意向书的写法，通常采用分条列项式记录。

3. 结尾

备忘录多数不另写结尾。

（三）商务谈判备忘录落款

由参加谈判的各方代表签字认可并标明时间。

五、注意事项

（1）注意商务谈判纪要与商务谈判备忘录的区别。一是效力不同。商务谈判纪要一经双方签字，具有一定的约束力，而商务谈判备忘录没有约束力，只起提示备忘作用。二是内容不同。商务谈判纪要中记的主要是谈判双方达成的主要的一致性意见，而商务谈判备忘录中记的则不一定是谈判达成的一致意见，可以是为了下一次谈判、洽谈或磋商而提示的问题。

（2）内容要翔实、具体而完备。

（3）语言要朴实、准确。

任务六　传　　真

例文借鉴

【例文 1】

天地公司传真

收件人：××
单位：环宇运输公司
抄送：
传真号：（021）123456
发件人：×××
日期：2023/1/5
传真号：（010）654321
电话：（010）654322
页数：共 1 页
主题：联系仓储运输

√紧急　□请审阅　□请批注　□请答复　□请传阅

环宇运输公司：

我公司现有 100 吨硝酸铵化肥急需运往宁夏灾区，请贵公司与我联系有关仓储运输事宜。

天地公司（公章）
2023 年 1 月 5 日

【简析】

这是一则传真，正文由首部和主体部分的一篇短函构成。学习传真的写作，重点应放在明确正文的首部应撰写什么内容和应采取什么格式方面。这一份传真的首部格式规范，包含的内容齐全，值得学习。

必备知识

一、传真的含义和用途

传真是各级机关、企事业单位与社会团体通过有线电、无线电或国际互联网络传送的文书、文字材料或图像。

二、传真的特点

1. 真实性

传真传送的是文书、文字材料或图像的真迹。

2. 便捷性

操作方便，传送快捷。

3. 可靠性

传真不会对文字信息或图像信息作出修改。

三、传真的类型

从传输的内容分，传真可分为文书、文字材料和图像信息三种类型。

四、传真的结构和写法

1. 标题

传真的标题通常由单位名称和文种构成，如“步步高公司传真”。

2. 正文

传真正文的首部应写明收件人姓名、单位、抄送人姓名、传真号及发件人的姓名、发件日期、总页数、传真号、电话、主题、紧急程度及回复要求选项等。正文的主体部分即为所传输的文书、文字材料或图像内容。

五、注意事项

（1）如果传真的文书需自己撰写，则要求语言简洁，格式规范。

（2）传真文稿纸要求统一印制，上标所在单位的名称、地址、单位标志图案及电话、传真号、电子邮箱等。

（3）传真文稿传出以后，应主动电询收件单位是否收到。

任务七　产品说明书

例文借鉴

【例文1】

香雪牌抗病毒口服液（纯中药新药）使用说明书

本品系以板蓝根、藿香、连翘、芦根、生地、郁金等中药为原料，用科学方法精心研制而成，是实施新药审批法以来通过的且第一个用于治疗病毒性疾患的纯中药新药。

本品经中山医科大学附属第一医院、第一军医大学南方医院和广州市第二人民医院等单位严格的临床验证，证明对治疗上呼吸道炎、支气管炎、流行性出血性结膜炎（红眼病）、腮腺炎等病毒性疾患有显著疗效，总有效率达 91.27%。其中，对流行性出血性结膜炎（红眼病）和经病毒分离阳性的上呼吸道炎疗效均为 100%，并有明显缩短病程的作用。

本品疗效确切，服用安全、方便，尤其适用于儿童患者，是治疗病毒性疾病的理想药物。

[性 状]　本品为棕红色液体，味辛，微苦。

[功能与主治]　抗病毒药。功效清热祛湿，凉血解毒，用于治疗风热感冒、瘟病发热及上呼吸道感染、流感、腮腺炎等病毒感染疾患。

[用法与用量]　口服，一次 10 mL，一日 2～3 次，宜饭后服用，小儿酌减。

[注意事项]　临床症状较重，病程较长或合并有细菌感染的患者应加服其他治疗药物。

[规 格]　每支 10 mL。

[贮 藏]　置阴凉处保存。

【简析】

这是一份产品说明书。首先最突出的优点，是其对药品的介绍，用了名牌医科大学附院等单位的临床疗效以作证明，其次对消费者的需要和利益也考虑得比较周到。

本文语言明晰、准确，很好地体现了产品说明书的说明性、实事求是性和指导性的特点。

必备知识

一、产品说明书的含义和用途

产品说明书，又叫商品说明书，是对商品的性能、用途、使用和保养方法以及注意事项等作书面介绍的文书。

产品说明书的作用，主要是帮助和指导消费者正确地认识商品、使用和保养商品。同时，兼具宣传商品的作用。

二、产品说明书的特点

1. 说明性

说明、介绍产品，是产品说明书的主要功能和目的。

2. 实事求是性

产品说明书必须客观、准确地反映产品的实际情况。

3. 指导性

产品说明书在向消费者介绍产品特点、性能、用途、使用维修方法的同时，还包含指导消费者使用和维修产品的知识。

4. 形式多样性

产品说明书的表达形式可以是文字式的，也可以图文兼备。

三、产品说明书的类型

根据内容和用途的不同，可分为民用产品说明书、专业产品说明书、技术说明书等

根据表达形式的不同，可分为条款式说明书、文字图表说明书等。

根据传播方式的不同，可分为以下两种。

① 包装式，即直接写在产品的外包装上说明书。

② 内装式，即采用附件的格式，将产品说明书专门印制，有的甚至装订成册，装在产品的包装箱（盒）内。

四、产品说明书的结构和写法

1. 标题

产品说明书的标题，一般是由产品名称加上“说明书”三字构成，如《龙牡壮骨冲剂颗粒说明》。有些说明书的内容是侧重介绍使用方法的，称为使用说明书，如《吹风机使用说明》《利君沙片使用说明书》。

2. 正文

通常要求详细介绍产品的有关知识，如产地、原料、功能、特点、原理、规格、使用方法、注意事项和维修保养等知识。

由于说明书说明的事物千差万别，因而，不同说明书的内容侧重点也有所不同。下面介绍几大类产品说明书的写作。

1）家用电器类

此类说明书一般较为复杂，写作内容为产品的构成、规格型号、使用对象、使用方法、注意事项等。

2）日用生活品类

写作内容有产品的构成、规格型号、适用对象、使用方法、注意事项等。

3）食品药物类

写作内容有食品药物的构成成分、特点、性状、作用、适用范围、使用方法、保存方法、有效期限、注意事项等。

4）大型机器设备类

主要写作内容包括结构特征、技术特性、安装方法、使用方法、功能作用、维修保养、运输、储存、售后服务范围及方式、注意事项等。

5）设计说明书

设计说明书是工程、机械、建筑、产品、装潢、广告等行业对整个设计项目全盘构想、统筹规划，并对工作图样进行解释和说明的技术性文书。简单的就写在设计图样上，复杂的则单独成文或装订成册。不同的设计说明书，其的写作内容也不同。写作内容一般包括设计的思路、指导思想、设计方案及其论证、方案的技术特征或性能、主要技术参数、时间安排、所需资金等内容。

3. 附文

这是附在正文后面的一些内容，如厂名、地址、电话、电挂、电传、联系人和生产日期等。出口产品还要在外包装上写明生产日期和中外文对照。

五、注意事项

1. 突出产品特点

产品品种繁多，性质各异，因此产品说明书不能千篇一律依照一个模式来写，而必须突出重点，各有侧重。要突出所写产品的独特之处，使其有别于其他产品。

2. 注意广告和产品说明书的区别

产品说明书不仅要介绍产品的优点和作用，还要说明其性质与成分，使用范围与限制，工作原理，有无副作用等与使用有关的内容。“喝孔府家酒，做天下文章”可作为广告语，但写入产品说明书显然不合适。

3. 语言准确、通俗、简明

尽可能图文并重，以便形象直观地说明产品。

实训拓展

一、病文修改

1. 分析下面这份工作计划，指出该计划在结构、内容、写法上的主要问题。

××银行××支行××科 2023 年第三季度工作计划

为了更好地对乡镇企业进行管理，使之成为我区经济建设的一支生力军，特制定第三季度工作计划如下。

（1）要严格按照市政府的文件精神，对未到我行开户的乡镇企业，会同主管部门督促其尽快到我行开户。

（2）对已经到我行开户的单位要全面调查，摸清基本情况，搞清其生产、经营能力。

（3）帮助一些管理制度不健全的单位，建立健全各项管理制度。

（4）做好乡镇企业财务工作经验交流会的准备工作。

以上是第三季度工作计划，特此公布，希望认真执行。

××××年×月×日

2. 下面是一份个人学年学习总结的前言部分，读后指出不足之处，并予以改正。

迎着 21 世纪的朝霞，伴着新时代的坚实步伐，我顺利地完成了学习任务，信心百倍地进入了二年级。我的主要收获与经验教训如下。

3. 下面是一位学生在实习后写的一篇调查报告习作的开头，文字通顺，交代了调查的时间、地点、人物、事件，但这样写行吗？请从语体方面分析其不对之处，并予以修改。

阳春三月，风和日丽。我们省××学校物价班的 45 名同学从广州乘船，在 15 日天蒙蒙亮时就到达肇庆市。啊，肇庆！美丽的肇庆！你是南粤的旅游胜地，多少个日日夜夜啊，同学们梦寐以求，要来领略你的风采。今天如愿以偿了。但是，这次我们是要到你的农村——大湾、禄步的食品站，做为期一个月的生猪收购成本调查。因此，尽管大家都想借此机会痛快地玩一玩，但是想到这是实习调查，必须把学好专业放在首位。这样，在实习老师的带领下，到达肇庆的当天，听完肇庆市食品公司经理对情况的介绍后，下午就分为两个小组奔赴实习调查点了。

4. 按要求回答下列问题。

（1）下面这段文字作为述职报告正文部分的引言是否合适？为什么？

学校组织的这次述职活动，对于促进我校教育和教学改革的不断深化，提高全校教职工的政治思想觉悟和业务工作水平，都具有积极的促进作用。对于我个人来说，这也是一次难得的学习机会，我决心认真学习各位同志的先进经验，取长补短，不断提高，进一步做好教育、教学工作。现在，我向领导和同志们汇报自己的工作，请大家批评指正。

（2）指出下面这段自我评价存在的问题。

担任团委书记工作以来，我非常认真刻苦地学习马列主义、毛泽东思想，坚定不移地贯彻党的基本路线，执行党委的各项决议，思想觉悟和政治素质有了极大的提高，各项工作开展得有声有色。在我的领导和带动下，广大团员、青年积极要求上进，在工作中发挥了主力军的作用，为我厂晋升为省级先进企业立下了汗马功劳，受到了各方面的一致好评。

(3) 一份述职报告在谈到工作中存在的问题时，写了如下一段内容。请指出它存在的问题。

回顾任职以来的工作，自己感到虽然做了一些应做的工作，但做得还很不够，工作中还存在不少问题。如同领导的关系、群众的关系还不够密切；工作中布置得多，检查得少；有的问题发现了，但解决不了；等等。这些问题，有客观上的，也有主观上的，但它们都影响了工作的顺利开展，不利于改革的进一步深化。这是今后工作中必须引起重视的。

(4) 述职报告运用事务语体，语言要力求平实、庄重。请具体说说下面这段文字的毛病。

有时，我也为自己平凡的生命而自卑，也为自己渺小的奉献而羞愧。是啊，谁不向往鲜花一样的盛开，谁不向往结出丰硕的果实？然而，自然赋予我的生命是一颗生长小草的种子。因此，我只有立足于真实的自我，用生命的绿色报答党的培养之恩。

5. 下面是一篇病文，在语言、技术等方面均存在毛病，请按产品说明书的写作要求，写出修改稿。

热力牌电热杯说明书

我厂电热杯生产历史悠久，式样新颖，美观大方，质量优良，安全可靠，经济实惠，誉满全球，世界一流。该杯可煮沸各种食物，立等可取。特别适用于热牛奶、烧开水、泡饭等。

(1) 本电热杯电源电压一般为 220 V 交流，消耗电力 300 W。

(2) 使用时首先插上电源插头，将电源线座一端插入杯子插座处，用完后先拔掉插头，以免触电。

(3) 电热杯容量 1 000 g，灌得太满煮沸时会溢出杯外。

(4) 煮沸饮料倒出后，杯中应加入少量冷水（因杯底余热较高），否则会影响杯子寿命。

(5) 不能随意打开底中加热部件，以免损坏。

(6) 自售出之日起，一年内如损坏，本厂负责退换或免费修理。但不包括使用不当而损坏。

(7) 本产品经中国家用电器工业标准化质量测试中心站鉴定合格。

编号：92-1-HC-78

欢迎您提供宝贵意见。我们对提出好建议者实行抽奖。

厂宗旨：质量第一　用户至上　销往全球　永久服务

本厂地址：中国云南昆明市××路××号

二、写作训练

1. 有的工作计划不写“开端部分”，这样不完整，可是有的工作计划把开端写得很长，内容杂乱，也是应当注意的。比如一个银行办事处要办中专班，制定了一个教学计划，开端如下。

近几年来，我们银行的青年职工人数越来越多，已经成了业务骨干力量，他们在经济战线上发挥着积极作用，展示了我国银行事业的希望和前景。但也不能忽视，一些青年由于理论水平低、文化素质差、科学文化知识贫乏等而感到我们做的工作没有意思。根据中国人民银行总行要求，提高在职干部文化水平，我们办事处开办了中专班，脱产学习一年半，招生的对象是在银行工作两年以上，高中毕业或相当于高中毕业水平的同志。为了更好地完成学习任务，我们教育科计划如下。

请你把这个教学计划的开端部分改写一下。

2. 根据自己的实际情况拟定一份本学期学习计划。必须有明确的目标、具体的措施和步骤。

3. 你进入大学第一学期的生活即将结束，请根据你半年来的生活、学习情况写一份总结。

项目三　社交礼仪

任务一　感　谢　信

例文借鉴

感　谢　信

××公司：

×月×日下午我公司业务员××和×××到时代广场购买物品，不慎丢失皮包一个，内有人民币2 000余元、工作证一个及发票单据若干张。当我们发现后正在焦急寻找时，贵公司职工×××女士主动将捡到的皮包送到我公司。我们再三感谢并表示要赠送纪念品，×××女士却说："这是我应当做的！"一再表示不能接受纪念品。她这种拾金不昧的高尚品德，使我们公司员工深受感动，纷纷表示要向×××女士学习！在此特对贵公司×××女士和贵公司深表谢意，并建议对×××的高尚行为予以表扬。

此致

敬礼！

××××公司
××××年×月×日

【简析】

这份感谢信正文虽短，但内容分两部分。第一部分简述丢失钱物的时间、地点和心态，之后简叙×××女士拾金不昧的表现；第二部分颂扬和评价对方的高尚品德，表示向对方学习，在向对方表示深深感谢的同时，还建议对方公司对×××予以表扬。全文格式规范，语言简练，情感真挚，值得借鉴。

必备知识

一、感谢信的含义和用途

感谢信是在得到有关单位或个人给予的关心、支持或帮助后，向对方表示感谢的信函。感谢信在公私事务及日常生活中使用广泛。

二、感谢信的特点

1. 确指性

被感谢者是特定的单位或个人。

2. 事实性

写感谢信的缘由为已成事实，其时间、地点和事件，都是真实的。

3. 感激性

感谢信中包含着对对方的感激之情。

三、感谢信的常见类型

1. 普发性感谢信

这类感谢信对众多的单位或大众表示感谢。

2. 专指性感谢信

被感谢者为特定的单位或个人。

四、感谢信的结构和写法

1. 标题

一般有三种写法：第一种为写文种“感谢信”；第二种由受文单位和文种组成，如“致×××的感谢信”；第三种由发文机关、受文单位和文种组成，如“××总公司致××商场的感谢信”。

2. 称谓

写被感谢的单位名称或个人姓名，后缀“先生（女士）”或职务（职称）。

3. 正文

正文一般写以下两个方面的内容。

（1）简述事迹，说明在对方帮助下产生的效果。

（2）对品德作出评价和颂扬，表示感谢及表示向对方学习的态度和决心。

4. 敬语

按信函格式写上“致于最诚挚的敬礼”一类敬语。

5. 落款

在正文右下方署上写感谢信的单位名称或个人姓名和时间。

五、注意事项

（1）叙事要简洁，内容要真实，有关人物、事件、时间、地点、原因等要交代清楚。

（2）评价和颂扬对方良好的行为及品德，既要有一定的高度，又要注意适度。

（3）情感要真挚，文字要精练。

任务二　邀请书　请柬

例文借鉴

【例文1】

请　柬

尊敬的××先生：

敝公司定于2023年6月30日至7月5日8:00—17:00在上海××大厦3号楼展览大厅

举办现代家具贸易洽谈会。恭候光临。

新大地公司

2023 年 5 月 25 日

【简析】

这是一份邀请对方参加贸易洽谈会的请柬。时间、地点具体明确，内容简洁，语言谦恭得体。

【例文 2】

关于邀请出席专业建设指导委员会
法律事务专业岗位能力与课程体系改革研讨会的函

尊敬的张秋风律师：

经我系推荐，学院批准，拟聘请您担任人文社会科学系专业建设指导委员会专家委员，并请您拨冗出席法律事务专业岗位能力与课程体系改革研讨会。

一、会议目的

“以就业为导向，培养社会急需的应用型人才”，是高职高专院校的主要任务。为使我系的专业定位更加准确，课程设置、教学计划更加符合职业岗位的要求，突出高职特色，提高教学质量，特举办本次研讨会。现随函附上我系法律事务专业的教学设计文件，烦请您对我系法律事务专业的培养目标、专业定位、岗位能力的分解及课程设置提前准备好指导意见。

二、会议主要内容

（一）成立人文社会科学专业建设指导委员会，并由学院领导为专家委员颁发聘书。

（二）专业岗位能力与课程体系改革研讨。研讨的主要内容如下。

1 依据社会需要，高职法律事务专业的培养目标、专业定位、岗位能力和课程建构应作哪些调整？

2 请专家对法律事务专业的教学计划提出指导意见。

3 请专家对法律事务专业实习基地建设及学生实习指导等问题提出指导意见。

三、会议时间、地点

时间：2023 年 6 月 30 日（周五）上午 8:30—11:30

地点：××××××职业技术学院行政办公楼 213 会议室

四、联系人

联系人：夏雨田

电话：××××××××

敬请莅临！

××××××职业技术学院

人文社会科学系

2023 年 6 月 27 日

【简析】

这是一份邀请函。称谓采用敬称。正文导言写拟聘对方为专家委员和邀请对方赴会。主体部分写会议的目的、内容、时间、地点和联系人。文章条理清楚，语言谦敬，颇能体现礼仪信函的特点。

必备知识

一、邀请书、请柬的含义和用途

邀请书、请柬，分别是单位、团体或个人邀请有关单位或人员出席重要会议、典礼或重要活动所用的礼仪信函或信柬。

邀请书与请柬相似，但邀请书的信息量比请柬大，使用范围也比请柬广，而请柬比邀请书庄重、典雅，表达的礼仪、情感色彩更浓一些。

二、邀请书和请柬的特点

1. 确指性

邀请书和请柬的发送对象是特定的单位或个人。

2. 礼仪性

邀请书和请柬的使用，包含表达尊重、联络情感的意味，具有礼仪性。

三、邀请书和请柬的类型

按用途分，有会议类邀请书、请柬，用于庆祝会、纪念会、座谈会等；有活动类邀请书、请柬，用于典礼仪式、活动宴请等。

四、邀请书、请柬的结构和写法

邀请书、请柬的结构分横式、直式两种。一般由以下几部分内容组成。

1. 标题

居中标明“邀请书”或“请柬”字样。“请柬”二字也可标于经过艺术加工、美观庄重的信柬封面之上。有的邀请书采用公文式标题。

2. 称谓

顶格写被邀请对象。单位名称需用全称。姓名后缀职务、职称或“先生”“女士”“小姐”。

3. 正文

正文交代会议或活动的目的、内容、性质、时间、地点，文末写“敬请光临”“恭候光临”等礼貌用语。

4. 落款

签署发文单位名称或个人姓名。标明年月日。

五、注意事项

（1）措辞与邀请对方参与的活动风格要相适应。一般来说，邀请书和请柬都要求文辞典雅得体。宜用谦敬、期盼性语言，以表诚邀之心。

（2）邀请单位或个人的称谓、活动时间和地点不得有误。

任务三　贺信(电)

例文借鉴

贺　　电

××建筑设计公司：

欣闻贵公司在第××届国际别墅建筑设计博览会上摘取设计金奖，新绿茶集团公司谨向你们表示热烈的祝贺并致以崇高的敬意。你们今天取得的辉煌成就是你们多年来所倡导的“求精、拼搏、创新”精神的体现。希望你们继续发扬这种精神，在建筑领域勇攀高峰，为中华建筑事业的发展作出新的贡献！

新绿茶集团公司

2024 年 2 月 26 日

【提示】

这封贺电首先祝贺对方取得辉煌成就，这是发出贺信（电）的缘由，继而褒扬对方的优良传统和作风，评述了取得成绩的原因，最后提出殷切希望。层次清楚，感情真挚，文字简约。

必备知识

一、贺信（电）的含义和用途

贺信（电）是机关、团体、企事业单位或个人向取得重大成绩、作出卓越贡献的有关单位或人员表示祝贺或庆贺的礼仪书信。

二、贺信（电）的特点

1. 祝贺性

发出贺信（电）的目的是恭贺对方，为对方取得成就增加喜庆气氛，增进相互间的感情。

2. 信电性

庆贺者发出贺信（电）是由于不能当场向受贺者表示祝贺。贺信（电）通过人工投递或电子邮件送抵受贺者手中。

三、贺信（电）的类型

按作者类型分，贺信（电）可分为单位发出的贺信（电）和个人发出的贺信（电）两类。

四、贺信（电）的结构和写法

1. 标题

标题常见的写法有以下三种。

(1) 只写“贺信”或“贺电”二字。

（2）写由谁发出的贺信（电），如“××公司贺信（电）”。

（3）写明谁给谁的贺信（电），如“××协会给××公司的贺信（电）”。

2. 称谓

标题下一行顶格书写受文单位名称或个人姓名，后缀职务、职称或“先生”“女士”“小姐”。如果是祝贺会议则写会议名称。

3. 正文

正文结构由开头、主体和结尾构成。

1）开头

用简练的语言写祝贺之由，并表示祝贺，如“值此……之际，谨代表……向……表示热烈祝贺”。

2）主体

根据受文对象的不同，主体的内容与措辞有所区别。

如果是祝贺对方取得了突出成绩，在主体一般要充分肯定和热情颂扬对方所取得的成绩，述评取得成绩的原因及意义，表示向对方学习或提出希望。

如果是祝贺会议，在主体里则侧重说明会议召开的重要意义和深远影响。

如果是祝贺领导履新，主体就要侧重于祝愿，祝愿对方在任期内取得新的成就，并祝愿双方的友谊进一步加强。

3）结尾

可再次写祝愿、鼓励和希望方面的话。也可不另写结尾。

五、注意事项

（1）内容要实事求是，评价、颂扬和祝贺要恰如其分。

（2）语言要简练流畅，篇幅力求短小精悍。

（3）感情要热烈真挚，发自内心。

拓展实训

一、病文修改

1. 请指出下文的毛病，并作出修改。

感　谢　信

××出租汽车公司：

5月3日下午，我公司经理张大山乘坐贵公司车牌号为“×××××”的出租车时，不慎将皮包丢失。内有人民币8万余元、身份证一个、护照一本、空白支票三张及各种票据若干张。在我们焦急万分之时，贵公司司机×××先生主动将捡到的皮包送至我公司，使我公司避免了一次重大损失。为此，我们再三表示感谢并拿出1万元作为酬谢，×××先生却说“这是我应当做的”，表示不能接受。在此特致函贵公司，深表谢意。

×××公司

2024年5月6日

2. 下面是一篇病文，请写出修改稿。

请 柬

×××先生（小姐）：

在您的帮忙下，我厂生产的电视机在今年全国质量评比中获奖。现在确定于2024年6月10日在凤凰饭店开个庆功会，邀您赴会！

××电视机厂厂长（签字）

2024年6月4日

二、写作训练题

今年10月1日是××计算机公司成立十周年纪念日。该公司是一家注重自力更生、艰苦创业的公司，不但在计算机软件开发方面取得了重大成就，而且培养了大批人才。多年来，该公司曾为×××公司培训了20名技术人员。

试根据以上材料，以×××公司总经理的名义给××计算机公司员工发一份祝贺对方十周年庆典的贺电。

要求格式规范，语言简练，符合贺信（电）的写作要求。字数不超过300字。

模块三
专业领域文书

☞ 项目一　调研策划

☞ 项目二　经贸合作

☞ 项目三　法律事务

项目一 调研策划

任务一 调查报告

例文借鉴

高职院校大学生兼职调查报告

针对大批在校大学生都有过兼职经历的事实，我们利用“五一”长假开展了一次题为“大学生兼职状况”的社会调查。调查采用问卷形式，共发放问卷100份，其中一年级20份，二年级30份，三年级50份，收回100份，有效回收率100%，总体来说，被调查男女生人数基本相等。本次调查主要涉及大学生兼职的类型、目的、期间遇到的问题及解决办法、收入情况等内容。调查结果如下。

一、看待兼职的态度

（一）有无必要兼职

从性别来看，分别有46.9%的男生、52.9%的女生认为大学生兼职非常有必要，而认为大学生没必要兼职的占0.2%，其余的则认为可有可无。

从年级来看，一年级、二年级、三年级分别有30.9%、35.2%、60.8%的同学认为大学生兼职非常有必要，其余同学均认为可有可无。

（二）是否从事过兼职

从性别来看，分别有14.3%的男生、11.8%的女生经常兼职，75.5%的男生、78.4%的女生偶尔兼职，10.2%的男生、9.8%的女生从未兼职。与此同时，各年级差异性不大，即绝大多数同学偶尔兼职，少数同学经常兼职或从未兼职。

总体来看，由于社会对女性就业的歧视，女生认为非常有必要兼职的比例明显高于男生；随着年级的增长，同学们意识到就业形势越来越紧迫，认为非常有必要兼职的同学比例显著增长。

二、寻找兼职的途径

从性别来看，分别有59.4%的男生、45.2%的女生自己寻找兼职，28.8%的男生、25.5%的女生通过熟人寻找兼职，11.8%的男生、19.3%的女生通过中介机构寻找兼职，还有部分同学通过广告寻找兼职。与此同时，各年级差异性不大，基本与总体情况相符。

调查还发现，80%以上的同学认为学校非常有必要成立专门的兼职指导机构，以丰富同学们的课余生活并确保兼职的安全。

三、从事兼职的类型及范围

从性别来看，分别有80.8%的男生、40.7%的女生做过家教，16.3%的男生、78.4%的女生做过促销，13.2%的男生、29.4%的女生发过传单，同时，还有少数同学从事过礼仪、家政、餐饮等兼职工作。

从年级来看，一年级、二年级、三年级分别有65.0%、75.5%、98.0%的同学做过家教，5.0%、7.5%、26.0%的同学做过促销，20.0%、30.0%、16.0%的同学发过传单。

总体来看，同学们兼职的种类比较单一，而且性别差异较大。经分析，原因有两方面：一方面，时间有限，同学们只能选择耗时较少、收入较高的工作；另一方面，同学们大多社会经验较少，工作能力有限，许多用人单位不予考虑。

四、从事兼职与学习之间的关系

不论从性别还是从年级来看，均有90%以上的同学认为兼职对学习的影响因人而异，只要注意调整，能够二者兼顾，还有小部分同学说不清楚二者是否会相互影响。

五、从事兼职的目的及收获

从性别来看，分别有45.2%的男生、37.3%的女生认为兼职可以赚到一笔完全属于自己的钱，颇有成就感；43.6%的男生、60.8%的女生认为兼职可以积累社会经验，为今后的工作奠定基础；11.2%的男生、1.9%的女生认为兼职可以拓宽交际面。

总而言之，绝大部分同学从事兼职的目的比较明确，认为兼职的收获主要是赚钱和积累社会经验，少数同学认为可以广交朋友，拓宽交际面。

六、兼职过程中遇到的困难及应对方式

不论从性别还是从年级来看，超过70%的同学偶尔遇到过困难，20%左右的同学多次遇到过困难，只有极少数同学从未遇到过困难。

所遇到的困难当中，基本不包括性别歧视。有一部分同学认为引起兼职困难的原因是自身能力不佳，也有不少同学认为是由于用人单位过于刁钻。

遇到困难时，80%左右的同学积极想办法解决；10%左右的同学忍气吞声，自认倒霉；还有极少数同学不知所措。

七、家长对子女从事兼职的态度

总体来看，50%左右的家长基本同意子女从事兼职，但有安全方面的顾虑；25%左右的家长完全同意子女从事兼职，并予以鼓励；20%左右的家长不同意子女从事兼职，他们认为学生应该以学习为主；还有极少数家长完全不同意子女从事兼职。

八、兼职所得收入的用途

48%的同学将兼职收入作为生活费，以减轻家里的经济负担；41%的同学将其作为额外的零花钱；6%的同学将其作为恋爱开支；其余5%的同学将其积累起来，作为长久投资（如旅游等）。

小结：丰富多彩的大学生课余生活给了我们满腔的热情，更重要的是宝贵的兼职经历。通过调查，同学们大多希望在大学期间从事兼职工作，家长们基本同意子女兼职并予以支持。在兼职过程中同学们遇到了各种各样的困难，由于缺乏经验和社会阅历，不知如何应对，甚至有些同学还被欺骗过。但也有一部分同学具有一定的特长，善于交际，能力突出，能够将兼职工作做得有声有色。另外，同学们一致认为学校应该成立专门的兼职指导机构，鼓励并指导同学们从事兼职，使大家在丰富课余生活的同时，既锻炼了能力，又获得了一定的报酬，为以后的就业做好准备。

【简析】

这是一篇调查高职院校大学生兼职情况的调查报告。本文采取单行标题，点明了主旨。调查者对高职院校大学生兼职情况进行了深入的调查。开头部分，介绍了基本情况、调查对象及调查方式等，对课题的由来进行了简单说明。主体部分主要涉及大学生兼职的类型、目的、期间遇到的困难及应对方式、收入的用途等内容，并提出了建议。调查者根据自己搜集的资料，对数据进行了综合分析，得出了大学生希望在学校的支持下从事兼职工作的结论。

必备知识

一、调查报告的概念和作用

（一）概念

调查报告是人们对某一情况、某一事件或问题进行深入细致的调查研究后将收集到的材料加以系统研究和分析整理写出的书面报告。它是调查研究成果的概括和总结，是事务工作中经常使用的文书之一。调查报告也可称为考察报告、××调查、调研报告、社会调查等。

（二）作用

（1）反映情况，总结经验，揭示问题，使人们提高认识，掌握规律。

（2）为领导机关制订政策、措施提供依据。

在实际工作中，人们往往通过调查报告去探索工作规律，反映实际问题，透视社会热点，总结推广典型经验。

二、调查报告的特点

（一）真实性

调查报告的基础是客观事实，其主旨是调查研究后所揭示的客观事物的本质和规律。因此，撰写调查报告，就需要深入调查，对材料的真实性要反复核实。绝不能是道听途说、东拼西凑的一些虚假材料。在调查报告中，不仅主要人物和事实要真实，所发生事件的时间、地点、过程及各种细节，也要绝对真实，不能有半点的浮夸和扭曲。如果了解的仅仅是事物的表象，那么得出的结果要么是假的，要么是非本质规律的。

（二）针对性

调查报告须遵循一条原则，即事件的发生、问题出现在前，调查与报告在后。这就决定了调查报告必须有较强的针对性，在明确目的的支配下，去选择调查对象，去集中、深入地反映生活的新变化。调查报告要根据党和国家的方针政策，从实际出发，有针对性地调查研究，总结经验，回答人们最关心的问题，提出现实生活中迫切需要解决的问题。同时，在一篇调查报告中，往往是只就一种或一类现象、一个问题进行调查和报告，重点突出，内容也集中。针对性越强，调查报告的作用就越大。

（三）典型性

调查对象和运用的材料是否典型，是调查报告成败的关键。调查报告所写的对象主要是现实生活中的各种人物和事件，调查报告在反映这些典型的时候，虽然是从个别落笔，但产生的却是广泛的意义，对当前的工作有着普遍的指导作用。在一定的时期内这些人和事常常代表着各类典型，材料不典型，就不能很好地揭示现实事物的本质和规律。因此，必须选择具有典型意义的事实或材料撰写调查报告，这样才能以点带面，给全局工作提供借鉴。

（四）思想性

调查报告不是简单地罗列事实，也不是对事物的具体描述。它主要是通过对大量的事实材料进行分析研究，从中得到规律性的认识，达到揭示事物本质的目的。这就使它具有了思想性。调查报告在写作时一般是通过对事实的概括叙述和简要说明，由事论理，最后引出结论，在表达上多采用夹叙夹议、叙议结合的方式。

（五）时效性

首先，调查报告调查的人物、事件都是当前或特定时期的典型，要回答的问题也是当前工作中迫切需要解决的。其次，调查报告的指导和借鉴作用也是有时效性的，对一个或几个事物的调查对当前或今后一定时期内的工作都有指导性作用，但随着时代的发展和社会的进步，过去的调查报告也会逐渐失去意义，人们需要重新调查、研究、总结形成新的报告。这一点类似于新闻。因此，调查要迅速、报告要及时，不能让新事变旧事，失去指导意义。

三、调查报告的种类

调查报告所涉及的内容很广泛，表现的形式也是多种多样。一般常见的有典型经验调查报告、情况调查报告、问题调查报告三种。

（1）典型经验调查报告：主要是反映社会实践中具有一定典型性的经验，以介绍先进的典型经验和做法为主，目的在于推广经验，以点带面，指导全局性工作。

（2）情况调查报告：主要是反映某地区、单位、行业或某一方面的基本情况和发展状态，它涉及诸多方面的内容，目的是弄清情况，供决策者使用。

（3）问题调查报告：主要是针对某一方面的问题，进行专项调查，澄清事实真相，判明问题的原因和性质，确定造成的危害，并提出解决问题的途径和建议，目的是为问题的最后处理提供依据，也为其他有关方面提供参考和借鉴。

四、调查报告的格式和写法

调查报告一般由标题、前言、主体、结尾、落款五部分构成。

（一）标题

标题有单标题和双标题两种。单标题一般有两种写法，一种是公文式标题，如《关于浙江省农村中学语文教学情况的调查报告》《关于三峡库区移民工作问题的调查报告》；另一种是文章式标题，如《盖章一百二，工程遥遥无期》《这里的党员为什么受群众爱戴》《大邱庄事件的前前后后》。双标题分正标题和副标题，正标题鲜明地揭示主题，副标题指明调查的地点、内容或范围，如《不要让子孙后代埋怨我们——关于北京河流污染情况的调查》《腾飞的法宝——广州白云山药厂调查》。副标题写在正标题下一行，前面加上破折号。

（二）前言

前言即开头部分，也称导语、引言、概述等，着重介绍基本情况，提出问题。常见的有以下几种形式。

（1）交代调查报告的目的、时间、地点、对象范围和方法步骤等，即说明为什么作这个调查和写这篇调查报告，并为调查报告的可信度提供佐证。

（2）着重介绍被调查对象的基本情况，说明报告的主要内容和重要问题。

（3）概述调查研究的基本结论和成果，肯定意义，点明要点，对报告的全文起到提纲挈领的作用。

不管运用何种方式开头，都应该重点突出，简明扼要，切入内容要旨。

（三）主体

主体是调查报告的核心部分，是前言的引申和展开，也是结论的根据所在。主要包括调查报告的基本事实、主要情况、取得的突出成绩和存在的主要问题、经过分析得出的基本经验教训和发展规律与前景预测等。常见的结构形式主要有三种：①纵式结构，按照事物发生发展的先后顺序组织材料安排层次。其优点是线索清楚，脉络分明，对事物的来龙去脉有较清晰的印象，一般适用于情况调查报告。②横式结构，按事物的逻辑关系把主体的内容分成几部分，加上序号或小标题，分别进行阐述。其优点是条理清楚，层次感强，观点鲜明，适用于内容较复杂、涉及面较广的典型经验调查报告。③纵横式结构，即把纵式结构和横式结构结合起来，既按事物的发展过程，又从事物的不同侧面或角度来写，纵横交错。一般来说，叙述事物发展过程时用纵式结构，写体会、总结经验教训或进行对比时，用横式结构。它适用于调查范围比较广泛、内容比较复杂的调查报告。

（四）结尾

调查报告的种类不同，内容不同，结尾的写作方法也不同。或者总结全篇主要观点，借以加深读者印象；或者指出存在的问题，提出建议；或者对所调查的现状作归纳说明，并指出其发展远景等。有的调查报告主体部分已把有关内容讲清楚了，言尽意尽，就不需另写结尾了。

（五）落款

调查报告的落款要写明调查者单位名称和个人姓名以及完稿时间。如果标题下面已注明调查者，则落款时可以省略。

五、调查研究的方法

调查研究的方法可分为现场直接调查法、文献调查法、问卷调查法三类。

（一）现场直接调查法

现场直接调查法可分为询问法、观察法、试验法三种。其中询问法有当面询问、座谈集体询问、电话询问、信函询问等。

（二）文献调查法

文献调查法是市场调查的重要手段。文献可分为社会性文献、单位内部文献、电子文献三类。

（1）社会性文献：指各种公开出版的报纸、杂志、书籍、年鉴、资料汇编。其中报纸、杂志的资料内容比较新，书籍的一般要滞后一些，但通常更具有经典性。

（2）单位内部文献：指文书档案，对了解实情非常必要。

（3）电子文献：是最新的文献形式，内容丰富、新颖，查阅快捷，使用方便，可在网上查询，也可在电子阅览室查寻，应当充分利用。

（三）问卷调查法

问卷调查法是通过设计问卷的方式向被调查者了解情况的一种方法。按照问卷发放的途径不同，可分为当面调查、通信调查、电话调查、留置调查四种。

（1）当面调查：即亲自登门调查，按事先设计好的问卷有顺序地依次发问，让被调查者回答。

（2）通信调查：是将调查表或问卷邮寄给被调查者，由被调查者填妥后寄还的一种调查方法。这种调查的缺点是问卷的回收率低。

（3）电话调查：是按照事先设计好的问卷通过电话向被调查者询问或征求意见的一种调查方法。其优点是取得信息快，节省时间，回答率较高；缺点是询问时间不能太长。

（4）留置调查：是指调查者将问卷或调查表当面交给被调查者，由被调查者事后自行填写，再由调查者约定时间收回的一种调查方法。这种方法可以留给被调查者充分的独立思考时间，可避免受调查者倾向性意见的影响，从而减少误差，提高调查质量。

六、调查问卷的设计

在访问类方法中，通信调查、留置调查都可采用问卷调查法，当面调查、电话调查也可采用问卷。因此问卷设计就成为调查前一项重要的准备工作。问卷设计的好坏，在很大程度上决定着调查问卷的回收率、有效率，甚至关系到调查活动的成败。可见，问卷设计的科学性在调查中具有关键性意义。这里我们就来详细探讨一下如何设计调查问卷。

（一）调查问卷的设计步骤

设计问卷的目的是更好地收集信息，因此在问卷设计过程中，要把握调查的目的和要求，同时力求使问卷取得被调查者的充分合作，保证提供准确有效的信息。具体可分为以下几个步骤。

第一步，根据调查目的，确定所需的信息资料，然后在此基础上进行问题的设计与选择。

第二步，确定问题的顺序。一般简单的、容易回答的问题放在前面，逐渐移向难度较大的问题。问题的排列要有关联、合乎逻辑，便于填卷人合作并产生兴趣。

第三步，问卷的测试与修改。在问卷用于实地调查以前，先初选一些调查对象进行测试，根据发现的问题进行修改、补充、完善。

（二）调查问卷的设计程序

设计是由一系列相关的工作过程构成的。为使问卷具有科学性、规范性和可行性，调查问卷的设计一般可以参照以下程序进行。

（1）确定调查研究目的、来源和局限。

（2）确定数据收集方法。

（3）确定问题回答形式。

（4）决定问题的措辞。

（5）确定问卷的流程和编排。

（6）评价问卷和编排。

（7）获得各相关方面的认可。

（8）预先测试和修订。

（9）准备最后的问卷。

（10）实施。

（三）调查问卷的构成

一份比较完善的调查问卷应包括标题、称谓、说明词（也称前言）、问题、调查证明记载、问卷的编号。概括起来主要有以下三个方面。

1. 前言部分

前言部分主要介绍调查者代表的单位、调查的目的、请求被调查者合作等。

例如："您好，我是××公司访问员，我们为了了解家庭中食用鸡肉、鸡蛋的情形，想打扰您几分钟，请教您几个简单的问题，一切资料对外绝对保密且不单独向外发表。这是我们送给您的一点礼品（送礼品），谢谢您的帮忙！"

2. 问题部分

这部分是问卷的主体部分，可采用封闭式问卷和开放式问卷两种方式。题型主要有问答题、单项选择题和多项选择题三种。

（1）问答题。直接提出问题，问题本身并不提示任何答案，让被调查者自由发表自己的看法。例如：××牌电视机的质量和它在广告中所承诺的一致吗？请问您为什么要购买××牌空调？您觉得我们企业的售后服务如何？

（2）单项选择题。一般设置相互对立的两个答案，让被调查者选出其中一项，例如：请问您夏季喝汽水吗？

A. 是　　B. 否

（3）多项选择题。一般设置三个以上的答案（答案的多少视情况而定，可以多达十余个），让被调查者选出其中的一项或多项。例如：请问您在哪一种情况下嚼口香糖？

A. 口渴时　　B. 无聊时　　C. 看电影时　　D. 郊游时

E. 约会时　　F. 运动时　　G. 看书时　　H. 有口臭时

I. 预防蛀牙时　　J. 其他（请列明）

3. 结尾部分

这部分包括被调查者的姓名、职业、性别、年龄等其他与调查内容相关的项目以及调查人的姓名、调查地点、时间和方式等。

（四）设计调查问卷时应注意的问题

（1）避免使用应答者可能不明白的缩写、俗语或生僻的用语。例如："你对 PPO 的意见是什么？"很可能不是每个人都知道 PPO 代表优先提供者组（preferred provide organization）。如果这一问题以一般公众为目标应答者，研究人员可能会遇到麻烦；但是，如果问题针对物理学家或医院管理者，那么缩写 PPO 是可接受的。

（2）提问要具体。含糊的提问只能得到含糊的答案。例如："您的家庭收入是多少？"当应答者给出此问题的数字答案时，其答案可能是各式各样的，有 2023 年的税前收入、2023 年的税后收入、2022 年的税前收入、2022 年的税后收入。

（3）提问不要过头。当问题的要求过多时，人们是不会回答的，他们或者拒绝或者乱答。

（4）确保问题易于回答。要求过高的问题也会导致拒答或猜想。例如："请您以购买新车时考虑因素的重要性将以下 20 项排序。"你正在让应答者做一项计算量相当大的工作。不要让应答者为 20 项排序，应让他们挑选出前 5 项。

（5）不要做过多假设，这是一个相当普遍的错误。问题撰写者默认了人们的一些知识、态度和行为。例如："您对总统关于枪支控制的立场倾向于同意还是反对？"这一问题假设了应答者知道总统对枪支控制有一个立场并知道立场是什么。

(6) 注意双重问题和相反观点的问题，将多个问题结合起来或运用相反观点设置问题会导致模棱两可的问题和答案。例如："您赞同在私人住宅而不在公共场所吸食大麻合法化吗?"如果此问题精确描述应答者的立场，那么就很容易解释"是"这种回答。但是回答为"不"可能意味着应答者赞同在公共场所吸食大麻而不赞同在私人场所吸食，或两者都反对，或两者都赞同。

(7) 检查误差。带有误差的问题会引导人们以某一方式回答，但这种方式不能准确反映其立场。有几种使问题存在偏向性的方式。一种方式是暗示应答者本应参与某一行为。例如："今年看电影《狮子王》的人比看其他电影的人多。您看过这部电影吗?"为了不显示出"不同"，应答者即使没有看过可能也会说看过。问题应该是"您曾看过电影《狮子王》吗?"另一种使问题具有误差的方式是使选择答案不均衡。例如："近期我国每年在援助外国方面花费××万美元。您认为这个数字应：①增加；②保持不变；③稍减一点；④减少一些；⑤大量减少。"这套答案鼓励应答者选择"减少"选项，因为其中有3项是"减少"，而只有一项是增加。

(8) 预先测试。正式调查之前应进行试调查。所有的修改和编辑都不能保证成功。事先测试是保证问卷研究项目成功而费用最低的方式。事先测试的基本目的是保证问卷提供给应答者清晰、容易理解的问题，这样的问题将得到清晰、容易理解的回答。

七、调查报告的写作要求

(1) 深入调查研究，广泛占有材料。调查研究是我们正确认识事物的一种科学的方法，深入实际的调查是写好调查报告的前提。要有效利用各种调查方法，如普查、抽样、访谈、考察、调档、上网等，深入一线，面向基层，尽量掌握第一手资料，不轻信道听途说，也不单凭书面材料或口头汇报认定问题。总之，写作调查报告应做好充分准备，查阅相关资料，拟定调查提纲，设计好调查目的、要求、对象、方法、重点等各个环节。调查时应深入、全面、系统。搜集资料时要注意材料的真实性、典型性，注意材料的广度和深度。

(2) 认真分析研究，找出规律性的东西。占有材料，不等于一定能写出好的调查报告，需要对材料进行分析，选出反映事物发展规律或问题本质的材料，进而提炼出观点。不能堆砌材料，罗列现象，把调查报告写成材料汇编。

(3) 选好题目，找准切入点。选题是否切中时弊，角度是否恰当，是一篇文章成功的关键，调查报告更是如此。好的调查报告，一般具有"大处着眼，小处着手"的特点　即首先要胸有全局，善于从全局的角度发现社会亟须解决、群众普遍关注的问题，以此作为写作的起点；其次要选好角度，一般从"情理之中，意料之外"处下手，而不能一味重复、抄袭他人。或者从自己最热悉的方面，从小处下手，而不能好高骛远。

(4) 用事实说话，做到观点与材料统一。撰写调查报告，是建立在事实基础上的　所选的材料应当能够证明观点，要做到事理结合，材料与观点统一。

实训拓展

1. 根据下述材料，撰写一篇市场调查报告。

中国饮料工业协会统计报告显示，国内果汁饮料实际年产量超过百万吨，市场渗透率达36.5%，居饮料行业第四位，但国内果汁饮料人均年消费量仅为1 kg，为世界平均消费水平与1/7，西欧国家平均消费水平的1/4，市场需求潜力巨大。

我国水果资源丰富，其中，苹果、柑橘、梨、桃等产量居世界前列。

近日，我公司对××市果汁饮料市场进行了一次市场调查，根据统计数据，我们对调查结果进行了简要的分析。

追求绿色、天然、营养成为消费者喝果汁饮料的主要目的。品种多、口味多是果汁饮料行业的显著特点，××市场调查显示，每家大型超市内，果汁饮料的品种都在120种左右，竞争十分激烈，果汁饮料的品质及创新成为企业获利的关键因素，品牌果汁饮料的淡旺季销量无明显区分。

目标消费群——调查显示，在选择果汁饮料的消费群中，15～24岁年龄段占了34.3%，25～34岁年龄段占了28.4%，其中，又以女性消费者居多。

影响购买的因素——口味，酸甜的味道销得最好，低糖营养性果汁饮料是市场需求的主流；包装，家庭消费首选塑料瓶大包装；小瓶装和利乐包装为即买即饮或旅游时人们的首选；礼品装是家庭送礼时的选择；新颖别致的杯型因喝完饮料后瓶子可当茶杯用，也影响了部分消费者的购买决定。

饮料种类选择习惯——71.2%的消费者表示不会仅限于一种选择，会喝多种饮料；有什么喝什么的占了20.5%；表示就喝一种的占8.3%。

品牌选择习惯——调查显示，习惯于多品牌选择的消费者占54.6%；习惯于单品牌选择的占13.1%；因品牌忠诚性做出单品牌选择的有14.2%；价格导向占据了2.5%；追求方便的比例为15.5%。

购买渠道选择——在超市购买的占61.3%；随时购买的占2.5%；在个体商店购买的占23.4%；在批发市场购买的占2.5%；在大中型商场购买的占5.4%；酒店、快餐厅等餐饮场所也具有较大的潜力。

一次购买量——选择喝多少就买多少的占62.4%；选择一次性批发很多的占7.7%；会多买一点存着的占29.9%。

2. 对所在班级同学进行一次调查，了解他们的日常消费情况，写出一份反映大学生日常消费情况的市场调查报告。

任务二　可行性研究报告

例文借鉴

吸发式电推剪生产可行性研究报告

一、国际国内理发业目前使用的电推剪的缺点

据初步调查，国际（亚洲如韩国和日本、美洲如美国、欧洲如意大利）国内理发业目前广泛使用的电推剪在进行理发作业时，存在如下缺点：第一，被剪断的发屑以及头屑会散落飞溅到人们的头上、脸上、脖子上、衣服上、理发座椅及附近地面上，同样会散落或飞溅到理发人员的脸上、双手和衣服上，不仅令人讨厌和难受，而且污染环境，传播皮肤

疾病；第二，理发必须由专业理发人员进行操作。

二、吸发式电推剪的优点

使用专利产品——吸发式电推剪进行理发作业时，能将被剪断的头发以及头屑方便地收集起来，防止其到处散落和飞溅，使被理发人员和理发人员免除不舒服之感，维护环境卫生和防止皮肤疾病传染；同时，非专业理发人员按照说明书的要求，凭借专门设计的理发靠模，就可以十分方便地进行理发作业，而且可理多种发型（这就意味着吸发式电推剪可以进入家庭），极大地提高了人们的生活质量。

三、吸发式电推剪的适用对象

因吸发式电推剪克服了本报告第一条所列出的现在普遍使用的电推剪的缺点，具有本报告第二条所列之优点，所以，吸发式电推剪适用于以下消费对象。

(1) 家庭。

(2) 医院、疗养院、老人院。

(3) 美容美发厅。

(4) 军队。

(5) 一般理发店。

同时还适用于出口。(具体分析略)

四、吸发式电推剪的市场趋势

因吸发式电推剪具有本报告第二条所列之优点，有广泛的适用性，相关的人员均表示欢迎（已进行过近五年的广泛调查），而且价位适中（每台售价预计300元人民币左右），故吸发式电推剪面市后，将逐步淘汰国际国内目前普遍使用的旧式电推剪。

五、国内吸发式电推剪的市场前景与经济效益量化分析

1. 市场饱和量和年度需求量（计算略）

(1) 居住在城镇的家庭用户饱和量：

该类家庭年度需求量：

(2) 居住在农村的家庭用户饱和量：

该类家庭年度需求量：

(3) 医院、疗养院、干休所、老人院用户饱和量：

该类单位年度需求量：

(4) 美容美发厅用户饱和量：

该类单位年度需求量：

(5) 军队用户饱和量：

该类用户年度需求量：

(6) 一般理发店用户饱和量：

该类用户年度需求量：

以上 (1)～(6) 类用户的年度需求总量为×台。

2. 目标年度销售收入和利润（计算略）

(1) 目标年度主机销售收入：

(2) 目标年度配件销售收入：

(3) 目标年度利润额：

3　有望实现的年度销售收入和利润以及目标年度销售收入和利润

即使只实现30%（这个目标通过努力是完全可以达到的），则该产品进入成熟期后，有望实现的年度销售收入为×元（主机加配件），利润为×元。

六、出口的市场前景和经济效益量化分析（略）

七、项目实施优势分析

实施吸发式电推剪项目，投资少，风险小，组织生产容易。

吸发式电推剪为专利产品，且设计独特，他人无机可乘，独家生产和销售有法律保障。

八、吸发式电推剪出口的专利保护（略）

九、吸发式电推剪项目后继发展方向

以吸发式电推剪为龙头，可以形成一个生产系列理发工具、洗发护发用品和化妆品的企业群。

吸发式电推剪设计独特，为专利产品。如精心组织生产和销售，则很容易获得较高知名度。当该产品获得一定知名度后，以该产品为龙头，向该产品的两翼发展，则形成一个生产系列理发工具、洗发护发用品和化妆品的企业群，也并非难事。

十、结论

吸发式电推剪较国际国内普遍使用的电推剪，具有明显的优点和适用性，必然深受顾客和理发员（即使用人）欢迎。该产品面市后，毫无疑问将逐步淘汰现在国际国内普遍使用的电推剪，市场容量巨大。实施吸发式电推剪项目，投资少，风险小，组织生产并形成较大批量规模并不困难，以此为龙头形成一个企业群亦有可能，经济效益和社会效益十分可观。因是专利产品，要做好专利保护工作，独家生产并向国内国际市场销售产品，其合法权益应受到国内和国际法律保护。

【简析】

本文是一篇论证产品开发的可行性研究报告。文章开篇分析了目前普遍使用的电推剪的缺陷，阐述了本项目产品的优点、适用对象、市场趋势、市场前景等方面的情况，比较全面地论证了本项目实施的可行性。

文章的论证部分，材料比较充分，虽然个别地方的分析有些理想化，但总体的分析和论证较合理，得出本项目可行的"结论"，属于水到渠成。这是一个对该项目诸多方面都经过认真评价论证而得出的结论。

必备知识

一、可行性研究报告的含义和用途

可行性研究报告，又称可行性报告，是对拟建或拟改造项目，进行周密的调查、分析而论证该项目的可行性和效益性的书面报告。

可行性研究报告是项目投资决策前的一项重要工作内容，是项目能否立项的论证文件，同时，也是申办建设执照及与合作单位签订合同的依据。

二、可行性研究报告的特点

1. 材料的真实性

可行性研究报告需要运用大量的数据、资料，这些数据、资料必须是真实的，它们是以科学的方法阐明拟建项目在技术上和经济上是否合理和是否可行的前提。

2. 论证的全面性

可行性研究报告必须围绕影响拟建项目的各种因素进行全面系统的分析，以求得出正确的结论。因而，在分析方法上，既要注重动态和静态分析相结合，还要注重定量分析与实物分析、阶段性经济效益分析与全过程经济效益分析、宏观效益分析与微观效益分析等多种分析方法的综合运用。

三、可行性研究报告的类型

分类标准不同，可行性研究报告的类型也不同。

按内容划分，可分为政策可行性报告和建设项目可行性报告。

按范围划分，可分为一般可行性报告和大中型项目可行性报告。

按性质划分，可分为下列两种类型。

（1）肯定性可行性报告，即肯定项目具备实施的必要性和可行性的报告。

（2）否定性可行性报告，即否定项目具备实施的必要性和可行性的报告。

四、可行性研究报告的结构和写法

可行性研究报告由标题、正文和附件组成。

（一）标题

标题由项目主办单位、项目名称和文种组成，如《×××公司能源综合开发项目可行性研究》。

（二）正文

正文由前言、论证、结论和建议三部分组成。

1. 前言

前言也称概述、概论或总说明。前言一般介绍立项的原因、目的、依据、范围、实施单位、承担者及报告人的简况，研究工作的依据和范围等。

2. 论证

论证是可行性研究（分析）报告的核心，是结论和建议赖以产生的基础。要求使用系统分析的方法，以经济效益为核心，围绕影响项目的各种因素，运用大量的数据资料，全面论证拟建项目是否可行。

对于企业上马项目可行性论证来说，其目的无非是为能否立项提供科学依据。企业上马项目的论证，一般从九个方面展开：①需要预测和拟建的规模；②资源、原材料、燃料及公用设施情况；③建厂条件和厂址方案；④设计方案；⑤环境保护、劳动保护与安全防护；⑥企业组织、劳动定员和人员培训；⑦工程实施进度；⑧投资估算和资金筹措；⑨经济效益与社会效益。对于企业不同项目的可行性研究报告，以上内容将有所侧重或增减。

3. 结论和建议

对拟立项的项目完成了所有方面的分析研究之后，便可以对其提出综合性的评价或结论，指出其优缺点，提出可行或不可行的建议。

（三）附件

可行性研究报告必须附上的有关资料或证明文件，包括有些篇幅过长或类别较多的统计资料及说明文字、技术论证材料、财务测算、设备清单、批文、有关协议、意向书、地址选择报告、环境影响报告等。

五、注意事项

（1）材料要真实、可靠。这是确保可行性研究报告得出的结论是否符合客观实际的前提和基础。为此，撰稿人必须深入细致地开展调查研究，全面地占有材料，并且确保材料真实、可靠。

（2）论证要全面而有深度，实事求是。既要分析对拟立项项目有利的方面，也要充分分析其不利的方面，尤其是可能承担的风险，避免分析出现盲点或遗漏而得出不全面或不正确的结论。

（3）紧紧围绕论证可行性这一中心来组织材料。材料的安排有主有次，有详有略。与结论相左的有关材料，如果不宜写入正文，应作为附件附上。

（4）语言基调要与可行性研究报告一致，做到准确、简明，且富有逻辑。

实训拓展

（一）病文析评

下面是一则病文，试指出其存在的毛病。

大学生课外阅读情况的调查

阳光下、草坪上、教室里、图书馆……到处可以看见书不离手的大学生，他们脸上洋溢着满足自信的笑容。

“你课外阅读的主要目的是什么？”“你最喜欢阅读哪种类型的书籍？”“你平时看一本书用多长时间？”……前不久我们对大学生的阅读取向进行了一次访问式调查，目的是了解当代大学生读什么书、读多少书和怎样读书。

通过调查，有部分学生的课外阅读主要是为了休闲。他们认为“平时专业课程的阅读量已经很大了，课外阅读当然选择内容较轻松的课外书籍，以缓解读书的压力”。这样的学生大约占44.9%。还有部分同学的课外阅读是为了拓展知识面。这样的学生所占比例较少，只有8%。

大学生不青睐具有专业知识的书籍是否合理呢？不少招聘企业都感慨现在的大学生专业能力很薄弱，学以致用的能力较差。在学校期间不注重专业知识的积累和自身专业技能的训练，不阅读、不关注相关专业课外书籍，是造成这种现象的原因之一。

在回答“你最喜欢阅读哪种类型的书籍？”时，大多数学生选择报纸、杂志。报纸、杂志始终占据大学生阅读排行榜的首位。多数学生选择此类书籍的原因大多是因为“阅读起来方便”和“信息量大，来源广泛，易获得”。调查中发现，学校为学生免费提供的《文汇报》成为阅读人次最多的报刊，《青年报》《环球时报》《参考消息》《电脑报》《读者》有一定的市场。在阅读内容上，阅读新闻占56%，领先其他三项，阅读“生活信息及收集资料”占19%，阅读“评论文章”占13%，阅读“文学作品”占12%。

目前大学生的阅读结构对大学生正确世界观、人生观的形成非常不利，急需加以正确引导。

（二）分析题

请集体讨论下文的优点和不足之处。

缝纫设备补偿贸易可行性研究报告

一、总论

我厂是初具规模的专业化服装生产厂。在改革开放方针的指引下，1986 年开始二外贸生产，1987 年领取了外贸生产许可证，1988 年落实外贸生产任务 200 多万元。随着外向型经济的发展，现在生产规模和设备已不适应外贸生产高质量、高速度的需要，进行技术与设备改造已势在必行。为此，厂长×××在香港考察期间与香港××行×××先生就补偿引进关键设备事宜进行了友好的洽谈。双方初步达成了一致的协议，并因此进行可行性研究。

二、项目名称：缝纫设备补偿贸易

主办单位： ××青春服装厂

法人代表： ×××

企业地址： ××市××路××号

项目负责人： ××× ×××

三、合作双方简况

甲方：××青春服装厂是初具规模的专业化服装厂，现有职工 670 人，专业技术人员 25 人，服装设计师 2 人；年产衬衫 160 万件，毛呢服装 8 万件，产值 2 400 多万元。

乙方：香港××行是一个既有企业又有商店的综合性经济组织，有一定的资金和实力，信誉良好。

四、补偿金额： 19.2 万美元

五、补偿方式： 利用本厂生产的衬衫直接补偿

六、补偿期限： ××××年×月开始分期进行至××××年底之前全部补偿完成

七、项目申请理由

（1）本项目引进的关键缝纫设备均为日本制造，具有性能好、生产效率高、操作简便等优点，是适合外贸生产的先进设备。

（2）引进项目后，每年可多为国家创汇 100 万美元。

（3）因该项目主要是利用本厂的衬衫作直接补偿，因此，可以扩大我厂产品在国际市场的销路，有利于我厂发展外贸生产。

八、市场需求分析

随着企业改革的不断深化，我厂产品质量越来越高。××牌男式衬衫和毛呢大衣相继被评为省优、部优产品，畅销上海、南京、西安等 20 多个大中城市，现有销售网点 300 多个。今年已落实销售计划 200 多万件，产品供不应求。今年 1—6 月份，生产衬衫 90 多万件，销售 130 多万件。预计明年可销售衬衫 250 万件。外贸产品销售趋势良好。今年预计可完成外贸收购额 200 万元。

九、原辅料及水、电供应安排

我厂在上海、常州、无锡、宁波等地已有固定的原辅料供应网点，因此，原辅料供应

能满足生产需要。

六、电可利用本厂现有供电设备及水塔，能满足生产需要。

十、项目内容

本项目共引进缝纫设备160台，新增衬衫流水线一条，改造老衬衫流水线四条。（详见附表一）（附表略）

十一、项目实施进度安排

9月进行立项审批与签订购货合同；10月设备厂进行验收；11月进行设备安装与调试；12月进入正常生产。

十二、经济效益分析

该项目建成后，预计每年可增产衬衫50万件，产值425万元，创汇100万美元，创利税102万元，一年内可收回全部设备投资总额，经济效益显著。（详见附表二）（附表略）

××青春服装厂

××××年×月×日

项目二　经贸合作

任务一　意　向　书

例文借鉴

【例文1】

联办综合服务公司意向书

××市化工厂（以下简称甲方）和×××公司（以下简称乙方）于××××年×月×日在×地就创办联营综合服务公司的问题进行了初步协商。根据双方需要，为更合理地利用双方优势，提高经济效益和社会效益，双方在平等互利的基础上达成如下联营意向。

一、联营综合服务公司在创建之初的生产经营项目主要有二：一是利用甲方在生产过程中产生的废渣生产煤渣砖；二是代客户运输。

二、甲方提供运输工具载重车数辆给联营企业，按月收取适当的租用费。乙方提供土地一块给联营企业，按月收取适当的租用费。乙方一并提供综合服务公司所需的生产人员。

三、此联营项目投资总额估计十余万元（包括基建、厂房、设备及流动资金）。甲方投资比例约八成，乙方投资比例约三成，实现的利润按投资比例分成。

四、综合服务公司是具有法人资格、实行独立核算、自负盈亏的企业。

五、双方各派代表若干人组成筹建小组，具体负责筹建工作。筹建小组应于明年春完成可行性研究并提交工作方案。

六、有关具体问题双方在进行可行性研究后进一步协商。

七、本意向书一式四份，双方各执两份。

甲方（盖章）：　　　　　　　　　　乙方（盖章）：

甲方代表×××（签字）：　　　　　　乙方代表×××（签字）：

××××年×月×日

【简析】

这是一份双方联办公司的意向书。标题由项目名称和文种构成。导言部分，写双方单位名称、因何事项进行了“初步协商”和合作的指导思想。一句“……达成如下联营意向”引出主体部分。主体部分采用条文式结构，依次写了联营综合服务公司的经营项目、双方的职责、双方投资比例、公司的性质和经济形式、组建筹建小组及意向书份数等内容。

本协议书的语言注重使用留有余地和弹性的语言，比如载重车是“数辆”、土地是“一块”、投资比例约“八成”“三成”、各派代表“若干”等，还有“有关具体问题双方在进行可行性研究后进一步协商”，这些都是颇能体现意向书写作特点的语言。

【例文 2】

开展技术经济合作意向书

×××对外经济办公室（甲方）与深圳××××有限公司工贸发展部（乙方），经双方协商同意，确定如下技术经济合作关系。

一、双方合作范围

1. 高科技产品开发；

2. 农副产品深加工与综合利用；

3. 外贸出口；

4. 合办第三产业；

5. 技术咨询；

6. 高新技术以及资金等方面的引进合作。

二、双方义务

1. 甲方负责提供资源、项目资料，推动项目的落实。

2. 乙方负责提供合作开发项目的技术资料，组织有关技术力量，协调开发项目的有关关系，协助或代理甲方的产品出口，合作项目产品的出口，甲方所需或双方合作项目所需的设备、技术的引进。

3. 双方确定具体的联络人员，进行联络工作。

三、双方合作程序

由双方商定在适当时间相互考察，根据考察结果，共同商拟双方合作项目、方式、内容和步骤。

四、双方合作方式

双方本着互惠互利、利益共享、风险共担的原则，根据不同的项目采用相应的合作方式。具体合作项目由双方另行签订合同。

五、本意向书一式四份，双方各执两份 。

甲方：×××对外经济办公室　　　　代表：××

联系地址：×××××××××××　　　　电话：××××××××

乙方：深圳××××有限公司工贸发展部　　　　代表：××

联系地址：深圳市××路××大厦×室　　　　电话：××××××××

时间：××××年×月×日

【简析】

这份意向书，标题由项目和文种构成。导言写签订意向书的单位，用承上启下惯用语导出本文的主体。主体部分写双方合作范围、双方义务、合作程序、合作方式等方面的意向性意见。文尾写意向书份数、双方代表的签字及通联信息。

全文目标具有导向性，各条款内容注重只确定原则意向，而不涉及具体的数字等细则，可为日后签订实质性、具体性的项目合同奠定基础。这是一则写得较好的意向书，可资借鉴。

必备知识

一、意向书的含义和用途

意向书是当事人各方就某一项目在进入实质性谈判前所形成的表达合作意愿的文书。

意向书能为合作双方进行实质性谈判奠定基础，提供基本依据，是签订合同的先导。

二、意向书的特点

（1）协商性。意向书不具法律效力，是双方初步协商的产物，但具有促使双方进一步协商而签订合同的导向作用。

（2）意向性。意向书的文字比较灵活，条款也比较具有原则性，对实质性的关键问题不像合同那样需作出具体、准确的表述，而只表达原则性的意向。

三、意向书的类型

根据文体格式不同，意向书可分为以下两种类型。

（1）条款式意向书。类似合同，采用分条列项式写法的意向书。

（2）书信式意向书。用信函文体写作的意向书。

四、意向书的结构和写法

（一）标题

标题常见的形式有两种：一种直接写文种，即“意向书”，另一种由项目名称和文种构成。

（二）正文

正文由导言、主体和结尾三部分构成。

1. 导言

一般写明各方当事人的单位名称，因何事项进行了协商，以及合作的指导思想，继而用“双方就有关事宜，达成如下意向”一类承上启下的惯用语导出主体部分。

2. 主体

主体部分是意向书的重点内容，一般写明双方的意图及初步商谈后达成的倾向性认识和比较认同的事项。多采用分条列项的形式。各项条款之间的界限要清楚。各条项的内容要相对完整。

3. 结尾

一般应写明“未尽事宜，在签订正式合同时予以补充”一类的语句，以便留有余地。

（三）尾部

写明签订各方单位的名称、签订时间、通联地址、电子邮箱、电话号码等。

五、注意事项

（1）要忠实地表达各方协商的事项。

（2）表述语言要适应意向书的特点。由于意向书需为以后的谈判和正式签订合同留有余地，因而必须注重使用留有余地、富有弹性的语言，不要把关键问题的条款尤其是数字写得太具体、太精确。

（3）各条款的内容要合理合法。

任务二　招　标　书

例文借鉴

××大学修建教学楼招标公告

经上级主管部门同意，我校将修建一栋教学大楼。由××市城市建设委员会批准，本工程实行公开招标，择优选定承包单位，现将有关招标事项公告如下。

一、工程名称：××大学教学楼。

二、施工地点：××市××路××号。

三、建筑面积：×m^2。

四、设计及质量要求：见附件。

五、承包方式：实行全部包工包料。

凡有投标意向的国内有法人资格且具有一、二级施工执照的企业，只要有其主管部门和开户银行的认可，均可投标。

投标人请于××××年6月5日之前来人或来函索取招标文书，收取成本费300元，逾期不予办理。

投标人请将投标文书及上级主管部门的有关签证等，密封投寄或派员直送我校基建处。收件至××××年7月5日截止。

开标日期定于××××年×月×日，地点为我校行政办公楼第×会议室。

在××市公证处公证下启封开标。

招标单位地址：××市××路××号

电　话：××××××××

联系人：×××

××大学招标办公室

××××年×月×日

【简析】

例文标题由单位名称、招标项目名称和文种三部分组成。正文将招标单位名称、工程名称、施工地点、建筑面积、设计及质量要求、承包方式等事项逐条列出，简明扼要，符合一般工程项目招标书的要求。

必备知识

一、招标书的概念及类型

招标书又称招标说明书，是招标人为了征招承包者或合作者而对招标的有关事项和要求作出解释和说明，利用投标者之间的竞争而达到优选投标人的一种告知性文书。

招标书有各种不同的分类方法：按时间分，有长期招标书和短期招标书；按范围分，有面向企业内部或系统内部的招标书和面向全社会的公开招标书、本地区招标书和外地区招标书、非竞争性招标书和排他性招标书等；按计价方式分，有固定总价项目招标书、单价不变项目招标书和成本加酬金项目招标书等；按性质和内容分，有工程建设招标书、大宗商品交易招标书、选聘企业经营者招标书、企业承包招标书、企业租赁招标书、劳务招标书、科研课题招标书、技术引进或转让招标书等。

二、招标书的结构和写法

写作招标书的目的是邀请投标人参加投标。招标书写法比较概括，不必写得很详尽，具体条件另用招标文件说明，发送或出售给投标人。招标书的内容主要包括：招标单位和招标项目名称，招标项目的具体要求，如投标资格与投标方法，技术、质量、时间等要求，投标开标的日期、地点和应缴费用等。

招标书的结构一般由标题、正文与结尾三部分组成。

1. 标题

通常由招标单位名称、招标项目名称和文种三部分构成，如《××大学修建图书馆楼的招标通告》。也有的省略招标项目或只写文种。

2. 正文

一般用条文式，有的也可用表格式。对于招标的条件和要求、投标开标的日期等投标人应知事项，应简要概括，分条列出。商品招标书要求标明商品的名称、数量规格、价格等。科技项目招标书则要求写清招标原则，项目名称，任务由来，研究开发目标，研究开发内容，经济技术指标，研究开发的进度要求、成果要求、经费要求，承包单位的条件及要求等。

3. 结尾

要写清招标单位名称、法人代表、签署日期并加盖印章、联系人姓名、招标单位的地址、邮政编码、电话号码、电子邮箱等，必要时还可写上开户银行及账号。

三、招标书写作的注意事项

(1) 内容合法合理，切实可行。招标书的要求和须知事项，要符合国家有关法律、法规、政策规定；技术质量标准要注明国际标准、国家标准、部颁标准或是企业标准；招标方案既要科学、先进，又要适度、可行。

(2) 重点明确，内容周密。招标项目（即标的）是招标书的核心内容，对其有关情况、招标范围、具体要求都要写清楚。如建设项目应写明工程名称、数量、技术质量要求、进度要求，甚至建筑材料的要求等。该写的一定要写全，尽可能周到，使人没有空子可钻。

(3) 语言表述应简明、准确。无论是定性还是定量说明，都应准确无误，没有歧义，尽可能使用精确语言而少用模糊语言。

任务三　投　标　书

例文借鉴

培训楼工程施工投标书

根据××铜矿兴建培训楼工程施工招标书和设计图的要求，我公司完全具备承包施工条件，决定对此项工程投标，具体说明如下。

一、综合说明（工程名称、面积、结构类型、跨度、高度、层数、设备）（略）

二、标价（略）

三、主要材料耗用指标（略）

四、总标价

总标价 3 408 395.20 元，每平方米造价 370.23 元。

五、工期

开工日期：××××年 2 月 5 日。

竣工日期：××××年 8 月 20 日。

施工日历天数：547 天。

六、工程计划进度（略）

七、质量保证

全面加强质量管理，严格操作规程；加强各分项工程的检查验收，上道工序不验收，下道工序决不上马；加强现场领导，认真参照各种设计、施工、实验资料，确保工程质量达到全优。

八、主要施工方法和安全措施

安装塔吊 1 台、机吊 1 台，解决垂直和水平运输；采取平面流水和立体交叉施工；关键工序采取连班作业，坚持文明施工，保障施工安全。

九、对招标单位的要求

招标单位提供临时设施占地及临时设施 40 间，我们将合理使用。

十、坚持勤俭节约原则

投标单位：××建筑工程总公司（公章）

负责人：李××（盖章）

电话：××××××××

传真：××××××××

【简析】

这是一篇工程建设项目投标书。正文先介绍了工程简况，然后说明了标价、耗材指标、工期、工程计划进度等，对招标书作出了明确的回答。这可以说是投标单位的正式报价单，是评标、决标的依据。该投标书还包括了保证工程质量的措施和达到的等级、主要施工方法、安全措施和对招标单位的要求等，是一份写得较完整、规范的投标书。

必备知识

一、投标书的概念及类型

投标书又称投标说明书，简称标书。它作为一种对招标邀约的承诺，是投标人为了中标而按照招标人的要求，具体地向招标人提出订立合同的建议，是提供给招标人的备选方案。

投标和招标是相对应的，先有招标，后有投标。招标书是投标书的引导，议标、评标、定标等各个环节的活动，无不是围绕招标书而进行的；中标和签订合同也要以招标书为凭据。投标是一个比实力、比技术、比信誉、比价格、比能力、比策略的竞争过程，也是一个限制与反限制的过程。投标是否成功因素很多，但与投标书撰写得如何有着直接的关系。

投标书有各种不同的分类：按投标方人员组成情况，可分为个人投标书、合伙投标书、集体投标书、全员投标书和企业（或企业联合体）投标书等；按性质和内容，可分为工程建设项目投标书、企业租赁投标书、劳务投标书、科研课题投标书、技术引进或转让投标书等。

二、投标书的结构和写法

投标书的内容与招标书相对应，要对招标的条件和要求作出明确的回答和说明。

投标书的结构一般由标题与时间、正文、署名三部分组成。

1. 标题与时间

一般写上文种“投标书”即可。也可包括投标形式、投标内容和文种，如《租赁××市印刷厂的投标书》。投标的时间可写在标题的右下角，也可写在文末投标人的单位名称下面。

2. 正文

一般可分条列项（也可用表格式）写明投标的愿望、项目名称、数量、技术要求、商品价格和规格、交货日期等。承包经营项目的投标书，其正文一般要阐述对投标项目基本状况的分析，找出优势和存在问题；提出经营方针；说明承包目标、考核指标以及达到目标的可行性分析和拟采取的措施；对招标者提出的要求、条件的认可程度等。

正文部分引用的数据要准确、完整；论述要条理清楚，说理透彻；目标要明确可信；措施要切实可行。

3. 署名

要写清投标人的单位名称、法人代表以及邮政编码、地址、电话号码、传真号码、电子邮箱等，以便联系。

如果是国际投标，则应将投标书译成外文，写明国别、付款方式以及用什么货币付款等。

有的投标书还要由上级业务主管部门和公证监督机关签名盖章。如有必要，还应附上担保单位的担保书，以及有关图纸、表格等。

三、投标书写作的注意事项

（1）要实事求是。投标方必须在认真研究招标书的基础上，客观估计自己的技术、经济实力和相应的赔偿能力，经过专家的充分论证后，再决定是否投标，并实事求是地填写标单和撰写投标书，切不可妄加许诺，不可徇私舞弊，弄虚作假，害人害己。因为一旦中标，就要在规定期限内与招标方签订合同，按合同办事。如不实事求是，将给国家、招标单位造成重大的经济损失，或因违约或毁约而承担法律责任。

（2）内容要明确具体。对于投标书的具体内容，如目标、造价、技术、设备、质量等级、安全措施、进度等，都要详细写明，力求具体、明确，一目了然。如果交代不清，笼统含糊，无法使招标单位认可，那是难以中标的。

（3）要讲究时效性。招标单位之所以招标，旨在利用招标人之间的竞争来达到优选买主或承包、租赁、合作的目的。招标都规定了明确的时限，过期不候。所以，投标一定要讲究时效性，要在规定的时限内写好并送出投标书，才有中标的可能。

任务四 合 同

例文借鉴

××市房屋租赁合同书

出租方： （简称：甲方） 地址： 电话：
承租方： （简称：乙方） 地址： 电话：

为了发展××市经济建设，提高单位或个人房屋的使用率，现根据国家和省、市的有关法规，经甲乙双方充分协商，一致同意签订租赁合同，合同条款如下。

一、甲方将坐落在××市 区 路（村） 街（坊） 号的房屋，建筑面积 m^2，（ 房 厅或间）出租给乙方，作 使用。

二、租期从 年 月 日起至 年 月 日止。

三、乙方每月（季）向甲方交纳租金人民币 元整，并于当月（季）初 天内交清。

四、房屋租赁合同生效后，乙方应向甲方交付三个月房租 元，作为履约保证金，合同期满后退还给乙方。

五、出租房屋的房地产税、个人收入调节税、土地使用费、出租房屋管理费由 方负责交纳；水电费、卫生费、房屋管理费由 方负责交付。

六、乙方必须依约交付租金，如有拖欠租金，每天按租金额20%加收滞纳金；如拖欠租金达三个月以上，甲方有权收回房屋，并有权拒绝返还履约保证金。

七、乙方不得擅自改变房屋的结构及用途，乙方因故意或过失造成租用房屋和配套设备的毁损，应负恢复房屋原状或赔偿经济损失责任。

八、甲方应负责出租房屋的正常维修，或委托承租方代行维修，维修费在租金中折算。若甲方拖延维修或不作委托维修造成房屋毁损，乙方不负责任，甲方应负责赔偿乙方的经济损失。

九、租赁期间房屋如因不可抗力的自然灾害导致毁损，本合同则自然终止，双方有关问题可按有关法律规定处理。

十、租赁期间，甲乙双方均不得借故解除合同，如甲方要收回房屋，必须提前三个月书面通知乙方并取得同意，同时应双倍返还履约保证金；如乙方需退房，也必须提前三个月书面通知甲方并征得同意，同时不得要求返还履约保证金。

十一、租赁期间，乙方未经甲方同意，不得将房屋转租给第三方；租赁期届满或解除合同时，乙方需按时归还房屋给甲方，如需续租，须提前三个月与甲方协商，若逾期不还又未续租，甲方可直接向房屋租赁管理部门申请调解或起诉至人民法院处理。

十二、本合同如有未尽事宜，可经双方协商作出补充规定，补充规定与合同具有同等效力。

十三、本合同如在履行中发生纠纷，应通过甲乙双方协商解决；协商不成，可请房屋租赁管理部门调解或起诉人民法院处理。

十四、本合同可经公证处公证，合同一式五份，甲乙双方各执一份，公证处一份，税务部门一份，房屋租赁管理部门一份，均具有同等法律效力。

出租人：　　（签名盖章）

承租人：　　（签名盖章）

经办单位：　　（签名盖章）

经办人：

年　月　日

【简析】

这是一份由有关部门制定的固定式合同。格式规范，内容完整合理，便于填写，其中也体现了平等互利的原则。

必备知识

一、合同的概念与作用

1. 合同的概念

合同，通常也叫合约或契约。《中华人民共和国民法典》对合同的概念作了统一的界定："合同是民事主体之间设立、变更、终止民事法律关系的协议。"

经济合同依据其经济性质，是指平等主体的法人、其他经济组织、个体工商户、农村承包经营户之间，为了实现一定的经济目的，明确相互权利义务关系而订立的协议。

2. 合同的作用

(1) 合同是实现国家宏观经济规划的客观保证。由于合同能直接反映社会生产能力和社会需求情况，可为宏观经济规划的编制提供各种切实可靠的数据。同时，国家的宏观规划也是签订合同的主要依据。所以，千千万万个合同的签订和履行就客观地把国家宏观经济规划落实到了各个企业的生产和经营中，而使之得以实现。

(2) 合同是企业加强生产经营管理，提高经济效益的有效手段。合同签订后，生产者就必须按合同规定的产品、数量、质量和期限等要求，有效地组织人力、物力进行生产活动，力求提高履约率，实现企业的利润指标。所以，签订、兑现合同的过程就是企业确定生产任务、加强生产经营管理、提高经济效益的过程。

(3) 通过合同把供、产、销关系紧密联系起来，克服产销脱节、供需不协调的现象。在经济活动中，运用合同形式把生产需要的设备和原料按期供应生产企业，保障生产顺利进行。产品产出后运送到供销部门，使生产企业又有了足够的生产资金，保证生产的发展。如此无穷循环往复，把企业之间互相依赖的供、产、销关系衔接起来。所以订立合同也是组织各企业协作的有效方式。

二、合同的特点与种类

1. 合同的特点

(1) 合同具有法律效力。因此，合同签订后，各方当事人就必须严格履行合同的内容，否则就会受到经济制裁，甚至被追究法律责任。

(2) 合同的内容必须符合国家的有关法律、行政法规和宏观经济规划的要求。国家不允许随便生产、销售的物品不能作为一般合同的标的；否则，合同内容即使是当事人作出的意思表示，在法律上也是无效的。

(3) 订立合同必须贯彻平等、公平、协商、等价有偿、诚实信用的原则。合同各方当事人的法律地位是平等的，有权自愿表达自己的意见，任何单位和个人都不得干预或包办代替，不能把自己的意志强加给对方。

(4) 订立合同的当事人必须有履行合同的能力。强调合同当事人履行合同的能力，是为了维护合同的严肃性，防止有人利用合同买空卖空，从中渔利的现象发生。

2. 合同的种类

合同的种类有多种。按形式分，有书面合同和非书面合同。按写法分，可分为条款式合同和表格式合同。按性质分，可分为转移财产的合同、完成工作的合同和提供劳务的合同。按期限分，可分为长期合同、中期合同和短期合同。按合同是否立即交付标的分，可分为诺成合同和实践合同。按内容分，可分为买卖合同、建设工程合同、保理合同、承揽合同、运输合同、供用电/水/气/热力合同、融资租赁合同、仓储合同、保管合同、租赁合同、借款合同、保证合同、物业服务合同、行纪合同、中介合同、合伙合同、技术合同、赠与合同和委托合同。

三、合同的条款

每份合同的条款多少不等，但大致可以分为两大类：一类是法定条款，这是合同的主要内容；另一类是约定条款，即合同当事人各方经协商一致的条款，如货物运输的包装要求、保险费等由何方支付、货物超欠幅度、自然损耗率等方面的规定。现将合同的法定条款介绍如下。

1. 当事人的名称或者姓名和住所

当事人的名称是指法人的名称，即签订合同单位的法定名称；当事人的姓名是指自然人的姓名。住所是指法人或自然人真实的住址。自然人和法人互为对称。自然人是个人在民事法律关系上的称谓。法人是指依照国家规定的法定程序组成的、经过国家认可的社会组织或团体。法人的行为能力是由他的法定代表人来行使的。

2. 标的

标的就是合同当事人各方权利和义务所共同指向的对象，是民事活动要达到的目的。由于合同的种类不同，其标的也不同，如买卖合同的标的是工农业产品，建设工程合同的标的是工程项目，借款合同的标的是货币。标的名称要使用公认的名称，并且要具体明确。

3. 数量

数量是标的多少、轻重和大小的表示。数量，一是要采用国家法定的度量衡单位来计算；二是要详细具体，如以包、箱、袋作单位计算数量时要说明里面装了多少千克或多少件等。对误差、自然损耗率等的许可范围也要加以说明。

4. 质量

质量是指标的的物理、化学、生物、机械性能素质和外观状态标准。国家有规定的，要说明按国家哪一年颁布的标准执行，国家没有规定的，合同当事人各方要协商确定标准。

5. 价款或酬金

价款或酬金是指合同一方当事人向交付标的的另一方当事人以货币形式支付的代价。标的是货物的，代价称为价款；标的是提供劳务的，代价称为酬金。产品价款和劳务酬金要按照等价交换的原则执行，并严格遵守国家的价格政策。

6. 履行期限、地点和方式

合同履行期限是指交付标的和支付价款或酬金的时间界限。可规定为即时履行或一定期限内履行。履行期限要明确规定年、月、日，不能用“明年”“秋季”“以后”“尽可能”等模糊词语表述。

履行地点是指交货、服务、付款等地点。履行地点要具体明确，如货物运到北京，要明确北京的具体地点；若遇地点重名，要在地点前冠以省、市、县名称，以免引起合同纠纷。

履行方式是指合同当事人以什么方式履行合同义务。要根据标的的不同情况加以规定，例如货物验收采用什么方法，对隐蔽性问题是否允许使用后提出；货物是自行提取，还是代办托运；货物采用什么运输工具；何方支付运输费用；价款或酬金是支付现金，还是用支票；是一次付款，还是分期付款等，都要具体明确。

7. 违约责任和解决争议的办法

违约责任是指经济合同依法成立后，由于合同当事人一方或双方的过错而导致合同不能履行或不能适当履行，有过错的一方应当承担的责任。对违约责任的追究，可以用支付违约金、支付赔偿金、继续履行合同等方式解决。如因违约产生争议，可根据相关法律的规定解决。

四、合同的结构和写法

合同的结构是：“标题+约首+正文+尾部”。

1. 标题

标题写在合同文本首页上方居中的位置，有的合同还在标题下方书写合同的编号。

合同的标题主要有以下两种类型。

(1)“合同性质+文种”，如借款合同、仓储合同。

(2)“合同标的+合同性质+文种”，如联想电脑买卖合同、挖掘机租赁合同。

2. 约首

约首包括订立合同各方当事人名称或姓名。合同当事人是指签订合同的双方或多方的名称或者姓名，要准确写出签约单位或个人的全称、全名，并在其后注明双方约定的固定指代，如一般写“甲方”“乙方”或“供方”。如有第三方，可将其称为“丙方”。不论在什么情况下，合同当中都不能用不定指代“你方”“我方”。

3. 正文

开头很简要地写明订立合同的根据或目的，说明经双方协商一致，签订该合同。例如：“根据《中华人民共和国民法典》的有关规定，转让方与受让方根据技术转让合同的要求，本着互利原则，经双方协商一致，签订本合同。”或采用与此类似的写法，例如：“为了……，根据……的规定，经双方充分协商，特订立本合同，以便共同遵守。”在一般情况下，合同都可以采用这种开头方式。

然后另起一行分条写合同的法定条款（标的，数量，质量，价款或酬金，履行期限、地点和方式，违约责任和解决争议的方法）和约定条款。

一般最后的一两条写订立合同的有关事项说明。

4. 尾部

尾部一般包括签订合同各方的公章、法定地址、法定代表人的签名、电话号码、传真号、开户银行及账号、邮政编码、签订合同地点和日期（有的把日期写在约首）等。

五、撰写经济合同应注意的问题

1. 遵守法律和法规

经济合同是依据法律规定而签订的，这是与其他文书不同的地方，所以在撰写合同时应严格遵守法律和法规的规定，在其内容和签订的程序上，都不得与国家法律和法规相违背。凡违反法律和法规的合同，均属于无效合同。

订立合同必须贯彻平等互利、协商一致、等价有偿的原则。平等互利是指订立合同的当事人法律地位平等，任何一方不得因自己的行政地位高于对方或技术有优势、经济实力雄厚而把自己的意志强加给对方，强行订立违反对方当事人意志的经济合同。协商一致是指合同是在双方充分协商的基础上订立的，而不是以胁迫、利用对方急需产品或无经验等而签订的。等价有偿是指双方从交易中得到相应的补偿，任何一方都不能强迫对方无偿交换物品。在履行合同时一方受到损害，也要进行补偿。价格合理，价实相符，是等价有偿的体现。

2. 格式规范

经济合同是规范性文本，一般具有固定的格式以保证合同条款的齐全。对于因特定需要而签订的合同，需要在撰写时认真斟酌，要采用规范形式，合同条款要详细、周全。

3. 语言准确

合同的语言要求严谨、无歧义，标点正确；有关数字要准确，计量要采用法定单位，涉及技术问题的，要正确使用术语。

实训拓展

一、病文分析

1. 试指出下文的错误并作修改。

招标公告

我厂是一家老牌洗衣机生产企业，成立于改革开放初期的1979年，现有职工500人，其中工程技术人员200余人。年产×××牌全自动洗衣机20万台。其中MDELXQB 25-3型洗衣机先后获得国家轻工业部优质产品奖、×××国际博览会金奖。为了提高质量，降低成本，决定公开招标。

（1）招标项目：电容器、插头电源线、万向轮、橡胶件、塑料件及镀锌件等。

（2）招标时间：××××年5月18日。

(3) 开标时间和地点：××××年6月18日上午在本厂公开开标。

(4) 招标文件发售：全套招标文件将于近期发售，价格面议。以上招标欢迎国内外客户积极投标。未尽事宜，欢迎垂询。特此公告。

×××洗衣机厂

××××年3月10日

2. 下面这份投标书的写作格式和语言不符合要求，试加以修改。

致×××公司投标书：

我们看到了×××公司的招标公告，觉得凭借我们的实力一定能够中标。因此，我们决定投标。

(1) 货物总报价：50万元人民币。

(2) 货物清单一式三份。

(3) 资格审查文件一式三份。

(4) 投标保证书一份。

另外，我们必须郑重声明，我们拥有以下权利和义务：

① 我们将根据招标文件的规定履行合同的责任和义务；

② 如果在开标之后的投标有效期内撤标，那么投标保证金将归你们所有；

③ 鉴于以上情况，我们认为你们一定会选择我们中标的。

×××设备制造厂

××××年10月22日

3. 分析下面一份合同书，说明其中存在的问题并作修改。

工程合同

××服装厂（甲方）与××建筑公司（乙方）经商定协议如下。

(1) 建筑内容：甲方原有厂房（均系两层楼房）1 500平方米，现扩建3 500平方米，其中拆除600平方米。新厂房要求四层钢骨水泥结构（另有图纸）。

(2) 工程进度：××××年3月1日开工，年底前完成。

(3) 建筑费用：全部建筑工程费用400万元（另有清单），所有建筑材料均由乙方负责采办。订立合同后甲方先付给乙方工程费用200万元，余款在厂房验收后全部付清。

(4) 经济责任：厂方如未按期付款，每超过1天应赔偿给对方按工程费1‰计的赔偿金；建筑公司如未按期完工，每晚一天，厂房可在工程费中扣除1‰作赔偿。

(5) 施工期间的人身安全由双方负责。

(6) 本合同一式四份，双方各两份。

甲方（单位盖章）　　　　乙方（单位盖章）

代表人（签章）　　　　　代表人（签章）

4. 有一份购货合同，标的物是各色瓷砖，质量标准是"货到乙方损耗率不得超过3%"。结果货到开箱检查，其中白色瓷砖损耗率超过10%，而其他颜色的瓷砖损耗率未超过10%，总损耗率正好达3%。但引起合同纠纷。请思考应该如何修改。

二、写作训练

根据下述内容，写一份合同。

尧乡果品店的代表张三先生，于××××年×月×日与大阳果园的代表王萌萌小姐签订了一份合同。双方在协商中提到：尧乡果品店购买大阳果园出产的水蜜桃 3 000 kg、鸭梨 4 000 kg 和富士苹果 3 500 kg。要求每种水果在八成熟采摘后，一星期内分三批交货，由大阳果园负责以柳筐包装并运到大丰果品商店；其包装费和运输费均由大丰果品商店负担。各类水果的价格视质量好坏，按国家规定当地收购牌价折算，货款在每批水果交货当日通过银行托付。如因突然的自然灾害不能如数交货，大阳果园应及时通知尧乡果品店，并互相协商修订合同。在正常情况下，如果尧乡果品店拒绝收购，应给付拒收部分价款 20%的违约金；大阳果园交货量不足，应给付不足部分价款 30%的违约金。这份合同一式四份，双方各执一份，各自送上级单位备案一份。

提示：

（1）购买各类水果，可列表表示这一条款。

（2）本合同各条款项目/顺序为：①产品名称、品种规格、数量；②交货日期；③质量要求；④验收办法；⑤交货方法、包装运输方式和费用负担；⑥结算方式和期限；⑦违约规定；⑧其他约定事项。

项目三　法律事务

法律文书，是适用于法律活动、带有法律专业属性的所有非规范性文件的总称，具体是指我国公安机关、国家安全机关、人民检察院、人民法院、监狱管理机关、政府的行政执法机关、公证机构、仲裁机构、律师事务所等以及自然人、法人和其他组织，在诉讼和非诉讼的法律事务中按照法定程序，就具体案件或法律事务适用法律而制作的具有法律效力或者法律意义的非规范性法律文件的总称。这是当前较为完整也较为普遍认同的法律文书的概念。从这一概念，可以折射出法律文书具有如下五个主要特征：一是法律文书的制作主体相当广泛，包括国家司法机关、行政机关、法律、法规授权的专门机构、涉讼涉案的自然人、法人和其他组织，但是一定的法律文书必须由法定的主体去制作和运用；二是法律文书的适用范围为各类诉讼案件和非诉讼的法律事务；三是法律文书必须依法制作，既要遵循程序法，又要依据实体法；四是法律文书都具有法律效力或者法律意义；五是相对于规范性的法律法规的文本而言，法律文书属于非规范性的法律文件。

法律文书的划类标准不同，具体的类别也就不同。

按照法律文书的适用范围和功能分类，法律文书可以分为诉讼文书和非诉讼的法律事务文书，前者包括公安、检察机关和人民法院的绝大部分法律文书（检察建议书、法院的司法建议书等少数文书除外），诉状、答辩状等律师代书文书和辩护词、代理词等工作文书；后者包括监狱管理机关的法律文书（监狱起诉意见书除外），公证文书、仲裁文书、授权委托书、经济合同、遗嘱等律师代书文书和法律意见书、律师见证书、纠纷调解书等律师文书以及行政机关的执法文书等。

本章主要介绍诉讼活动中最常见的诉状类文书。诉状是指各类案件的当事人为了维护自身的合法权益，依法行使诉讼权利，自书或委托他人代书的向司法机关提出指控、答辩或申诉等法律意见的书状。它通常被称作"状子"。符合法定要求的诉状，有引起诉讼并促使诉讼活动深入发展和最后得以解决诉讼实体问题的重要作用。按常理来讲，诉状应由诉讼当事人自行书写。但古往今来，诉状多由熟悉法律的他人代书。这主要是因为只有熟悉法律才能写出符合法定要求的诉状，才能被相关的司法机关所受理，并发挥其应有的实际效用。

任务一　民事案件诉状

例文借鉴

民事起诉状

原告：张×贵，女，35岁，汉族，×省×县×乡×村农民。

被告：张×富，男，38岁，汉族，×省×县×乡×村农民。

诉讼请求：

要求与被告共同等额继承父母遗产四间新房屋，各得两间。

事实与理由：

被告张×富与原告张×贵系兄妹关系。原、被告自幼由父亲张××与母亲李××抚养成人。兄妹二人先后于2012年和2010年成家，结婚后，被告住在妻子家中，原告住在丈夫家中，均与父母分开生活。父母靠工资维持生活，退休后靠退休金养老，从不要子女在经济上资助，原、被告家原住四间旧式房屋，2020年原、被告父母用多年积攒下来的钱，将四间旧式房屋翻建成四间新房屋，屋内装修也比较讲究，花去8万余元。新房屋由父母居住。

2022年2月，原、被告的母亲病故，为母亲办理后事所花款项全部由父亲支付，原、被告均未花钱。2023年8月，原、被告父亲突发心脏病住院治疗，原、被告轮流到县医院护理，尽了子女孝敬父母的义务。父亲去世后，原、被告共同负责办理丧事，平均负担丧葬费用。父亲去世不久，被告一家突然搬回家居住，独占了父母遗留下来的四间新房屋。原告知道后，对被告的行为提出了批评，并要求与被告共同等额继承父亲遗产四间新房屋，各得两间。父母家中的衣物归被告，原告自愿放弃继承权利。原告提出的要求，遭到了被告的断然拒绝，因此引起纠纷。

原告认为，被告独占父母遗产的做法是错误的，理由是荒唐可笑的。《中华人民共和国民法典》第一千一百二十六条规定："继承权男女平等。"根据《中华人民共和国民法典》第一千一百二十七条的规定，原、被告都是第一顺序继承人，都有权继承父母遗产。父亲生病住院期间，原、被告都尽了照顾老人的义务，而且平均分担了丧葬费，二人所尽的义务大体上相当，根据权利和义务一致原则，继承的权利应当是平等的。被告说："我们乡下向来是儿子继承父母遗产，哪有女子继承父母遗产之理！……这是几千年的老规矩，不能改变。"这种说法荒唐可笑，不值一驳，是封建思想的表现，违反我国法律规定，不能成立。

证据和证据来源，证人姓名和住址：

（1）×乡×村村主任王××证明材料一份；

（2）×乡×村村支书张××证明材料一份；

（3）姑母张××（住×乡×村）证明材料一份。

以上三份材料均能证明原告所叙案情属实。

根据上述的事实和证据、理由和法律根据，请依法判决，以实现原告的诉讼请求。

此致

××县人民法院

附：本起诉状副本1份

起诉人：张×贵
2023年11月10日

【简析】

上列民事起诉状写得不错，符合规范化要求：（1）当事人系农民，在写其基本情况时，能将"籍贯、职业或工作单位、住址"等项结合在一起写，表述为"×省×县×乡×村农民”，上述几项内容都包括在这句话里了。这样写简明扼要，分开写难以避免重复。(2) 诉讼请求写得既明确具体，合理合法，又简明扼要。(3) 纠纷发生的来龙去脉交代得一清二楚，对重要事实情节如遗产情况、对被继承人尽赡养义务情况以及争执的焦点，均说得清楚明白，使人一目了然。(4) 列举的证据确凿充分，能证明起诉状所叙事实属实可靠。(5) 理由充分、有力，于法有据，并指出被告不让原告继承父母遗产的说法荒唐可笑，违反了我国法律，不能成立。这样说理，为实现诉讼请求奠定了基础，提供了法律上、理论上的支持。(6) 尾部及附项写得也合乎要求。

必备知识

一、民事起诉状的概念、功能

民事起诉状是公民、法人或者其他组织向人民法院提起民事诉讼时所使用的法律文书。提出起诉者，为原告；被起诉者，为被告。原告提起诉讼的目的在于请求通过法律确认或者保护自己的合法权益，或者排除被告的不法侵害。原告向人民法院起诉，是原告获得司法保护的手段，也是人民法院对民事案件行使审判权的前提。

起诉必须具备一定的条件：(1) 原告是与本案有直接利害关系的公民、法人和其他组织；(2) 有明确的被告；(3) 有具体的诉讼请求和事实、理由；(4) 属于人民法院受理民事诉讼的范围和受诉人民法院管辖。

依据法律规定，起诉应当向人民法院递交起诉状，并按照被告人数提出副本；书写起诉状确有困难的，可以口头起诉，由人民法院记入笔录，并告知对方当事人。但从司法实践来看，原告起诉以提交起诉状为好。原告自己书写有困难的，可以请律师或其他会写起诉状的人代写。原告提交起诉状，应提交正本 1 份，副本若干份（根据被告和第三人人数确定副本份数）。

二、民事起诉状的结构

民事起诉状由首部、正文和尾部组成。

（一）首部

1. 标题

应居中写明“民事起诉状”。

2. 当事人的基本情况

当事人是公民的，应当依次写明姓名、性别、出生年月日、民族、籍贯、职业或工作单位和职务、住址等内容；当事人是法人或其他组织的，原告应当写明单位或组织的名称、地址以及法定代表人或代表人的姓名、职务和电话，还要依次写明企业性质、工商登记核准号、经营范围和方式、开户银行和账号等。被告应当写明单位或组织名称、地址、法定代表人或代表人的姓名和职务以及联系电话。如果有第三人，应当写明第三人的姓名、性别、出生年月日、民族、籍贯、职业或工作单位和职务、住址等。第三人是法人或其他经济组织的，应当写明法人或其他经济组织的名称、地址以及法定代表人或代表人的姓名和职务。

叙写这部分内容应当注意两个问题。一是同案原告为二人以上的，应当逐一写明；同案被告为二人以上的，应按责任大小的顺序写明。二是原、被告是法人或其他经济组织的应当写全称，不能随便简写，并且应当与其公章上的字样相一致。

（二）正文

正文包括诉讼请求、事实与理由、证据三方面内容。

1. 诉讼请求

诉讼请求是指民事诉讼的原告诉请人民法院解决的具体问题。例如：请求准予与被告离婚、请求解除合同或者履行债务等。书写诉讼请求要明确具体，合法合理。

2. 事实与理由

事实与理由是民事起诉状的核心内容，一般分开叙写。事实是提起诉讼、实现诉讼请求的基础和依据，也是人民法院进行裁判的基础和依据。叙写事实应当写明原告、被告民事法律关系存在的事实，以及双方发生民事权益争议的时间、地点、原因、经过、情节和结果。叙写事实应当注意下面几个问题：一是必须实事求是，既不夸大，也不缩小；二是应当围绕诉讼请求叙写；三是既要反映案件的全貌，又要突出重点。

理由是对事实的概括与评说，包括两方面内容：首先应当依事论理，写明被告实施的侵权行为或者双方发生争议的性质、已经造成的后果以及各方应当承担的民事责任；然后应当依法论理，写明原告提起诉讼所依据的法律条款。阐述理由主要应当注意三点：一是依事论理应当以事实为根据，抓住重点，击中要害；二是依法论理应当准确地引用法律条款；三是理由与事实、诉讼请求应当一致，不能出现矛盾。

总之，事实与理由相辅相成，诉讼请求与事实、理由也密切相关。离开事实谈理由，理由就成了无源之水，无本之木。同样，事实与理由都是为实现诉讼请求服务的，目的都是要证明原告提出的诉讼请求合理合法。因此，各部分内容的叙写应当相互照应，前后一致。

3. 证据

证据是证明案件事实真实性、可靠性的依据。列写证据应当注意三点：一是证据的名称应当规范，必须符合法律规定；二是不仅要写明证据的名称，还要写明证据的来源；三是涉及证人证言的，应当写明证人的姓名和住址。

（三）尾部

尾部包括结尾和附项。结尾主要应当写明致送受诉法院名称、起诉人签名或者盖章、年月日等。附项应当写明民事起诉状的副本数、附送证据的名称及件数等。

三、格式式样

式样 1

民事起诉状

（公民提起民事诉讼用）

原告：

被告：

诉讼请求：

事实与理由：

证据和证据来源，证人姓名和住址：

此致

×××人民法院

附：本起诉状副本　份

起诉人：

年　月　日

式样 2

民事起诉状

（法人或其他组织提起民事诉讼用）

原告名称：

所在地址：

法定代表人（或代表人）姓名：　　职务：　　电话：

企业性质：　　工商登记核准号：

经营范围和方式：

开户银行：　　账号：

被告名称：

所在地址：　　电话：

诉讼请求：

事实与理由：

证据和证据来源，证人姓名和住址：

此致

×××人民法院

附：本起诉状副本　　份

起诉人：

年　月　日

四、制作和适用中应当注意的问题

首先，原告提起民事诉讼，必须注意案件要符合人民法院的受案范围和受诉人民法院管辖。

公民之间、法人之间、其他组织之间以及他们相互之间因财产关系和人身关系提起民事诉讼，属于人民法院的受案范围。管辖是就法院系统内部而言，各级法院之间、同级法院之间受理第一审民事案件的分工和权限。法院管辖的确定对于正确审理案件有十分重要的意义。

其次，在当事人部分的列举中，要注意以下几点。

第一，个体工商户以营业执照上登记的业主为当事人；营业执照上登记的业主与实际经营者不一致的，以业主和实际经营者为共同诉讼人。

第二，个人合伙的合伙人在诉讼中为共同诉讼人。个人合伙有依法核准登记的字号的，当事人项目中要注明登记的字号。个人合伙组织为当事人，列为原告或者被告。

第三，起诉时，如果原告一方的当事人人数众多，且人数尚未确定的，部分当事人可以先行起诉，待人民法院立案后再行追加或由当事人向人民法院申请追加。

第四，无民事行为能力人、限制民事行为能力人作为当事人的，应在当事人之下列出法定代理人。如果在起诉时没有确定监护人的，也可以将自认为有监护资格的人列为法定代理人；在诉讼中发生争议的，在诉讼中依法解决。

第五，原告或者被告是法人的，在原告或者被告之下应列出法定代表人。法人的正职负责人是法人的法定代表人；没有正职负责人的，由主持工作的副职负责人担任法定代表人。没有董事会的法人，以董事长为法定代表人；没有董事长的法人，经董事会授权的负责人可作为法人的法定代表人。

第六，不具备法人资格的其他组织作为原告或者被告的，应在原告或者被告之下列出代表人。不具备法人资格的其他组织，以其主要负责人为代表人。

第七，原告、被告或者第三人有多人的，分别依次列出。

例文借鉴

民事上诉状

上诉人：任××，女，37岁，汉族，×省×市人，×市×公司副经理，住×市×区×路×号。

被上诉人：史××，男，40岁，汉族，×省×市×县人，×市×工厂推销员，住×市×区×路×号。

上诉人因离婚一案，不服×市×区人民法院2022年5月10日〔2022〕×民初字第×号民事判决中的第二项判决，现提出上诉。

上诉请求：

依法撤销×市×区人民法院〔2022〕×民初字第×号民事判决中的第二项判决；改判婚生女孩史×（13岁）由上诉人抚养。

上诉理由：

原判决说："鉴于原告收入丰厚，有足够的经济力量培养孩子成人，因此本院认为孩子归原告抚养有利于下一代健康成长。"据此将婚生女孩史×判归被上诉人抚养。上诉人认为此项判决不当，判决理由不能成立。其理由是：第一，上诉人一直照顾孩子的生活与学习，孩子与上诉人结下了深厚的母女情谊；而被上诉人近十年来在×工厂担任推销员，经常出差在外，有时几个月不回家，对孩子生活、学习从来不问，与孩子也没有什么感情。因此上诉人认为孩子由被上诉人抚养，不利于孩子成长，而由上诉人抚养则有益于孩子身心健康，有利于培养孩子成才。第二，上诉人经济收入也不低，完全有力量培养孩子成人。关键不在于谁有钱，而在于由谁抚养有利于孩子健康成长。被上诉人说，他有钱可以请保姆照顾孩子，法院也认为此种说法有道理，试问保姆照顾有母亲照顾得好吗？此种说法不合情理。

孩子判归谁抚养，应考虑孩子的意见。最高人民法院1993年印发的《关于人民法院审理离婚案件处理子女抚养问题的若干具体意见》第五条规定："父母双方对十周岁以上的未成年子女随父或随母生活发生争执的，应考虑子女的意见。"原审法院根本没有征求孩子的意见，就主观决定。孩子听说随父生活哭了几天，说不愿意与父亲一起生活，愿意同母亲一起生活。请上诉审人民法院按照最高人民法院的《关于人民法院审理离婚案件处确子女抚养问题的若干具体意见》办事，考虑孩子的意见，将孩子改判归上诉人抚养。

此致

×市中级人民法院

附：本上诉状副本1份。

上诉人：任××

2022年5月15日

【简析】

本诉状是民事上诉状，符合规范要求：（1）上诉人与被上诉人的基本情况书写符合要求；（2）引起上诉缘由的文字表述清楚明白，使人一目了然；（3）上诉请求明确具体，合理合法；（4）上诉理由能针对原判不当之处分析论证，并引述法律条款作依据，说理充分有力，具有说服力。

必备知识

一、民事上诉状的概念、功能

民事上诉状，是民事诉讼当事人因不服人民法院一审民事判决或裁定，在法定上诉期限内，向上一级人民法院提起上诉，请求撤销、变更原审裁判或请求重新审理的诉讼文书。提起上诉的当事人为上诉人。上诉人提起上诉的目的是请求上一级人民法院撤销或者变更一审人民法院所作的不利于自己的判决或裁定。

我国法律规定了当事人不服一审人民法院裁判，有权在判决书送达之日起十五日内，向上一级人民法院提起上诉；不服地方人民法院第一审裁定的，有权在裁定书送达之日起十日内，向上一级人民法院提起上诉。

上诉人对一审判决提起上诉的法律后果是一审判决不能生效，上诉人不需要履行一审判决所确定的义务，被上诉人也无权要求上诉人履行一审判决所确定的义务，案件进入二审程序。上诉人对一审裁定提起上诉的法律后果是一审裁定不能生效，一审程序虽不能继续进行，但存在继续进行的可能性。

二、民事上诉状的结构

民事上诉状由首部、正文和尾部组成。

（一）首部

首部包括标题、当事人的基本情况和案由。

1. 标题

应当居中写明“民事上诉状”。

2. 当事人的基本情况

应当分别写明上诉人、被上诉人的姓名、性别、出生年月日、民族、职业或工作单位和职务、住址等，并在括号中注明其在一审程序中的诉讼地位。当事人是法人或者其他组织的，应当写明其名称、地址、法定代表人或代表人的姓名和职务。

3. 案由

这是一段承上启下的文字，包括案由、原审人民法院名称、判决或裁定的年月日、文书字号等内容。按文书格式的规定，应当表述为："上诉人因×（案由）一案，不服×人民法院×××年×月×日×法民初字第×号判决（裁定），现提出上诉。"

（二）正文

正文是文书的核心内容，包括上诉请求和上诉理由。

1. 上诉请求

上诉请求是指上诉人请求上一级人民法院解决的具体问题。叙写上诉请求应当明确、具体、完整，写明上诉人请求二审人民法院依法撤销或者变更原审裁判，以及如何解决本案民事权益争议的具体要求。

2. 上诉理由

上诉理由是文书的核心内容，应当作为重点进行论述。民事上诉状的上诉理由与起诉状有明显的区别：上诉状是针对原审裁判进行评述，起诉状则是针对对方当事人的无理和违法之处进行论述。写民事上诉状时，必须注意两者的区别，否则文不对题，上诉理由不能成立，上诉请求也失去依据，上诉意见不能被法院所采纳。

阐述上诉理由，一般从下述几方面进行论述。一是针对原审认定事实的错误进行论证。事实是人民法院对案件作出裁决的基础，一审法院认定的事实如有错误或有出入，或者遗漏了重要事实，或者缺乏证据，作出的裁决就可能不正确。二是针对原审适用法律的错误进行论证。原审法院适用的法律如果与事实不相适应，或者引用的法律条文不全面，或者曲解了法律条款等，都会导致裁决的错误。三是针对原审违反法定程序进行论证。我国相关法律规定：原判决违反法定程序、可能影响案件正确判决的，裁定撤销原判，发回原审人民法院重审。根据这一规定，原审法院在案件审理过程中如有上述情况，书写上诉状陈述上诉理由时应当据实提出，作为要求改变原审判决的理由。在论证方法上，应当先用概括的语言指出一审裁判的错误，然后进行反驳。原审裁判有数项错误的，可以总体指出错误，然后逐项予以反驳；也可以指出一项错误后即进行反驳。

总之，上诉理由是民事上诉状的关键，是论证上诉人的上诉请求的依据。上诉理由是否充分，关系到上诉目的能否达到。书写上诉状，应当根据本案导致原审裁判错误的具体原因，有针对性地予以反驳。

（三）尾部

尾部包括结尾和附项。结尾包括结束语"此致""×××人民法院"和上诉人签名及年月日。附项应当写明上诉状副本份数、有关证据的情况。

三、格式式样

式样1

民事上诉状

（民事案件公民当事人提出上诉用）

上诉人：

被上诉人：

上诉人因　　　　　　　　　　　　一案，不服　　　　　人民法院　　年　月日（　　）　　字第　号，现提出上诉。

上诉请求：

上诉理由：

　　此致

×××人民法院

附：本上诉状副本　份

上诉人：

年　月　日

式样 2

民事上诉状

（民事案件的法人或其他组织提出上诉用）

上诉人名称：

所在地址：

法定代表人（或代表人）姓名：　　　　职务：　　　　电话：

企业性质：　　　　工商登记核准号：

经营范围和方式：

开户银行：　　　　账号：

被上诉人名称：

所在地址：

法定代表人（或代表人）姓名：　　　　职务：　　　　电话：

　　上诉人因　　　　　一案，不服　　人民法院　　年　月　日〔　　〕字第　　号　　，现提出上诉。

上诉请求：

上诉理由：

　　此致

×××人民法院

附：本上诉状副本　份

上诉人：

年　月　日

四、制作和适用中应当注意的问题

当事人并非对所有的一审判决或裁定都可以提起上诉。根据法律规定，人民法院依特别程序审理的选民资格案件、宣告失踪或者宣告死亡案件、认定公民无民事行为能力或者限制民事行为能力案件和认定财产无主案件等，实行一审终审制，当事人不得对其判决提起上诉；最高人民法院审理一审案件所作的判决为终审判决，当事人也不得提出上诉。除上述判决外的其他一审判决，当事人都可以提起上诉。另外，当事人对于不予受理的裁定、对管辖权有异议的裁定和驳回起诉的裁定，可以提起上诉；对其他一审裁定，都不能提起上诉。

当事人提起上诉，需要注意确定一审中其他当事人的诉讼地位。在共同诉讼案件中，如果上诉人是对对方当事人之间权利义务分担有意见，不涉及其他共同诉讼人的利益的，对方当事人应列为被上诉人，同一方其他当事人应按其原审诉讼地位分别列为原审原告、原审被告或原审第三人；如果上诉人仅对共同诉讼人之间权利义务分担有意见，不涉及对方当事人利益的，应该将同一方其他当事人列为被上诉人，对方当事人按其原审诉讼地位分别列为原审原告、原审被告或原审第三人；如果上诉人对双方当事人之间以及共同诉讼人之间权利义务承担有意见的，应该将其他当事人都列为被上诉人。

当事人提起民事上诉，必须递交上诉状。上诉状应当递交原审人民法院，并按照对方当事人或者代表人的人数提出副本。原审人民法院收到上诉状后，会在五日内将上诉状副本送达对方当事人，并要求对方当事人在收到上诉状副本之日起的十五日内提出答辩状；原审人民法院在收到答辩状后的五日内会将答辩状的副本送达上诉人。原审人民法院在收到上诉状和答辩状（如果被上诉人未提交答辩状的，在提交答辩状期满后）应当在五日内将上诉状和答辩状连同全部案卷和证据，报送上一级人民法院。

例文借鉴

民事答辩状

答辩人（原审原告）：内江市××塑料厂　　所在地址：内江市××区××乡

法定代表人：刘××　　职务：厂长

答辩人因加工承揽合同欠款纠纷一案，原审被告不服原审判决，提出上诉。现对上诉人的上诉提出答辩如下。

一、根据重庆市九龙坡区工商行政管理局工商企业档案记载，上诉人属下原确曾有一个有独立法人资格的饮料一厂，系上诉人紧密性联营体，后被九龙坡区两局依法核销其法人登记。该事实有原审法院向九龙坡区工商局调查收集的企档案资料为证。如果被上诉人认为该厂与他们现在所说的饮料一厂不是同一单位，而只是上诉人的一个车间，答辩人对此也没有异议。既然饮料一厂只是上诉人的一个车间，不能承担民事责任。且本案所签订的加工承揽合同又是加盖的上诉人的合同专用章，则本案的民事责任，理应由上诉人承担。

二、答辩人交货后，上诉人只对少量产品提出过质量问题，但这些质量问题双方已于××××年7月4日协商解决。除此之外，上诉人未对质量问题提出过异议。本案产品系定做的专用产品，而不是有国标、部标或企业标准的通用产品，其质量检验应由上诉人按双方约定的标准自行检验，上诉人不需要、答辩人也不可能提供质检部门的质检报告。况且，双方合同并未约定答辩人应提供质检部门的质检报告。

三、欠款金额，应以原审法院调查时双方当庭认可的数据为准，而不应由上诉人单方面认定。

四、上诉人认为自己不应承担95 000元模具费的理由不能成立。

1. 答辩人为履行合同，实际支付了95 000元购买模具，这不仅有付款凭证，而且还有与他人签订的加工模具合同为证。至于未出正式发票，这是他人的问题。答辩人在与他人商量加工模具时，对方提出如开正式发票则价款更高，答辩人为节省模具费用，未坚持要正式发票。如上诉人非要正式发票不可，则模具费就不会只是95 000元。

2. 答辩人购买的模具并非注塑模 2 套计 5 万元，吹瓶模 3 套计 4.5 万元，而是注射 PET 管坯模具 3 副，吹 PET 瓶定型模具 2 套，总计金额 95 000 元。这有加工模具合同和付款凭证为证。加工过程中，先用管坯模加工瓶坯成半成品，最后用定型模定型成品。两种模具均是专为上诉人加工 PET 瓶而用的专用模具。例如，答辩人与上诉人的加工合同第三条约定产品重量为 29.5～30 g，答辩人与他人的加工模具合同中对模具的技术要求就约定：注射 PET 管胚膜达到每只（29.5±0.2）g，则可说明该模具是根据上诉人产品质量要求而专门制作的。

3. 双方合同中明确约定，购货方专用瓶型，开模费由购货方承担。答辩人确实购买了模具，费用应按实际支出计算，因为合同中并未规定模具费。答辩人举出了证据证明模具费是 95 000 元。如果上诉人认为自己不应承担或不应承担这么多模具费，就应举证证明，但上诉人并未举出任何证据。

五、上诉人违约事实清楚，证据充分。

在合同签订后，答辩人为履行合同，及时购进了原材料，租用了厂房设备，订购了模具组织生产，并于合同约定的期限内生产出了合格产品，提供给上诉人。但上诉人却以自己的产品未开始生产、库房堆放不下为由，拒绝按合同接收产品。从××××年 5 月至 8 月，只接收了少部分产品。尤其是××××年 12 月，合同履行期限即将届满，答辩人再次送货到上诉人厂内，上诉人仍然拒收。随后，答辩人电告上诉人，指出其拒收货物的事实，要求其 4 日内电告答辩人送货时间、数量，但直到合同履行期满上诉人都未予答复。这是明显的违约行为。根据《加工承揽合同条例》第二十二条第二款的规定，上诉人应承担违约责任。综上所述，答辩人认为原审判决是正确的，请求二审法院依法驳回上诉人的上诉请求，以维护答辩人的合法权益。

此致

四川省内江市中级人民法院

附：本答辩状副本 1 份

答辩人：内江市××塑料厂

××××年 4 月 7 日

【简析】

本答辩状的答辩理由主要从事实方面进行阐述。其实答辩状中提出的答辩理由全部或部分是在一审中阐述过的，答辩状对此进行阐述，不过是在一审判决的基础上对一审中阐述过的理由的一次更有说服力的总结，是对上诉观点的反驳，也是对一审判决的支持。本答辩状针对上诉状的观点和请求有重点地阐述答辩理由，理由全面，层次清楚，语言简洁，格式规范。

必备知识

一、民事答辩状的概念、功能

民事答辩状，是指被告针对原告的起诉，或者被上诉人针对上诉人的上诉，作出回答和进行辩驳的书状。

《中华人民共和国民事诉讼法》第一百二十八条规定："人民法院应当在立案之日起五日内将起诉状副本发送被告，被告应当在收到之日起十五日内提出答辩状。""人民法院应当在收到之日起五日内将答辩状副本发送原告。被告不提出答辩状的，不影响人民法院审理。"

原告提起民事诉讼，寻求司法保护，通常是在通过其他方法不能达到自己目的的情况下采取的不得已的办法。一般说来，原告提起民事诉讼，总有其法律上的依据，被告绝不可掉以轻心。再者，原告提起诉讼，在时机和时间的选择上享有主动权，在诉讼的设计布局上掌握先机，或多或少地能给法官形成先入为主的印象。被告切不可麻痹大意，应当精心制作答辩状。

二、民事答辩状的结构

民事答辩状由首部、正文和尾部组成。

（一）首部

首部包括标题、当事人的基本情况和案由。

1. 标题

应当居中写明"民事答辩状"。

2. 当事人的基本情况

应当写明答辩人的姓名、性别、出生年月日、民族、职业或工作单位和职务、住址等。答辩人是无诉讼行为能力人的，应当在其项后写明法定代理人的姓名、性别、出生年月日、民族、职业或工作单位和职务、住址及其与答辩人的关系。答辩人是法人或其他组织的，应当写明其名称和所在地址、法定代表人（或代表人）的姓名和职务。

3. 案由

应当写明"答辩人因××一案，提出答辩如下。"

（二）正文

正文是文书的核心内容，主要写明答辩理由。答辩理由应当针对原告或上诉人的诉讼请求及其所依据的事实与理由进行反驳与辩解。答辩状应具有针对性和反驳性，但必须据实据法进行答辩和反驳，不能不顾事实和法律盲目反驳。

叙写答辩理由通常从下面几个方面入手。

（1）针对事实不实进行反驳。事实是判断是非的基础，人民法院审理案件必须以事实为依据。起诉状、上诉状叙述的事实可能有失实之处，答辩状应当针对其失实之处进行反驳，对属实的部分可以表示认可。

（2）针对适用法律不当进行反驳。凡属无理的诉讼请求在说理过程中难免出现语言逻辑混乱、观点与材料相矛盾、违背人情常理等问题。答辩时只要能够准确地抓住这些问题，就可以反驳对方的主张，使对方的诉讼理由不能成立。

此外，叙写答辩理由还可以针对原告的错误诉讼请求向人民法院提出请求，要求人民法院驳回起诉，不予受理；要求人民法院否定原告请求事项的全部或一部分。

（三）尾部

尾部包括结尾和附项。结尾应当写明致送人民法院的名称，答辩人签名，并注明文书制作的年月日。附项主要写明答辩状副本的份数和有关证据的情况。

三、格式式样

式样 1

民事答辩状

（公民对民事起诉提出答辩用）

答辩人：

答辩人因　　　一案，提出答辩如下。

答辩理由：

答辩请求：

此致

×××人民法院

附：本答辩状副本　份

答辩人：

年　月　日

式样 2

民事答辩状

（法人或其他组织对民事起诉提出答辩用）

答辩人名称：

所在地址：

法定代表人（或代表人）姓名：　　　职务：　　　电话：

企业性质：　　　工商登记核准号：

经营范围和方式：

开户银行：　　　账号：

答辩人因　　　一案，提出答辩如下。

答辩理由：

答辩请求：

此致

×××人民法院

附：本答辩状副本　份

答辩人：

年　月　日

四、制作和适用中应当注意的问题

答辩与反诉并不相同，答辩事实上是一种在实体意义上的反驳，是用事实证明原告不具备实体意义上的诉权，使原告败诉的一种对抗方法。答辩并不要求具备诉的属性。如果被告意图在本诉进行过程中，对本诉原告提出旨在撤销或吞并本诉原告诉讼请求的诉，应当及时制作反诉状，只在答辩状中提出反诉将不被承认。

任务二　刑事案件诉状

例文借鉴

刑事自诉状

自诉人：李×燕，女，1995年3月2日生，汉族，××县人，××鞋厂工人，住××县××乡××村。

被告人：李×平，男，1968年5月5日生，汉族，××县人，农民，住址同自诉人。

案由和诉讼请求：

案由：暴力干涉婚姻自由。

诉讼请求：被告人李×平犯暴力干涉婚姻自由罪，请依法追究其刑事责任。

事实与理由：

自诉人李×燕与本村赵×山系初中同班同学，毕业后先后进村办企业××鞋厂当工人。在工作中自诉人与赵×山联系密切，互相支持，互相帮助，共同进步。二人逐渐产生了感情，建立了恋爱关系，并商定一年后结婚。

8月10日，自诉人把自己恋爱婚姻之事告诉父亲即被告人李×平，不料遭到被告人坚决反对。因被告人与赵×山的父亲赵×和吵过一次架，至今二人见面不讲话。于是他抓住赵×和曾偷过别人家粮食一事，作为反对女儿与赵×山结婚的理由，粗暴地对自诉人说："我警告你，不许与赵×山这小子来往，更不许与他谈恋爱，与他结婚你做梦！"自诉人问父亲为什么不可以与赵×山结婚，被告人大声骂道："赵×和不是好东西，手脚不干净，偷别人家粮食被抓到过，臭名远扬！我决不同意与这种人结为儿女亲家，决不能让我女儿当这种人的儿媳妇！"自诉人对被告人说："赵×山是个好青年，是厂先进生产者。他爸历史上犯过错误是他爸的事，我又不同他爸结婚！"被告人听了自诉人的话，火冒三丈，骂自诉人"没有出息，丢人现眼"，并举手猛击自诉人的头部两下，用脚踢了自诉人一脚，还想找工具伤害自诉人，被自诉人的母亲制止住。

同年10月2日，李×平到××鞋厂有事，看见自诉人与赵×山在厂会议室内并肩坐在一起看电视，就大声命令自诉人回家。自诉人到家后，李×平操起一根三尺多长的木棍，朝自诉人乱打一气。有一次木棍击中了自诉人的头部，打得头破血流，邻居李×英（同工厂工人）送自诉人到乡卫生院治疗，伤口有一厘米长，缝了七针。

10月3日，自诉人请本村王村主任和××鞋厂张厂长来劝说李×平同意自诉人的婚事。李×平非但不同意，还威胁说："只要我看到他们在一起就打，一直打到二人断绝来往为止。"

上述事实，充分证明被告人的行为触犯了《中华人民共和国刑法》第二百五十七条第一款的规定，已构成暴力干涉婚姻自由罪，且态度恶劣，情节较重，必须追究其刑事责任。为打击犯罪，保护恋爱婚姻自由，特向你院提起诉讼，请依法判处。

证人姓名和住址，其他证据名称、来源如下。

（1）证人李×英写的一份书面证明，证明被告人以暴力干涉婚姻自由，情况属实。李×英住××乡××村。

（2）××县××乡卫生院诊断书一张，证明自诉人头部系木棍所伤。

（3）朱××（自诉人之母）愿到庭证明被告人以暴力干涉婚姻自由的犯罪行为属实。

（4）请人拍摄的木棍照片一张，证明此木棍是施行暴力的凶器。

此致

××县人民法院

附：本自诉状副本1份

自诉人：王×燕

2017年10月10日

【简析】

该诉状为暴力干涉婚姻自由案，事实述说简练，着重说明造成的后果，可判定被告人对自诉人的虐待伤害的程度。最后引述法律，证明被诉人应当承担的刑事责任。该诉状的特点是，以事实和证据说话，每事有证，论述有力。

必备知识

一、刑事自诉状的概念、法律依据和功用

刑事自诉状是被害人及其法定代理人或者近亲属为追究被告人的刑事责任，直接向人民法院提起诉讼所使用的法律文书。刑事自诉状适用于刑事自诉案件。

根据《中华人民共和国刑事诉讼法》的规定，自诉案件包括三类：告诉才处理的案件（如侮辱、诽谤案，暴力干涉婚姻自由案，虐待案，侵占案）；被害人有证据证明的轻微刑事案件（如轻伤案，非法侵入他人住宅案，重婚案，遗弃案，侵犯通信自由案，生产、销售伪劣商品案件，侵犯知识产权案）；被害人有证据证明对被告人侵犯自己人身、财产权利的行为应当依法追究刑事责任，而公安机关或者人民检察院不予追究被告人刑事责任的案件，属于刑事自诉案件。凡是属于上述法律规定范围内的刑事案件，被害人或者他的法定代理人都有权向人民法院提交刑事自诉状。刑事自诉状是当事人向人民法院提起诉讼的法律文书，也是人民法院受理案件、追究被告人刑事责任的主要依据。

二、刑事自诉状的结构、写作内容和制作方法

刑事自诉状由首部、正文和尾部组成。

（一）首部

首部包括标题和当事人的基本情况。

1. 标题

应当居中写明“刑事自诉状”。

2. 当事人的基本情况

应依次写明自诉人与被告人的姓名、性别、出生年月日、民族、出生地、文化程度、职业或工作单位和职务、住址等项。叙写时应当注意以下两个问题。一是当事人应当按照规定的顺序书写，先写自诉人，后写被告人，前后顺序不能颠倒。自诉人和被告人为二人以上的，自诉人应当按照受伤害的轻重程度的次序列写，被告人应当按照罪行轻重列写，重前轻后，然后分别写明个人的情况。二是当事人基本情况的规定要素，应当按规定的顺序书

写，不能随意增添或减少，不能颠倒顺序。

（二）正文

正文是文书的核心，主要包括案由和诉讼请求，事实与理由，以及证人姓名、住址，其他证据的名称、来源。

1. 案由和诉讼请求

应写明控告的罪名和要求人民法院追究被告人刑事责任的请求。叙写这部分内容应注意两点：一是罪名应当依法确定，准确无误；二是请求应当明确具体。一件刑事自诉案件有两个以上案由的，可以一一列出；有两个以上被告人的，应逐人逐项写明。

2. 事实与理由

事实与理由是刑事自诉状的核心内容，应当分两部分叙写。事实部分应写明被告人犯罪的具体事实，理由部分应当以案件事实为基础，以有关法律规定为准绳，阐明起诉理由。案情特别简单的，事实与理由也可以写在一段里，但在行文上，仍采取先叙后议的写法。

叙写事实与理由应当注意下述问题：一是叙写事实应当实事求是，如实反映案件情况；二是应当依据法律严格区分罪与非罪的界限，切忌将非罪材料写入犯罪事实；三是叙写犯罪事实应写明被告人实施犯罪的时间、地点、动机、目的、手段、情节和危害结果等。

阐述理由应当注意下述问题：一是依据事实，说明被告人犯罪行为的性质、危害；二是完整、具体、准确地引用法律条款；三是向人民法院重申自己的诉讼请求。

3. 证人姓名、住址，证据的名称、来源

证据是证明案件真实情况的一切事实，《中华人民共和国刑事诉讼法》规定，缺乏罪证的自诉案件，如果自诉人提不出补充证据，应当说服自诉人撤回自诉，或者裁定驳回。这一规定说明，刑事自诉状中列举证据是十分重要的内容，不仅关系到事实与理由能否成立，甚至关系诉讼的胜败。列举证据应当注意：证据与犯罪事实要有客观联系，证据的名称要规范，证据的来源、名称、件数要写清楚，证人的姓名要准确，住址要详细具体。

（三）尾部

尾部包括结尾和附项。结尾首先应写明致送人民法院名称，由自诉人签名后，注明年月日。附项写明所附刑事自诉状副本的份数和有关证据情况。

三、格式式样

刑事自诉状

（自诉案件用）

自诉人：

被告人：

案由和诉讼请求：

事实与理由：

证人姓名、住址，其他证据的名称、来源：

此致

×××人民法院

附：本自诉状副本　份

自诉人

年　月　日

四、制作和适用中应当注意的问题

1. 事实部分

除了要写出事实的基本要素，还要注意写出能够证明案由的罪状，即刑法分则相关条款所列举的构成该罪的犯罪特征，不要将事实写成一份流水账。

2. 关于证据的列写

在刑事自诉状的制作中，应该尽可能将具体的证据写出。控辩双方所持证据要在庭审中提出，人民法院审查立案或立案后要求自诉人提出补充证据的，并不是以自诉人提出充分证据为必要条件，所以自诉状中的证据部分不需要写得过细。其写法以列出证据目录和略加说明为宜。

例文借鉴

刑事上诉状

上诉人：胡××，男，16岁（2008年×月×日生），汉族，××市××县人，××中学高一学生，住××市××路××号。因故意伤害罪，于2024年4月12日被拘留，4月22日被逮捕。上诉人因故意伤害一案，不服××区人民法院2024年7月16日〔2024〕×刑初字第×号刑事判决，提出上诉。

上诉请求：

请求上级人民法院撤销××区人民法院2024年7月16日〔2024〕×刑初字第×号刑事判决，宣告上诉人无罪。

上诉理由：

上诉人认为原审人民法院的判决认定事实错误，适用法律不当，上诉人的行为不构成伤害罪，而是正当防卫，不负刑事责任。其理由如下。

《中华人民共和国刑法》第二十条第一款规定："为了使国家、公共利益、本人或者他人的人身、财产和其他权利免受正在进行的不法侵害，而采取的制止不法侵害的行为，对不法侵害人造成损害的，属于正当防卫，不负刑事责任。"第二款规定："正当防卫明显超过必要限度造成重大损害的，应当负刑事责任，但是应当减轻或免除处罚。"第三款规定："对正在进行的行凶、杀人、抢劫、强奸、绑架以及其他严重危及人身安全的暴力犯罪，采取防卫行为，造成不法侵害人伤亡的，不属于防卫过当，不负刑事责任。"从以上刑法条款来看，正当防卫必须具备以下几个条件：（1）必须是对具有社会危害性的不法侵害行为才能实行正当防卫，而对合法行为则不能实行"防卫"；（2）必须是对实际存在并且是正在进行的不法侵害才可以实行正当防卫；（3）必须是对实施不法侵害本人实行防卫，而不能对第三者实行；（4）正当防卫不能明显超过必要限度。法律是裁判案件的准绳，以上述法律精神来衡量上诉人的所作所为，得出来的结论只能是上诉人的行为属于正当防卫，不构成犯罪。

从案件发生过程来看，上诉人既无伤害死者胡××的动机与目的，又无伤害的行为。4月11日下午2时许，上诉人回家即无故遭到胡××的拳打脚踢，上诉人逃出家门，胡××举起铁锨在后面紧追不舍，正当胡××举起铁锨欲对上诉人行凶，在这千钧一发之时，上诉人为免遭实际的、即将来临的不法侵害，在被迫无奈的情况下顺手从地上捡起一块大石头，对着胡××的头部砸了一下。制止了胡××的不法侵害，这是法律允许的保护人身不受侵害的正当防卫。上诉人正当防卫行为是对不法侵害者本人的，没有伤害他人，无任何社会危害性。上诉人正当防卫行为是得当的，没有超过必要限度。而胡××举铁锨砍上诉人，若是砍中，其后果将十分严重，非死即伤。上诉人在情急之下，顺手捡起一块石头砸胡××的头部，防卫行为与不法侵害行为是相适应的，没有超过必要限度。《中华人民共和国刑法》第二十条第三款明确规定："对正在进行行凶、杀人……以及其他严重危及人身安全的暴力犯罪，采取防卫行为，造成不法侵害人伤亡的，不属于防卫过当，不负刑事责任。"总之，上诉人的防卫与条款关于正当防卫规定的精神是相吻合的，是具备了法定的正当防卫条件的。

恳请上级人民法院查明案件事实，正确适用法律，撤销原判，宣告上诉人无罪。

此致

××市中级人民法院

附：本上诉状副本1份

上诉人：胡××
2024年7月30日

【简析】

该上诉状符合刑事上诉状的范式。上诉人的上诉请求是要求发回重审和依法改判，并详细陈述了理由。

必备知识

一、刑事上诉状的概念、功能

刑事上诉状，是指刑事案件的当事人及其法定代理人，或者刑事被告人的辩护人和近亲属经被告人同意，不服地方各级人民法院的第一审判决、裁定，依照法定程序，在法定期限内，提出要求上一级人民法院撤销或变更原裁判的书面请求。对被告人的上诉权，不得以任何借口加以剥夺。刑事上诉状是刑事案件当事人表示不服人民法院第一审裁判，要求引起第二审程序的文书，也是第二审人民法院开始刑事案件上诉审程序的依据。

二、刑事上诉状的结构

刑事上诉状由首部、正文和尾部组成。

（一）首部

首部包括标题、当事人的基本情况和案由。

1. 标题

应当居中写明"刑事上诉状"。

2. 当事人的基本情况

写明上诉人的姓名、性别、出生年月日、民族、出生地、文化程度、职业或工作单位和职务、住址等。上诉人基本情况与判决书中被告人基本情况相同。

3. 案由

应当写为“上诉人因×××（案由）一案，于×年×月×日收到×××人民法院××××年×月×日〔××××〕×字第×号刑事××，现因不服该××提出上诉”。

（二）正文

正文是文书的核心，包括上诉请求和上诉理由。

1. 上诉请求

上诉请求是上诉人提出上诉所要达到的目的，体现了上诉人的愿望，一般要求写明上诉人请求第二审人民法院部分还是全部撤销原审裁判，或者请求第二审人民法院重新审理，改变原审裁判。上诉请求应写得明确、具体。

2. 上诉理由

主要是针对原审判决、裁定的不当之处提出不服的理由，即上诉理由主要是上诉人对原审裁判的辩驳。叙写上诉理由应当摆事实、讲道理，要有的放矢，并引用有关法律作为依据。

在司法实践中，阐述上诉理由主要从以下几方面入手：一是针对原审认定事实的错误进行论证；二是针对原审适用法律的错误（含对案件的定性错误）进行论证；三是针对原审违反诉讼程序的错误进行论证。

上诉理由的基本特点是有很强的针对性和反驳性。文书制作者在制作文书以前，首先应当认真仔细地研究一审裁判文书，正确、全面地理解裁判文书的内容，然后准确地把裁判文书存在的问题找出来，加以评论，进行驳辩。

（三）尾部

尾部包括结尾和附项。结尾应写明致送人民法院的名称，由上诉人签名后，写明年月日。附项应写明刑事上诉状副本的份数和所附证据的情况。

三、格式式样

刑事上诉状

（刑事案件上诉用）

上诉人：

上诉人因　　　一案，于　年　月　日收到　　　人民法院　　年　月　日〔　　〕字第　号刑事　　　　　，现因不服该　　　　　，提出上诉。

上诉请求：

上诉理由：

此致

×××人民法院

附：本上诉状副本　份

上诉人：

年　月　日

四、制作和适用中应当注意的问题

1. 事实方面

看原审认定的事实是否真实，是否有证据证明。如果没有证据而认定了对上诉人不利的事实，或者对有证据证明对上诉人有利的事实而没有认定，导致认定事实错误的，可以作为上诉理由。需要注意的是，如果在事实认定方面原审所存在的问题属于枝节，并不足以影响案件的定性和量刑，那么，这样的问题就不应该作为上诉理由的重点。

2. 证据方面

注意两点：一是看原审认定事实是否运用了证据，所用证据来源是否合法，证据之间能否构成锁链；二是看原审是否不恰当地确定了当事人的举证责任。从证据方面考虑上诉理由，可以结合人民法院审判方式的改革来谈，只要是人民法院在举证、质证、认证等方面没有合法的依据，或者没有依照法定程序进行，因此采信的证据又不利于上诉人的，都可以作为上诉理由。

3. 法律适用方面

法律适用方面有错误，通常是由于认定事实有错误，但也可能是单纯的法律适用错误，即原审认定事实、采信证据都是正确的，但在对当事人的行为进行定性、定量分析时出现错误，因而导致法律适用错误。对法律适用进行分析，应该注意刑法规定的新变化，还应该注意最高人民法院、最高人民检察院对刑法所作的司法解释。简单地引用刑法条款而不作较为深入的分析，难以产生说服力。

4. 诉讼程序方面

重实体轻程序，是长期以来我国司法实践中存在的弊端，《中华人民共和国刑事诉讼法》经过修订和审判方式改革，这种情况有所改变，但是实践中仍旧存在一些问题。例如一审法院在审理过程中将案件报送二审法院要求指示，然后根据二审法院的指示作出一审判决。这种做法在法律上找不到任何根据，实际上是变二审终审制为一审终审制，剥夺了当事人的上诉权，但在目前将此作为上诉理由提出，并没有实际意义。

在上诉理由的制作中，要特别注意理由的针对性，即上诉理由应该是针对原审裁判中存在的问题展开阐述。

例文借鉴

刑事答辩状

答辩人：何××，女，36岁，汉族，山东省济南市人，江苏省徐州市××局干部，住徐州市××路××号。电话：××××××××　　邮政编码：××××××

被答辩人：陈×，男，35岁，汉族，江苏省苏州市人，江苏省徐州市××局干部，住徐州市××路××号。电话：××××××××　　邮政编码：××××××

答辩人因陈×指控答辩人犯诽谤罪一案，提出答辩如下。

1. 答辩人的行为不构成诽谤罪。

依照《中华人民共和国刑法》第二百四十六条的规定，诽谤罪是指故意捏造并散布虚构的事实，公然损害他人人格、破坏他人名誉，情节严重的行为。构成诽谤罪的主要条件一是要有捏造并公然散布有损于他人名誉、人格的事实；二是出于故意，目的在于损害他人名誉和人格；三是必须情节严重。

从本案情况来看，首先，我没有捏造有损陈×名誉和人格的事实。今年6月17日，陈

×在办公室内与他人关系暧昧，是我单位同事刘××、胡×亲眼所见，后来向我和我处王××处长做了反映，这有胡×、王××处长的证言为证，并非我的捏造。其次，我没有有意损害陈×的名誉和人格。我是在6月28日单位党组织生活会上对陈×的生活作风问题提出批评的，目的在于希望陈×引以为戒，能够吸取教训，加以改正，做一名合格的共产党员。这是很正常的同志式的批评意见，怎能被视为故意损害他人名誉和人格呢？难道陈×犯了错误，就不能在组织内部进行批评教育吗？由于我的所作所为并不具备诽谤罪成立的条件，所以不构成犯罪。

2. 陈×的行为应当受到舆论和道德的谴责，人民法院应当驳回其诉讼请求。

陈×犯了错误，本应吸取教训，注意改正，但陈×却采取恶人先告状的错误做法，向人民法院提起诉讼，请求人民法院追究我的“刑事责任”，并对他给予“精神损失赔偿”。我认为，对陈×这种知错不改、拒绝批评、一错再错的行为，应当给予舆论和道德的谴责。在这里，我请求人民法院查明事实真相，驳回陈×的诉讼请求，并给予相应的处罚，以寻求司法公正和对公民合法权益的保护。

此致

江苏省高级人民法院

附：本答辩状副本 份

答辩人：何××
××××年9月15日

【简析】

本案例是一份刑事答辩状。答辩人作为自诉人指控的被告人，针对所指控的犯罪内容，依据事实与理由进行辩驳。本案例针对性强，事实清楚，有理有据。

必备知识

一、刑事答辩状的概念、功能

刑事答辩状是指刑事自诉案件的被告或被上诉人根据刑事自诉状或刑事上诉状的内容，针对原告提出的诉讼请求或上诉人提出的上诉请求作出答复，并依据事实与理由进行辩驳的法律文书。

答辩是一种应诉行为，是被告人和被上诉人依法享有的一种诉讼权利，在刑事诉讼活动中，被告人或被上诉人以刑事答辩状的形式依法行使答辩权，对自诉人的诉讼请求、上诉人的上诉请求以及所依据的事实与理由，进行有的放矢的反驳和辩解，不仅有利于维护自己的合法权益，也有利于人民法院全面了解案情，作出公正的判决。

二、刑事答辩状的结构

刑事答辩状由首部、正文和尾部组成。

（一）首部

首部包括标题、当事人的基本情况和案由三项。

1. 标题

应居中写明“刑事答辩状”。

2. 当事人的基本情况

应写明答辩人的姓名、性别、出生年月日、民族、出生地、文化程度、职业或工作单位和职务、住址等。

3. 案由

应表述为“因……一案提出答辩如下”，由此引出内容。

（二）正文

正文是刑事答辩状的重点部分，主要应阐明答辩人的答辩意见和理由。叙写这部分内容通常从下述几方面入手。一是针对错误事实进行反驳。制作答辩状应当尊重客观事实，抓住双方当事人争执的关键性问题，针对刑事自诉状或刑事上诉状中违背事实的主要问题，有理有据地进行反驳。二是针对运用法律的错误进行反驳。只有在弄清事实的基础上，依据法律规定进行辩驳，才能使答辩状的答辩理由立于不败之地。

此外，文书制作者还可以针对起诉程序不合法、举证不真实等方面提出答辩意见，目的是通过反驳对方，阐明自己的观点，提出合理合法的答辩意见，使人民法院接受自己的主张，维护自己的合法权益。

总之，制作刑事答辩状必须实事求是，举出有力的证据，不能歪曲事实和无理狡辩，并且答辩的内容要有针对性。

（三）尾部

尾部包括结尾和附项。结尾应写明致送人民法院的名称，由答辩人签名或盖章，注明文书制作的年月日。附项应写明附件的名称和件数。

三、格式式样

刑事答辩状

（自诉案件被告人提出答辩用）

答辩人：

答辩人因　　一案，提出答辩如下。

此致

××人民法院

附：本答辩状副本　份

答辩人：

年　月　日

四、制作和适用中应当注意的问题

作者必须是自诉人指控的被告人或其法定代理人和委托人；内容必须是针对刑事自诉状的犯罪指控内容进行答辩；必须在法定时间内提交给人民法院。

例文借鉴

刑事申诉书

申诉人：王××，女，51岁，汉族，××市人，××市××工厂工人，住××市××区××胡同××号。

申诉人因被告人刘×军故意伤害一案，对××市中级人民法院2022年11月30日〔2022〕×中刑初字第××号刑事判决，提出申诉。

请求事项：

1. 撤销××市中级人民法院〔2022〕×中刑初字第××号刑事判决。

2. 以故意杀人罪判处被告人刘×军死刑，剥夺政治权利终身。

事实与理由：

2020年8月27日，被告人刘×军因骑自行车与我儿子被害人胡××（时年23岁）相碰，双方发生口角，后被过路人劝开。对此，刘×军怀恨在心，起意报复。在尾随我儿子胡××回家、确认了我家所在位置后，刘×军勾结范××、刘×兵等，携带五连发手枪、匕刀、匕首等凶器，于8月29日晚9时30分左右在我家附近拦截了我的儿子胡××，当时我儿子胡××正要回家。见到刘×军等后，我儿子胡××急忙向家奔跑，可是刘×军却使用五连发手枪向我儿子胡××连续射击，并击中他的左腿，然后刘×军又追上他，用匕首将他刺死。刘×军的这一系列行为表明，他是意图杀死我儿子的。

在本案的侦查和审理过程中，刘×军一直坚持说他与我儿子胡××素不相识，没有杀死胡××的目的和动机；在一、二审的判决书中也将这一点作为认定刘×军不构成故意杀人罪的理由之一。但事实上，刘×军在犯罪之前就曾与我儿子胡××发生口角，而后来的行凶又是基于报复的原因而实施的，如果他只是想实施伤害行为，那么用枪击伤我儿子胡××就可以了，为什么还要追上他将他刺死呢？

我认为，刘×军的行凶行为是在他的主观上的杀人故意支配下实施的，他的行为性质不是伤害，而是杀人。为严惩杀人凶手，维护社会治安秩序，特提出申诉，请人民法院依法重新审理，公正判决。

此致

××市中级人民法院

附：原审判决书1份

申诉人：王××

2023年5月10日

【简析】

本案例是一份刑事申诉书。请求事项具体、明确、合理合法；理由部分针对原裁判存在的错误和问题进行分析评论，反驳有理有据，有的放矢。

必备知识

一、刑事申诉书的概念、功能

刑事申诉书是指刑事案件的当事人及其法定代理人、近亲属，对已经发生法律效力的判决、裁定，认为有错误而向人民法院或人民检察院提出申诉时制作并使用的法律文书。《中华人民共和国刑事诉讼法》规定，当事人及其法定代理人、近亲属，对已经发生法律效力的判决、裁定，可以向人民法院或者人民检察院提出申诉，但不能停止判决、裁定的执行。刑事申诉书是申诉人不服判决、裁定的书面声明，也是人民法院或人民检察院依法决定按审判监督程序对案件进行再审的依据。

二、刑事申诉书的结构

刑事申诉书由首部、正文和尾部组成。

（一）首部

首部包括标题、当事人基本情况和案由。

1. 标题

应居中写明“刑事申诉书”。

2. 当事人的基本情况

应当写明申诉人的姓名、性别、出生年月日、民族、出生地、文化程度、职业或工作单位和职务、住址等。申诉人是法人或者其他组织的，应写明法人或其他组织的名称、所在地址、法定代表人或代表人的姓名和职务。不是当事人本人申请的，要注明申诉人与当事人之间的关系。

3. 案由

应表述为“申诉人×××对×××人民法院××××年×月×日〔××××〕×字第×号×××，提出申诉。”

（二）正文

正文包括请求事项、事实与理由两部分内容。

1. 请求事项

应写明原审人民法院的名称、案件编号和案由，再根据具体案情写明请求事项。申诉人是被害人或其家属或其他公民的，可以请求人民法院从重惩处被申诉人，或者请求人民法院判决被申诉人如数赔偿被害人的经济损失等。申诉人是被告人的，则可以请求人民法院从轻处罚申诉人，或者请求人民检察院免除对申诉人的刑罚，或者请求人民检察院宣告申诉人无罪，或者请求人民检察院提出抗诉等。叙写请求事项应当具体、明确、合理合法。

2. 事实与理由

事实与理由应当概述已经生效裁判的主要内容，即概述原裁判认定的事实和证据、裁判的理由和法律依据以及裁判的结果。但是对原裁判在认定事实和适用法律等方面的错误和问题应当具体写明，为阐述申请理由提供依据。理由部分应当针对原裁判存在的错误和问题进行分析评论，反驳有理有据，有的放矢。

叙述事实与理由通常从以下几方面入手：一是认定事实是否清楚，情节是否有出入；二是证据是否确实、充分；三是适用法律是否恰当；四是定性是否准确；五是审判程序是否合法；六是量刑是否适当。总之，提出申诉必须在事实上、法律上有理有据，不能无理申诉。

（三）尾部

尾部包括结尾和附项。结尾首先应写明致送人民法院或者人民检察院的名称，由申诉人签名后，注明申诉时间。附项应写明附件的名称和份数。

三、格式式样

刑事申诉书

申诉人：

申诉人　　　，对　　　　人民法院　　　年　　月　　日〔　　　〕字第　　号

　　，提出申诉。

请求事项：

事实与理由：

此致

×××人民法院

附：1. 申诉状副本　份

2. 原审　　书复印件1份

申诉人

年　月　日

四、制作和适用中应当注意的问题

当事人及其法定代理人、近亲属提出申诉后，对人民法院的活动就有约束。法院执行《中华人民共和国刑事诉讼法》的规定，各级人民法院对当事人及其法定代理人、近亲属对已经发生法律效力的判决、裁定提出的申诉，应当认真审查处理。只要申诉符合法律规定的条件，人民法院都应当重新审判。

《中华人民共和国刑事诉讼法》规定的条件有四项：有新的证据证明原判决、裁定认定的事实确有错误的；据以定罪量刑的证据不确实、不充分或者证明案件事实的主要证据之间存在矛盾的；原判决、裁定适用法律确有错误的；审判人员在审理该案件的时候，有贪污受贿、徇私舞弊、枉法裁判行为的。

刑事申诉如果被驳回，申诉人还可以向上一级人民法院申诉。上一级人民法院经审查认为申诉不符合《中华人民共和国刑事诉讼法》规定的，予以驳回。经两级人民法院处理后又提出申诉的，必须有新的充分理由，否则人民法院可以不再受理。

提出刑事申诉应该使用刑事申诉书。申诉人一般应该将申诉书提交作出发生法律效力的判决、裁定的人民法院。直接向上级人民法院申诉的，如果没有经作出发生法律效力的判决、裁定的人民法院审查处理，上级人民法院可以交该人民法院审查，并告知申诉人；申诉人如果认为案情疑难、复杂、重大，或者对已经由作出发生法律效力的判决、裁定的人民法院审查处理不服的，也可以直接向上一级人民法院申诉。上一级人民法院如果认为案情确属疑难、复杂、重大，或者已经由作出发生法律效力的判决、裁定的人民法院审查处理的，可以直接受理、审查，下级人民法院也可以请求移送上一级人民法院审查处理。

任务三　行政案件诉状

例文借鉴

行政起诉状

原告：冯××，男，35岁，住上海市××区××街××号。

邮政编码：××××××

被告：上海市××区劳动和社会保障局。

地址：上海市××区××街××号

法定代表人：谭××　　　　　　　职务：局长

请求事项：

请求法院认定上海市××区劳动和社会保障局拒不履行其工伤认定的职责，属于行政不作为行为。判令被告履行职责。

事实和理由：

原告从2015年4月23日始一直在××市××厂工作，2023年8月3日因为车间堆放的物品倒塌，致伤原告。原告向上海市××区劳动局申请工伤认定，2023年12月20日提出申请后，被告在法定的2个月内没有对原告的要求予以答复，此后原告又多次催问，依然没有得到答复。原告之伤需经劳动保障行政部门认定方能享受工伤待遇，由于被告拒不履行法律规定的认定责任，给原告造成了很多严重后果，致使原告身心受到了极大的伤害。被告身为国家行政机关，知法犯法，明知故犯，法理难容，根据《中华人民共和国行政诉讼法》的规定，特具状起诉，请人民法院审查，依法判决，以维护法律尊严和原告的合法权益。

此致

上海市××区人民法院

附件：本诉状副本1份

起诉人：冯××

2024年3月2日

【简析】

本案例是一份行政起诉状。其诉讼目的明确，事实清楚，理由充分，证据有力。

必备知识

一、行政起诉状的概念、功能

行政起诉状，是指行政诉讼的原告认为自己的合法权益受到行政机关和行政机关工作人员具体行政行为的侵害，向人民法院提起诉讼，要求依法处理的法律文书。《中华人民共和国行政诉讼法》第二条规定："公民、法人或者其他组织认为行政机关和行政机关工作人员的行政行为侵犯其合法权益，有权依照本法向人民法院提起诉讼。"

当事人提起行政诉讼，必须符合四项条件：（1）原告是认为具体行政行为侵犯其合法权益的公民、法人或者其他组织；（2）有明确的被告；（3）有具体的诉讼请求和事实根据；（4）属于人民法院受案范围和受诉人民法院管辖。

行政起诉状是原告指控被告作出的具体行政行为非法的一种法律文书，是维护原告合法权益的工具，也是人民法院受理行政案件的依据。

二、行政起诉状的结构

行政起诉状的格式有两种：一种是公民提起行政诉讼适用的；另一种是法人或者其他组织提起行政诉讼适用的。两种格式基本相同，只是当事人基本情况书写的项目有所不同。

（一）首部

首部包括标题和当事人基本情况。

1. 标题

应居中写明“行政起诉状”。

2. 当事人基本情况

原告基本情况书写的项目与要求，与民事起诉状的要求相同。行政诉讼的被告是特定的，即作出具体行政行为的行政机关或者法律、法规授权的组织，书写基本情况时应依次写明被告的名称、所在地址和电话，法定代表人或代表人的姓名和职务。需要注意的是，行政诉讼案件，在原告向人民法院提起诉讼前，有的案件已经经过行政复议，复议机关维持原具体行政行为的，作出原具体行政行为的行政机关是被告；复议机关改变原具体行政行为的，复议机关是被告。总之，行政诉讼案件的被告情况比较复杂，应视具体案情而定，以免告错对象。

（二）正文

正文是文书的核心，由诉讼请求、事实与理由、证据等组成。

1. 诉讼请求

诉讼请求即原告向人民法院提起诉讼所要达到的目的。例如：要求撤销、部分撤销或变更具体行政行为；请求行政赔偿。这部分内容只需要作高度概括性表述，具体内容可以在事实与理由部分叙写。因此，应当简洁明了，言简意赅。

2. 事实与理由

叙写事实应当抓住关键性问题，写明被告行政机关及其工作人员侵犯原告合法权益的事实经过、原因及其结果。事实部分一般分三个层次叙写：首先应写明原告引起行政机关作出具体行政行为的事实；其次写明行政机关作出的具体行政行为；最后写明原告对行政机关作出的具体行政行为是否申请过行政复议。申请过行政复议的，复议机关是否改变了原具体行政行为；复议机关改变了原具体行政行为的，改变后的具体行政行为的内容是什么。

行政起诉状的理由应当根据不同的案情，有针对性地进行论述。首先应当提出对具体行政行为的不服之处；然后进行论述，说明行政机关处理（或处罚）的错误所在，表明自己的行为不应当受到此种处理（或处罚）或对待。

阐述理由应当注意三点：一是说理要有针对性，应当针对被告作出处理（或处罚）决定的错误之处进行分析、论证；二是说理应当与事实相一致，应当为诉讼请求服务；三是应当恰当地引用法律条款作为依据，充分阐述起诉的理由。

3. 证据

《中华人民共和国行政诉讼法》规定，行政诉讼中的举证责任在被告行政机关。但是这并不等于说原告不需要举证。为了使人民法院查明事实，分清是非，正确地适用法律，从而对案件作出公正的裁决，原告举证也是案件审理过程中必不可少的一个环节。特别是行政起诉状递交人民法院后，人民法院是否受理案件，只能依据行政起诉状作出决定，不进行调查。因此，原告在起诉状中写明证据，是至关重要的。列写证据的具体要求，与民事起诉状相同。

（三）尾部

尾部包括结尾和附项。结尾应写明致送人民法院名称、起诉人的姓名或名称、年月日。

附项应写明本起诉状副本的份数以及所附证据的情况。

三、格式式样

行政起诉状的行文格式与民事起诉状相同。写作时可参阅民事起诉状格式。

四、制作和适用中应当注意的问题

第一，当事人提起行政诉讼必须采用书面形式提出行政起诉状。原告向人民法院提出行政起诉状的时间，如果是经过复议程序的，必须在收到复议决定书之日起十五日内，复议机关逾期不作决定的，在复议期满之日起十五日内；如果没有经过复议程序，则在知道作出具体行政行为之日起三个月内。法律有特别规定的除外。如果当事人因不可抗力或者其他特殊情况耽误法定期限的，在障碍消除后的十日内，应该在向人民法院申请延长期限的同时，提出行政诉讼。

第二，注意行政诉讼状应当致送给有管辖权的法院。从级别上而言，通常基层法院受理第一审行政案件。中级人民法院受理确认发明专利权的案件、海关处理的案件；对国务院各部门或者省、自治区、直辖市人民政府所作的具体行政行为提起诉讼的案件；本辖区内重大、复杂的案件。高级人民法院管辖本辖区内重大、复杂的第一审行政案件。最高人民法院管辖全国范围内重大、复杂的第一审行政案件。从地域上而言，行政案件由最初作出具体行政行为的行政机关所在地人民法院管辖；经复议的案件，复议机关改变原具体行政行为的，也可以由复议机关所在地人民法院管辖；对限制人身自由的行政强制措施不服提起的诉讼，由被告所在地或者原告所在地人民法院管辖；因不动产提起的行政诉讼，由不动产所在地人民法院管辖。

第三，行政诉讼与民事诉讼的举证原则不同。民事诉讼一般采取谁主张谁举证的原则，行政诉讼则是被告负举证责任。但被告负举证责任并不是对原告所陈述的事实负举证责任，而是对被告作出的具体行政行为的真实性举证。

例文借鉴

行政上诉状

上诉人：张××，女，78岁，汉族，浙江嘉善人，退休工人，住××区××镇××街13号。

联系地址：上海市××区××村16号205室

邮政编码：××××××

联系电话：××××××××

被上诉人：上海市××区房屋土地管理局。

法定地址：上海市××区××路30号

法定代表人：吴×　职务：局长

上诉人张××因拆迁安置补偿纠纷一案，不服上海市××区人民法院作出的〔2021〕松行初字第10号一审行政判决，特依法向贵院提起上诉。

诉讼请求：

一、撤销上海市××区人民法院〔2021〕松行初字第10号行政判决书。

二、本案第一、第二审诉讼费用由被上诉人承担。

事实和理由：

上诉人张××因拆迁安置补偿纠纷一案，经上海市××区人民法院审理，于2021年11月29日作出行政判决。上诉人认为该判决在事实认定与法律适用上有重大错误，具体如下。

一、一审法院判定："原告之子吴×胜开设的餐饮点心店房屋系向原告租用的私房"，因此××区××镇××街13号"不属营业用房拆迁安置范围和给予一次性经济补助及停业损失补偿的范围"，与事实不符，是错误的。

2018年吴×胜下岗在家，为赡养上诉人（时年73岁）及抚养儿子吴×村，经合议在家开一个餐饮店（面积为20平方米），但在工商登记时上诉人被告知业主有年龄限制，建议吴×胜做业主，只要吴×胜与上诉人订立一份名义上的房屋租赁合同（见附件一），便可符合工商登记的要求。个体餐饮店依法成立后，上诉人与吴×胜相扶相持、共同经营、共担风险，已经完全超出了一般意义上房屋租赁双方当事人责、权、利的范围。此外，从合同的形式上看，该租赁合同不符合《中华人民共和国民法典》合同篇所规定的法定形式要件，由此足以判断上诉人与吴×胜之间并非房屋租赁关系，上诉人依法设立的个体工商户所使用的房屋为自用私有房屋，在拆迁时应当给予个体工商户营业用房的安置待遇。

二、一审法院以"根据《私房拆迁征求意见书》内容，原告明确选择了保留房屋所有权，并非放弃房屋所有权，用公房予以安置"作为依据，于此判定"给予独立子女吴×村增加平方米无实际意义"，是片面错误的。

2020年11月，上诉人居住的××街13号房屋被列入拆迁范围，11月20日上诉人被要求填写《私房拆迁征求意见书》，在不了解本次拆迁安置具体实施办法的情况下（《拆迁安置办法》于11月30日才收到，见附件二），匆匆订立了一份内容为保留房屋所有权的《私房拆迁征求意见书》。其后，×××置业（集团）有限公司（后称拆迁人）一直未与上诉人协商有关的动迁事宜。直到2021年1月17日，拆迁人突然向上诉人发出限期迁出和强行断电停水的通知，在上诉人的强烈要求下，拆迁人才先后三次与上诉人接触商谈，在商谈中上诉人提出放弃房屋的所有权，按照市府发布的拆迁安置办法进行安置。在一审庭审中，上诉人也明确提出放弃房屋所有权，并愿意在此基础上与拆迁人正式订立安置补偿协议。在这里，不妨假设如果强制性地要求上诉人接受拆迁人保留房屋所有权、一次性交付801 358.11元的巨额差价款的方案，那么对于一个上有八旬老母、下有学童又被剥夺了赖以谋生场所（营业用房）的家庭来说，那结果将是灾难性的，不合法，更不合情理。但令人遗憾的是，一审法院看重的是不具备法律约束力的《私房拆迁征求意见书》，对当事人的真实意见却不置可否，显失偏颇。

三、一审法院以"原告的被拆迁房土地使用面积61平方米，原系无偿取得"即行判定"现因国家建设需要，依法应予以收回"，显然是错误的。

2000年8月，上诉人对该被拆迁房屋进行翻建后，在××县法院调解下向原房屋土地权利人章××要求提出转让该房屋、土地，当时双方开立了收据，转让价款合计为2 000元（附件三）。可见，上诉人的被拆迁房土地之取得是给付对价的，不存在"无偿取得"的问题。值得一提的是，全国人民代表大会制定通过的《中华人民共和国土地管理法》中明确规定，对实施旧城区改建收回国有土地使用权的，对土地使用权人应当给予适当补偿。

综上所述，一审法院在本案拆迁安置的事实认定上有重大疏漏，在法律适用上又存在不当。为切实维护当事人的合法权益，特请求二审法院依法裁决，支持上诉人的诉讼请求。

此致

上海市第一中级人民法院

附：本上诉状副本1份（略）

上诉人：张××

2021年12月15日

【简析】

该上诉状除了格式规范、内容要素完备，更重要的是上诉理由写得比较好。该文书所采用的方法是针对原审裁判中的错误和问题进行分析论断，申述正确主张，从而阐明上述理由，为实现上诉请求提供法律上、理论上的依据。表述上采用夹叙夹议的方法，语言流畅，堪称典范。

必备知识

一、行政上诉状的概念、功能

行政上诉状是指行政诉讼的当事人不服地方各级人民法院第一审行政裁决或裁定，在法定的上诉期限内，向上一级人民法院提出上诉，请求撤销、变更原裁判的书状。《中华人民共和国行政诉讼法》第八十五条规定，当事人不服人民法院第一审判决的，有权在判决书送达之日起十五日内向上一级人民法院提起上诉。当事人不服人民法院第一审裁定的，有权在裁定书送达之日起十日内向上一级人民法院提起上诉。逾期不提起上诉的，人民法院的第一审判决或者裁定发生法律效力。

行政上诉状是行政诉讼当事人声明上诉的法律文书，也是二审人民法院依法审理诉讼案件的依据。

二、行政上诉状的结构

行政上诉状由首部、正文和尾部组成。

（一）首部

行政上诉状的首部与民事上诉状的首部基本相同。

（二）正文

正文是文书的核心，主要包括上诉请求和上诉理由。

1. 上诉请求

上诉请求主要应当写明上诉人请求第二审人民法院依法撤销或变更原审裁判，以及如何解决争议的具体要求。这部分内容应写得明确、具体。

2. 上诉理由

上诉理由可以分两个层次叙写。首先，应当概括叙述案情及原审人民法院的处理经过、处理结果，为论证上诉理由奠定基础。其次，针对原裁判中的错误和问题进行分析论证，反驳谬误，表达正确的主张，阐明上诉理由，为实现上诉请求提供事实上、法律上、理论上的依据。

阐述上诉理由通常从以下几个方面入手：一是由认定事实的错误造成的，应当列举证据，否定原审裁判认定的全部事实或部分事实；二是由于适用法律、法规不当造成的，应当援引有关法律、法规条款加以反驳；三是由违反法定程序造成的，应当依据法律、法规指出错误之处。

（三）尾部

行政上诉状的尾部与民事上诉状的尾部大体一致。

三、格式式样

行政上诉状的行文格式与民事上诉状格式相同。写作时，可参阅民事上诉状格式。

四、制作和适用中应当注意的问题

第一，当事人可以在第二审期间提出行政赔偿请求，第二审人民法院可以进行调解，但如果调解不成，当事人应当另行起诉。

第二，尽管违反法定程序可以构成上诉理由，但是根据《中华人民共和国行政诉讼法》的规定，违反法定程序必须达到可能影响案件公正审判的程度，才构成撤销原判，所以写作时应注意强调违反法定程序的严重性。

例文借鉴

行政申诉状

申诉人：×市公安局

地址：×市××大街××号

法定代表人：巫×　　职务：局长

申诉人×市公安局对×市中级人民法院2022年×月×日〔2022〕字第××号的判决不服，依法提出申诉，申诉的事实及理由如下。

2022年×月×日晚9时许，×县人大常委会委员叶×开会回来，在一家招待所参与赌博，赌博之时，被治安联防队员抓获，并押送到×派出所，在派出所讯问时，叶×化名陈×，谎称自己是×县的个体户，承认自己赌博违法行为，×市公安局×分局认定陈×（即叶×）参与赌博，根据《中华人民共和国治安管理处罚条例》的规定，给予行政拘留十天的处罚，并于当日将其送交行政拘留所执行。×县人大常委会因叶×下落不明，四处寻找，发现叶×被押在×市公安局行政拘留所，遂将其保释。叶×提出申诉，×市公安局作出申诉裁决：维持×分局的原处罚决定。叶×仍不服，向×区人民法院起诉。×区人民法院认为：以参与赌博为理由对叶×作出治安处罚申诉裁决证据不足，判决撤销×市公安局的治安处罚裁决。×市公安局不服，上诉于×市中级人民法院，×市中级人民法院审理后，维持×区人民法院的原审判决。

我局认为，两级法院对本案事实的认定都有错误，基本都是偏信了叶×的陈述，认定叶×只是出于好奇，观望片刻即离开赌博现场。同时，置三名联防队员的证词于不顾，任意偏袒，故向贵院申诉。请求撤销两级的判决再审后改判，维持我局对叶×的治安处罚裁决。

此致

××省高级人民法院

附：原审判决书各1份

申诉人：×市公安局（盖章）

2022年×月×日

【评析】本诉状是一份行政申诉状。该申诉状格式规范，语言简洁；请求事项清楚，论证有力、合理合法。

必备知识

一、行政申诉状的概念、法律依据和功用

行政申诉状，是指行政案件的当事人及其法定代理人认为人民法院已经发生法律效力的行政判决、裁定确有错误，向人民法院要求提起再审时所制作的书状。

申诉，是公民、法人或其他组织，因为在人身关系、财产关系或确认行政执行是否妥当等方面受到了不应有的处理，为了维护本身的合法权益，向有关的国家机关申述理由，提请复查重新处理的行为。

申诉和申请再审，是人民法院的案件来源之一。原作出判决、裁定的人民法院的院长、审判委员会或其上级人民法院，可以通过申诉和申请再审对审判工作更好地起到监督作用。申诉状是用救济手段维护申诉人和申请人合法权益的一种诉讼文书。

二、行政申诉状的结构

申诉状的具体内容由首部、正文和尾部组成。

（一）首部

1. 标题

应居中写明“行政申诉状”。

2. 当事人基本情况

包括申诉人姓名、性别、年龄、民族、籍贯、职务或职业、单位或住址。

3. 案由

包括原来案件的案由，原处理机关名称，处理时间，处理文件的名称、字号，作不服的表示等内容。只要把这些内容写全，文字通顺即可，不一定要求千篇一律。具体写法，可写为：“申诉人或申请人因××（原案由）一案，对×××人民法院于××××年×月×日作出的〔××××〕×字第×号的一审判决（或裁定）不服，特提出申诉或申诉再审。现将申诉或申请再审的请求和理由分述如下。”

（二）正文

1. 请求事项

用简明扼要的语言，概括地写明请求人民法院解决什么问题；说明原来所受到的处理有什么不当之处，要求如何改变处理。

这一段包含三个要点：一是要说明人民法院的判决、裁定书有何不当；二是说明请求人民法院自行再审、直接提审，还是指令下级人民法院再审；三是原则地说明要求达到什么样的目的。这三个要点要完整地表达清楚，务求简明。

2. 事实和理由

首先对案情事实、原来的处理经过及最后的处理结果进行综合叙述。

其次，在综合叙述案情之后，针对原来的处理决定的不当之处，依次阐述。要具体说明原判决书或裁定书，是认定事实有错误，还是适用实体法、程序法不当，而造成错误的处理后果。

再次，在指出原处理不当之处后，就要列举出充分的证据，证明原认定事实有出入，援引有关法律条款，论证原处理适用法律不当，这样才能做到论证有力。

最后，提出具体请求目的。这一段也就是结束语。结束语的具体写法，可写为："综上分析论证，原判决书或裁定书在认定事实上错误，或适用法律不当，以致造成处理上的错误，为此，请求如何处理。"在结束语中所表述的请求目的，必须明确、具体、完整。这里所说的明确、具体，就是不允许含糊笼统，说"请求依法处理"等就不恰当。要写明依法给予解决什么具体问题；完整，就是要把自己所有的请求事项全部说出来。

总之，请求事项的要求不要过高，更不可强求。

（三）尾部

尾部包括结尾和附项。

三、格式式样

行政申诉状

（被诉行政机关提出申诉用）

申诉人：

法定代表人：

申诉人或申请人因××（原案由）一案，对×××人民法院于××××年×月×日作出的〔××××〕×字第×号的一审判决（或裁定）不服，特提出申诉或申诉再审。现将申诉或申请再审的请求和理由分述如下。

请求事项：

事实与理由：

此致

×××人民法院

附：本申诉书副本　份

申诉人：

年　月　日

四、制作和适用中应当注意的问题

第一，行政申诉状的申诉理由应针对原生效的行政判决或裁定确有错误之处，从认定事实和适用法律法规方面进行申辩。

第二，请求事项要合理合法，避免无理缠讼。

第三，人民法院对民事、行政案件的再审申请人或申诉人超过两年提出再审申请或申诉的，不予受理。

实训拓展

一、评析改错

1. 仔细阅读下文，根据经济纠纷起诉状的格式，指出其缺项并用“×”符号（或具体文字）补全。

起 诉 状

原告名称：北京××锅炉厂

所在地址：北京市海淀区甲 1 号（邮政编码：100088）

法定代表人：刘×× 职务：厂长（电话：2177××）

企业性质：全民所有制

经营范围和方式：压力锅炉制造安装，批发兼零售

开户银行：中国工商银行北京分行海淀办事处大钟寺分理处 账号：0477194

被告名称：北京市××区××锅炉水电安装队

所在地址：北京市顺义区高丽营镇 110 号（邮政编码：101116）

法定代表人：王×× 职务：队长（电话：49788××）

诉讼请求：

（1）给付货款 81 015 元。

（2）支付违约金 17 073. 62 元。

事实及理由：

××××年 6 月 26 日，我厂与被告北京市××区××锅炉水电安装队签订了一份锅炉购销合同。合同规定，被告向我厂订购 SZW240-7-95-70 型号锅炉一台及附属配件，价款总计 96 015 元，款到发货。同年 8 月 16 日，被告将所订锅炉主体及附属配件全部提走，但未付款。经催要，被告于同年 8 月 26 日将一张××区五中的 15 000 元转账支票交给我厂，尚欠的 81 015 元，被告以锅炉是××县五中委托代购、××区五中尚未付款为由拒不偿还。被告作为购货方，在我方按时提供锅炉后应履行合同规定的付款义务，其拒绝付款的行为是违约行为。被告除应支付尚欠的货款 81 015 元外，还应向我厂支付逾期付款违约金 17 073. 62 元。请人民法院依法作出判决。

证据和证据来源，证人姓名和住址：

（1）北京市××锅炉厂产品订货合同 1 份。

（2）××锅炉水电安装队还款计划 1 份。

（3）北京市××锅炉厂产品发货清单 2 份。

起诉人：北京市××锅炉厂（盖章）

××××年 4 月 20 日

2. 答辩状要适当交代清楚事实，抓住对方所陈述的错误事实或所引用法律上的错误，

针锋相对地辩驳。下面是一则病文，试分析其存在的毛病。

经济纠纷答辩状

答辩人：永耀灯饰有限公司　　地址：××市人民路48号　　邮政编码：××××××

法定代表人：李××　　职务：经理

委托代理人：张××，天平律师事务所律师

答辩人因华天灯饰制造厂（下简称华天）诉新颖灯饰有限公司（下简称新颖公司）还款一案，现提出答辩如下。

华天与新颖公司曾签订3万元灯饰的购销合同，由答辩人对有关的款项进行担保。答辩人也在合同上确认了这一点。但是，这种担保只是一般担保，而不是连带担保，按照我国《民法典》的规定，被告新颖公司是有还款能力的，不应由答辩人承担担保责任。而且原、被告曾就还款事项修改过合同内容，又没有通知答辩人，因此答辩人不应承担担保责任。请法院考虑上述原因，作出公正的判决。

此致

××区人民法院

答辩人：永耀灯饰有限公司

法定代表人：李××

××××年×月×日

3. 有一份民事起诉状，在请求事项中写了这样一段话："小弟王××，现年26岁，虽有工作但尚未成家，他不但有权继承而且应多得一些。"试问上述写法有无不妥？为什么？

4. 有一份请求离婚的民事上诉状，在陈述事实时，写了这样一段话："女方性情险恶，脾气横蛮，语言粗鲁，开口就骂，闭口就打，性格放纵，生活放浪，要挟丈夫，冷酷无情。"这种写法有无不妥？为什么？

二、写作练习

1. 根据下面的威龙贸易公司负责人的口述材料，写一份起诉状。

威龙贸易公司负责人口述材料：今年3月5日，通过招标，我公司与远华公司签订了安装单位内部局域网的合同。所需50台电脑和1台服务器及安装网线、调试运行均由该公司负责，总计设备费58万元、工程费5万元，合计63万元。3月10日，远华公司来我公司安装，3月20日完工。4月1日我公司付款。安装后，自4月中旬起，设备就三天两头地出问题，刚开始打电话，远华公司还来修理、调整，后来干脆不来，让我们自己解决。合同上约定"设备硬件保修一年，在一年内无偿更换"，可是他们根本不履行。我们找了几个电脑专业人员，大家都认为是硬件质量太差。所以，我们要求退货，但该公司不肯。我们觉得损失太大，所以要起诉华远公司，不仅要退货，还得赔偿我们的损失。

2. 根据上面的材料和下面的材料，为远华公司写一份答辩状。

远华公司认为威龙贸易公司所叙理由不实。威龙贸易公司认定设备存在硬件质量问题，不是事实。其设备经常出故障，是他们使用不当和软件误操作问题，对这类问题本公司不能承担责任。以上问题可由公司维修记录为证。